林布蘭的〈聖巴薩蘿繆肖像〉（畫板油畫），1972年在烏斯特博物館被佛羅里安．孟戴爲首的一幫匪徒盜走。（烏斯特博物館，麻州烏斯特，夏綠蒂巴芬頓基金）。

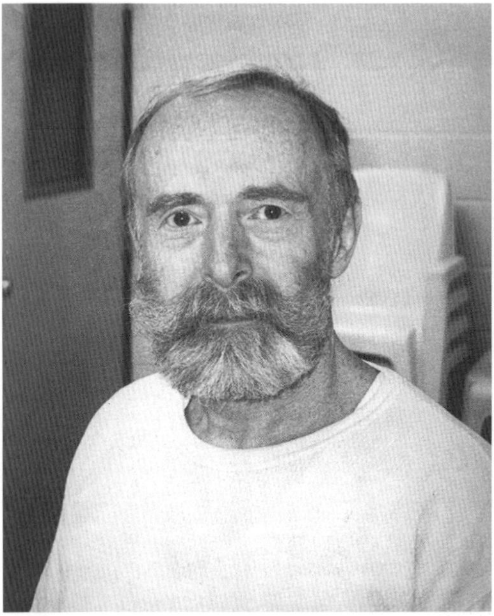

（上）
惡名遠播的新英格蘭藝術大盜麥爾斯·康納二世，以偷了兩幅林布蘭聞名（照片提供：湯姆·麥施博格）

（下）
烏斯特警方和聯邦調查局人員在烏斯特博物館無價的畫作旁拍照，這是他們努力不懈尋回的作品（《烏斯特電訊報》）。

1973年在塔夫特博物館被盜，包括林布蘭研究計畫在內的學者後來認爲這幅作品不是出自林布蘭之手，也非描繪他本人（〈靠在窗邊的林布蘭〉c.1650〔畫布油畫〕，作者爲林布蘭的弟子。美國俄亥俄州辛辛那提塔夫特博物館/露意絲·塔夫特·森普爾贈／布里奇曼藝術圖書館）。

愛德蒙·戴維斯爵士在1938年的肯特契罕城堡竊案過後檢視收藏損失，有五幅名作被盜，當中有一幅林布蘭是唯一被竊賊損毀的作品（照片提供：惠勒家族）。

達利奇美術館裡原本懸掛林布蘭作品〈雅各三世肖像〉的金屬線空空蕩蕩地掛在牆上，美術館管理員史諾站在附近（美聯社檔案資料庫／美聯社圖片）。

達利奇美術館門上的一塊嵌板被竊賊移開，竊賊從這個洞口進入美術館，八幅畫作（當中包括三幅林布蘭）在這起1966年的竊案中被偷走（美聯社檔案資料庫／美聯社圖片）。

林布蘭的〈窗邊的女孩〉是1966年倫敦達利奇美術館竊案中被盜走的八幅畫之一，其他被盜作品還包括三幅魯本斯的畫作（美聯社檔案資料庫／美聯社圖片）。

〈雅各三世肖像〉，通常被稱爲「外帶林布蘭」，這幅肖像被偷走過四次（美聯社檔案資料庫／美聯社圖片）。

即使是林布蘭在阿姆斯特丹的故居，現在也是個小型博物館，曾被竊賊侵入（阿姆斯特丹林布蘭故居博物館，www.rembrandthuis.nl）。

林布蘭的〈穿金邊斗篷的女孩〉，之前曾被認爲是林布蘭的姊姊伊莉莎白的肖像，在1975年藝術大盜麥爾斯·康納二世主導的波士頓藝術博物館竊案中被盜（《波士頓先鋒報》）。

〈人類的墮落〉又名〈亞當與夏娃〉，是林布蘭最大型且重要的蝕刻畫之一，價值六萬美元，2007年在芝加哥希利哥斯美術館展出時遭竊（林布蘭〈人類的墮落〉，阿姆斯特丹林布蘭故居博物館收藏）。

林布蘭的〈出版商克雷蒙特榮格〉，這幅畫在1965年創作，不同版本的該畫作在不同畫主手上被偷過數次（〈出版商克雷蒙特榮格〉，1651〔蝕刻畫〕〔黑白照片〕，林布蘭〔1606-1669〕，巴黎市立美術館，小皇宮巴黎市立美術館，法國／吉羅東／布里奇曼藝術圖書館）。

林布蘭1630年自畫像，是他少數的銅版畫之一，2000年在斯德哥爾摩國立美術館遭竊，五年後由聯邦調查局和歐洲警察尋獲（〈自畫像〉，1630〔銅版油畫〕，林布蘭〔1606-1669〕。資料提供：瑞典斯德哥爾摩國立美術館/里奇曼藝術圖書館）。

STEALING
REMBRANDTS

Anthony M. Amore
Tom Mashberg

先生，林布蘭又不見了

惡名昭彰的藝術品偷竊故事

安東尼・亞莫爾　湯姆・麥施博格 著
紀迺良 譯

目錄

前言

一名調查者的旅程

林布蘭是許多博物館收藏的珍寶，損失其作品是一大打擊。當我在二〇〇五年秋天擔任伊莎貝拉史都華加納博物館（Isabella Stewart Gardner Museum, ISGM）的保安主任時，我把尋回一九九〇年三月十八日半夜失竊的十三件藝術品——包括三件林布蘭的作品——視爲我的使命。這起竊案至今仍是世上未破的一大藝術懸案，而無與倫比的林布蘭是竊案的重點。不只一位經驗老到的調查人員告訴我，要找回這些藝術品，會讓我廢寢忘食，並且一路嚐到失望的滋味。他們說得沒錯，對我而言，這還包括廣泛研究近代林布蘭失竊史。

當然，我身爲保安主任的第一要務就是加強加納女士所有收藏的安全，因爲那起竊盜案，許多人指責伊莎貝拉史都華加納博物館的保全鬆散，但我隨即發現這樣的指控並不公平，加納的標準、員工以及科技比起其他機構並不遜色——通常要來得更佳——我很高興加納博物館的領導階層和員工，從執行董事安·霍利（Anne Hawley）及博物館董事到管理員、檔案保管員和展場警衛，都全力提供我所需的工具、支援和資金，以確保加納女士這些驚人收藏的安全。加納博物館現在的保安健全且先進，即使進入二〇一〇年，該博物館擴張有了全新的展覽廳，我相信其保安系統仍足以應付今日和未來的挑戰。

因爲博物館同時也是藝術、古物及其他珍貴手工藝品的殿堂和展示場，於是我將注意力轉向找回遭竊的作品；我的天性讓我完全專注在一項任務當中，也就一頭栽進了所有可得的文獻、與案件相關人士談話，並且向專家和執法人員討教。

我的探索從重新檢視加納竊案所有面向以及接下來幾年的調查開始，也就是收集和分析博物館十五年來所接收或產生的相關文件。我告訴執行董事我需要她手上所有與竊案相關的檔案、筆記和通信，我也告訴博物館的員工，他們持有的任何和該竊案相關的物件都要交給我，所有人都熱心地配合。我發現竊案和這十三件失竊作品的紀錄——這起案件的關鍵資料——都仔細地被保存下來。

我花了數個月的時間研讀幾千頁的線索、理論、信件、文章、備忘錄、法庭文件以及其他資料，我將這些紀錄中所包含的資訊建檔，姓名、日期、地址、電話、電子郵件信箱、車輛資訊、生日、死亡日期——所有資訊都必須編目以確保不管是多微小的細節都不會被忽略，這個方法也讓我得以持續比對舊資料和新線索。

接下來的重要工作是向在執法界具有威望的在職或退休線人——那些熟悉本案以及對本

地及外國藝術竊案有經驗的執法人員——收集情報，訪談消息靈通的黑社會罪犯以及他們的家人、朋友、同夥也同樣重要，另外我也尋找研究過本案的記者，當中包括本書的合著作者湯姆．麥施博格（Tom Mashberg）。

我調查這起二十年懸案的另一關鍵步驟就是研究藝術罪犯如何行竊、行竊的手法。歸納我收集到的資料、網路上大量的資訊以及資深藝術專家記憶中的資訊，我檢視了和加納竊案相似的案件——即使只有些微相似。我在波士頓公共圖書館，以及當地主要和全國性報紙檔案館，研究幾十年來的報紙檔案，而有了許多迫切的問題，例如，基於加納竊案的竊賊是穿著警察制服騙過保安人員允許他們進入，所以我想知道波士頓還有什麼案件是以穿著警察制服或任何其他制服犯案，我也想研究和加納竊案完全不同的手法——這可以讓我排除某些罪犯，縮小追查重點。

加納竊案另一個引人注意的特點是，其中兩幅失竊的林布蘭畫作，〈加利利海風暴〉（*Storm on the Sea of Galilee*, 1633）與〈穿黑衣的女士和先生〉（*A Lady and Gentleman in Black*, 1633）都被從畫框上割下來。畫家作畫時，油畫布用框架繃緊，因此框架之後也會包進畫框裡。在這起竊案中，兩幅畫的框架和畫框都被留在博物館的地板上，竊賊爲什麼要這麼做？是因爲畫框和框架太重了無法運出去嗎？這有可能，但他們是有兩名竊賊在場的。根據警衛的描述，兩人都年輕力壯，而且從容不迫地在博物館待了八十一分鐘，有足夠的時間運走畫作，而不是犯下堪稱不智的褻瀆神聖畫作的行爲：將兩幅林布蘭畫布從框架上切割下來。爲什麼要冒這種可能造成無法彌補的傷害？是教育程度不足，因而覺得粗暴地對待畫布並不會對畫作造成破壞？光是這點就是洞悉罪犯的關鍵，因爲受過藝術訓練的竊賊不會做出這樣的事。除此之外，竊賊預設他們會從畫框上割下畫作，不然爲什麼要帶如此尖銳足以切割堅硬、上漆的畫作以及亞麻畫布的工具？麻薩諸塞州的另外兩起重大竊案（這兩起都有林布蘭畫作失竊，詳見之後的章節），比加納竊案早了十五年以上，當時也沒有人採取割下畫布的手法，現在爲何要這麼做？這些竊賊是向麻州之外的竊案學來的嗎？這是他們第一次犯下藝術竊案嗎？

爲了回答這些問題，我需要檢視橫跨全球的藝術竊案，並且研究在一九九〇年以前與一九九〇年之後，從畫框割下畫作的手法有多常見。這種檢視將我引導至用類似手法犯案的不知名藝術竊案，我著手瞭解這種手法是否是某種特徵、證據或鑑識線索，就像連續殺人犯留下的線索一樣。

這種分析類似兇殺案警探所做的初步調查，除了顯而易見的問題之外（例如，受害者的身分、死狀以及死亡時間），警探必須衡量整體犯案現場以及早知道罪犯的身分，當發現兇案被害人還戴著昂貴的手表或錢包滿滿時，行兇的動機就不太可能是搶劫。同樣地，在博物館竊案中，遺留在現場的物品也告訴了調查人員關於竊賊的重要訊息；在多數竊案中，很快地就發現竊賊並非藝術專家，也沒有竊盜清單，因爲他們通常略過並非家喻戶曉的偉大藝術家的作品——魯本斯（Rubens）、提香（Titian）、丁托烈托（Tintoretto）——然而這些作品可能遠比竊賊偷走的林布蘭、畢卡索或馬內（Manet）的小作品還值錢，或者他們拿走一幅繪畫大師（Old Master）（譯注）較不重要的作品，而附近就懸掛著這位大師更重要的作品，竊賊這類的失誤很常見。如果調查員將此視爲竊賊有嚴謹的偷竊清單而非愚蠢之舉的話，很容易就會錯失線索。

我沒多久就發現博物館畫作竊案的數目——就算只局限在美國——相當驚人，我也很快就發現竊賊在逃走之前割下畫作的手法很常見，但更驚人的是林布蘭畫作在上個世紀的失竊數目。眾所周知，藝術竊盜被低報了，因此不太可能統計出確切的失竊數目，但根據我們謹慎的計算，在過去一百年間全世界有八十幅林布蘭不同的作品失竊（失竊清單請見二九一頁），包括加納博物館的三幅，以及金氏世界紀錄中「世上最常被偷的畫」〈雅各三世〉（*Jacob de Gheyn III*）——這幅畫被稱爲「外帶林布蘭」（詳見第三章），共被偷了四次——顯然是時候檢視這起犯罪的專業細項了，或許揭開加納謎團的答案就在其他林布蘭竊案的細節當中。

譯注：尤指十三至十七世紀的歐洲繪畫大師。

林布蘭竊案無止境地以各種形式發生，無疑地在未來十年仍會持續發生，國際藝術研究基金會的季報列出二〇〇七年在芝加哥席里哥斯藝廊（Hilligoss Galleries）失竊的一幅蝕刻畫〈亞當夏娃〉（*Adam and Eve*, 1638），這一幅是我們的清單中最新被竊的林布蘭畫作（二〇一〇年由丹尼爾・希爾瓦所寫的暢銷書《林布蘭事件》〔*The Rembrandt Affair*, Daniel Silva〕，內容描述一起圍繞著失竊林布蘭作品的精心策畫陰謀，這類犯罪顯然在傳奇中成長）；然而除了數量龐大之外，研究也顯示這些竊案背後的動機以及這些畫作尋回或歸還的方式和它們被偷走的方式一樣新奇，大致上來說，林布蘭的作品並不是以「藝術品綁架」——竊賊想著勒索、酬金或贖金——的形式被竊。

有了這些背景，我在二〇〇八年聯繫本書的合著作者湯姆・麥施博格，他是個資深調查記者，一九九四年至二〇一〇年間任職於《波士頓先鋒報》（*Boston Herald*）。麥施博格於一九九七年開始研究加納竊案，在他報導的過程中，一位知名的新英格蘭藝術竊賊麥爾斯・康納二世（Myles J. Connor Jr.）（詳第六章）告訴麥施博格，他是這起犯罪背後的「靈感」（這起竊案發生時康納在獄中，有牢不可破的不在場證明，他說的「靈感」指的是他試驗性的加納搶劫計畫由他的同夥執行了）。在麥施博格的報導過程中，他被載到一處秘密倉庫，他在那裡見到了看似來自加納收藏的〈加利利海風暴〉，報導中講述不知名的護送者如何在麥施博格面前拿著捲起的畫作，並且同意展開畫作，在黑暗中以手電筒做短暫的檢視。沒有人能確定這一幅是否是眞跡，這很合理，因爲世上沒有一個藝術專家能在黑暗中只憑一束手電筒燈光觀察幾秒鐘就可以肯定地確認畫作。我們也許永遠不會知道麥施博格那晚看到什麼，但根據我對〈加利利海風暴〉的認識以及它完美上漆的畫布，我傾向於認爲那不是加納的收藏。然而，我一直無法理解爲何對方很快就答應了麥施博格要求看〈加利利海風暴〉，而且麥施博格還取得了許多重要但機密的線索，強烈顯示他的方向是正確的。在滿是挫折的十四年間，麥施博格斷斷續續地以記者的身分調查這起案件，他很謹愼地告知讀者正確的訊息，卻又不妨礙調查，這是我找他合作的原因之一。

這本書並不是要詳細探究一九九〇年在伊莎貝拉史都華加納博物館失竊的三幅林布蘭以及其他十件作品（包括一幅珍貴的維米爾〔Vermeer〕作品），儘管我很有信心這些偉大的作品終將物歸原處，但我們仍不清楚這些藝術品失竊的原因、竊賊是誰或者會如何歸還。由於上述幾點以及其他重要原因，加納傳說仍有待時間來釐清，但這項竊案促使我去做研究，因而有了這個有趣且令人驚訝的林布蘭竊案編目。

我們的目的是要啓發、教育並娛樂對藝術竊盜犯罪以及林布蘭的作品和生平（一六〇六年七月十五日－一六六九年十月四日）有興趣的讀者。林布蘭的畫作、素描和版畫爲數眾多，足以遍布全球；美國五十州超過半數都收藏林布蘭的作品，六大洲的主要國際重要收藏以及較小的、地方性的博物館和藝廊都可見到其作品，當然還有許多私人收藏。就這點而言，這些作品總是吸引各界竊賊的目光。每一件林布蘭竊案都含有豐富的資訊，對調查人員急於解決下一次的竊案有所幫助，也讓我對如何找回加納藝術品有重要、深入的瞭解。可以確定的是：要追蹤一件失竊的林布蘭作品，你得和藝術家本人一樣嚴謹。

安東尼·亞莫爾

一名記者的旅程

新聞人是幸運的一群，我們可以在這一分鐘和擁有林布蘭作品的人談天，下一分鐘就去採訪偷畫的賊，這可以讓我們看到藝術竊案的全貌，也有助於理出大收藏家一擲一般人一年的薪水在一幅郵票大小蝕刻畫上的事實。

一九九七年我在《波士頓先鋒報》任職調查記者時看到一小篇報導，上面寫道伊莎貝拉史都華加納博物館將把十三件失竊作品的賞金由一百萬美元提高至五百萬美元，就像許多看到這則報導的人一樣，我的反應是：「等等，這些藝術品還沒找到？」

加納博物館在七年前被盜，這起案件立即攻佔大量版面，在一年內漸漸歸於平靜。當然，一定會有更熱騰騰的新聞吧？畢竟，三幅林布蘭和一幅維米爾被偷了，據某些估計這些畫作價值三億美元，無可否認地，我對維米爾所知不多，但林布蘭，這可是個頭條人名！

我向我的編輯提到這件詭異的事，他是個實事求是的新聞老兵，他咬著牙籤、盯著天花板說：「看來你得成爲藝術竊盜專家。」

將近十五年後，我仍努力研究這門廣泛且複雜的犯罪專業，但我已經有所進展，我訪問了許許多多的博物館高級職員以及名作收藏家，多到足以讓我理解到即使他們缺乏能力保護藝術品，他們對藝術的熱愛仍是如此強烈且眞誠；我也和許多雅賊談過，知道他們並非全是殘暴或市儈的庸人，不像知名的銀行搶匪威力·蘇頓一樣只是爲了錢。你將從本書得知他們的說法，並且得以理解他們的思維，你會讀到原本卑微的竊賊突然在牢裡變成威風的人物，只因爲他的綽號叫做「林布蘭」，你也會看到藝術竊賊累積的坐牢刑期比財富還多。

本書的主要目的是要讓專家及一般讀者能夠眞實、正確地瞭解這項昂貴且骯髒的非法勾當。我們訪問了足夠多的竊賊、收藏家、受害者、調查人員以及其他人，讓這本書有趣，甚至引人入勝。如果安東尼·亞莫爾和我盡到我們的職責，這本書對於從事防止、調查、研究以及解決藝術竊盜的人來說也會是有用的指引。這些案件圍繞著太多的迷思，太少的事實，我們試著揭穿這些謬誤，盡可能還原眞實樣貌。正如你將讀到的，我們在第一章就對藝術犯罪中最珍視的一項理論提出懷疑論點；在本書中，我們將提供讀著許多惡名昭彰犯罪的幕後故事以支持我們的論點，而失竊的藝術品就是這些犯罪的共同主題。

本書的第二個主要目標：告訴讀者關於偉大的林布蘭的故事——他是誰、為何畫出這些畫，以及他的作品為何不斷成為偷竊的目標。我們會盡可能常常且具體地解釋一幅失竊的林布蘭作品如何產生，以告訴讀者上述的訊息，將這些當作背景資料。就一個新聞人來說，我相信林布蘭會是個好記者，他的「新聞路線」是十七世紀的荷蘭「黃金年代」，他完成作品的熱情和堅持，同樣可以在作家喬治．歐威爾（George Orwell）、作家兼記者艾達．塔貝爾（Ida Tarbell）、攝影師馬修．布雷迪（Mathew Brady）以及記者厄尼．派爾（Ernie Pyle）的作品中看見，當然差別在於他的報導是手工畫出來的圖像，而非文字或照片。林布蘭拒絕了宮廷畫家的豐厚報酬，只和歐洲的貴族、主教交易，他生活在熱鬧喧囂的城市裡，描繪、蝕刻了上百幅當代風俗和事件的圖像。

林布蘭讓他所見的一切不朽——絞刑、遊行、商船、男男女女在烈日及寒冷中勞動、小孩歡鬧、病人乞討、屍體解剖、老婦人依在窗台說長道短以及小販沿街叫賣鬆餅，林布蘭畫出了荷蘭農夫和家畜飼主住在海平面的水道堤岸邊，充滿鄉村風味卻也破敗的生活，他畫出了十七世紀來到阿姆斯特丹的西非人、公牛被宰殺的方式以及腦部如何解剖。我們今日擁有這一切，並且可以進一步想像，都是因為林布蘭擁有所有好記者以及編年史家所具備的重要特質：無止境的好奇心、觀察入微的雙眼以及向大眾解釋他所見所學的強烈欲望，他的作品應該能鼓舞記者做得更好——更詳盡、更確實、更敏銳，少一點墨守成規。我尊敬研究林布蘭的偉大學者（許多人都列在參考書目中），因為他們對林布蘭的生平、藝術和影響力有淵博、洞察且細微的見解。但身為一個外行人以及新聞人，研究這位卓越人士的樂趣並不全因他是藝術殿堂的象徵性人物，更來自於書寫這本書。

林布蘭在極度哀傷中過世；幾乎沒有清償債務的能力，失去了他愛的人和資產。他葬在阿姆斯特丹的西教堂（Westerkerk Church），但墳墓確切的地點已不得而知。今日他已是不朽的人物，為這個迷人的故事寫下激勵人心的終章，或者，用新聞人的說法，是個好的「結語」。

湯姆．麥施博格

序

爲什麼是林布蘭？

實在很難理解過去一百年間爲何史上最偉大的藝術家之一林布蘭的作品時常遭竊，這些價值驚人且相對稀少的作品怎麼會這麼常落入輕罪犯或經驗老到的罪犯手裡？有兩個主要理由：幾十年來博物館、藝廊和個人收藏家對這些珍貴藝術品疏於監管，此外林布蘭的象徵性地位讓竊取他的畫作有著無可抗拒的吸引力。

即使沒有藝術背景的人——包括多數罪犯——站在林布蘭畫作前也會深受感動。林布蘭這三個字本身就是宣傳用語，在今日被用來行銷牙齒美白劑和藝術補給品，其作品價值估計高達上千萬美元，有這樣的聲望是理所當然的。林布蘭的構圖清楚描繪出所有想像得到的人類情緒——喜悅、憤怒、哀傷、羞愧；他的畫作、素描以及蝕刻畫呈現出十七世紀荷蘭生活的完整萬花筒，從最尊貴到最卑微的人們——甚至是死人。（沒有任何細節逃得過他的眼睛，在一幅描繪好撒馬利亞人寓言的蝕刻畫中，林布蘭在主場景中詳細地特寫了一隻雜種狗正蹲著拉屎解放。）這位藝術家過著不平凡、戲劇般的生活，把他的時代影像傳承下來，留下了不可磨滅的文化遺產。這個集名聲、價值和天賦於一身的名字，不只吸引了藝術愛好者，也吸引了竊賊，不只激起好奇心，也引發了貪婪。

讓事態變本加厲的是林布蘭是史上最多產的藝術家之一，他以三種工具作畫：油畫、素描和在金屬板上的蝕刻畫。雖然他的許多作品都已遺失，尤其是素描，但估計現存的作品至少有兩千件。一百多年來，學者使用各種現代科技（化學測試、顯微鏡、分光鏡、成像儀器）一再鑑定林布蘭作品的眞僞，統計數字隨時代劇烈變動。在一九一一年時，只要是老舊的荷蘭作品（甚至包括法蘭德斯（譯注1））都稱之爲林布蘭。一名法國鑑賞家亨利．羅契福特（Henri Rochefort）在《紐約時報》上警告美國人：「號稱在美國的二千五百幅『林布蘭』，只有少數是眞跡。」（原注2）。一九六八年，藝術歷史學家華特．華勒斯（Water Wallace）估計「有二千三百幅林布蘭留存至今並且已經經過鑑定——六百多幅油畫、一千四百幅素描以及三百幅蝕刻畫」（原注3）。今日，荷蘭和美國學者都同意以下的最小統計數字：約三百幅油畫、七百幅素描以及八十件林布蘭用來印製蝕刻畫的金屬板。讓統計難上加難的是這些金屬板曾多次複製版畫，因此難以判斷現存的版畫是否由林布蘭親手印製（這會大幅提高版畫價值）而不是在他死後假別人之手。今日，有六千幅現存印製版畫被歸爲林布蘭的作品，基於計算、造冊以及竊盜等緣由，它們都被列爲林布蘭的作品。

與此相較，目前已知的維米爾作品三十五件，今日維米爾的名聲已經達到神話般的境界，他的素描一幅都沒有流傳下來。

此外，無論在生前或死後林布蘭都是許多優秀藝術家爭相模仿、臨摹的對象，這些藝術家很多是他的前同事或學生。被認定是林布蘭的作品經過再次鑑定後常常會歸類爲他的學徒或模仿者的作品；知名的波士頓收藏家伊莎貝拉・史都華・加納在十九、二十世紀之交買下一幅當時鑑定爲林布蘭的畫作〈有石碑的風景〉（*Landscape with an Obelisk*, 1638），一九八四年這幅畫再次鑑定，被歸爲林布蘭的弟子霍法爾・弗林克（Govaert Flinck）（原注4）所作。相反地，二〇一〇年十月荷蘭鹿特丹的博伊曼斯凡布寧漢博物館（Museum Bojimans Van Beuningen）欣喜地獲得一幅再鑑定後確認爲林布蘭作品的畫作，這幅名爲〈托比亞斯和他的妻子〉（*Tobias and His Wife*, 1659）的畫作一直以來被認爲是林布蘭弟子貝倫・費布里修斯（Barent Fabritius）之作，直到一名荷蘭教授、權威的林布蘭研究計畫主席衛特林（Ernst van de Wetering）檢驗過後，宣稱這幅畫是林布蘭眞跡，畫作立刻由不起眼的接待區

譯注1：Flemish，今日比利時的荷蘭語區。

原注2：特派員，〈羅契福特講述美國人如何買到藝術贗品〉，《紐約時報》，1911.9.24,SM2。

原注3：〈林布蘭傳奇〉，《林布蘭的世界：一六〇六—一六六九》（*The World of Rembrandt: 1606-1669*），華特・華勒斯編輯，（紐約：Time-Life Library of Art,1968），20-21。摘要可見於 http://www.rembrandt-painting .net/rembrandt_van_rijn_legend_and_man.htm

原注4：林布蘭風景畫專家辛西亞・史耐德（Cynthia P. Schneider）是第一位重新認定這幅畫作者歸屬的學者，她的發現發表於「重新審視〈有石碑的風景〉」，芬威展覽廳，伊莎貝拉史都華加納博物館（1985）。

移至眞正的博物館展區，價值由十一萬美元飆升至一千一百萬美元。

不管正確的統計數字爲何，無可否認地，林布蘭比他同期的任何藝術家留下更多的偉大藝術品，因此足以讓各大博物館以及許多較小的展館都能有上至少一幅林布蘭的作品（還有更多在藝術商及私人收藏家手上），然而這樣的數量仍讓每幅林布蘭都相當珍貴，並且引誘犯罪。林布蘭的作品尙不及藝術界超級明星梵谷、塞尙及畢卡索等人，在拍賣時達到八千萬至一億四千萬美元的天價，但過去十年間，仍有多幅林布蘭破了十九世紀以前繪畫大師的作品紀錄，包括〈兩手插腰的男人肖像〉（*Portrait of a Man with Arms Akimbo*, 1658）在二〇〇九年以三千三百二十萬美元的高價成交（哥倫比亞大學在一九七四年以一百萬美元出售），以及〈亞爾傑烏倫博格六十二歲肖像〉（*Portrait of Aeltje Uylenburgh, Aged 62*, 1632），這幅畫在二〇〇〇年以二千七百五十萬美元售出，並在二〇〇六年以三千一百萬美元轉手。

即使只是一幅可能出自林布蘭之手的畫作也同樣吸引著富豪們。二〇〇七年，一幅被英國媒體稱爲「仿林布蘭」的作品（〈年輕林布蘭扮成笑著的哲學家德謨克利特之自畫像〔*The Young Rembrandt as Democritus the Laughing Philosopher*〕）在英格蘭西倫塞斯特以三百萬美元拍出。値得注意的是，並非所有林布蘭作品的銷售都很搶手，二〇〇六年〈穿紅上衣的男人肖像〉（*Portrait of a Man in a Red Doublet*, 1633）在荷蘭馬斯垂克開價二千六百萬，但因爲沒有買家而取消，最後以未公開的價格賣給一名私人收藏家；曼哈頓一名藝術商手中握有一幅真人大小的林布蘭畫作〈研讀中的敏娜娃〉（*Minerva in Her Study*, 1635），要價四千六百萬美元，也沒有買主青睞。

＊　＊　＊

這一切瘋狂的行徑對林布蘭而言大概並非全然陌生，他是史上第一位市場導向的經理人，儘管藝術竊盜在他的年代相對而言較為陌生，不過在他進入成熟期之後，擁有一幅大師畫作的風潮引爆。後文藝復興時期，北歐的商賈階級興起，這代表委託藝術家創作不再是教會或貴族的專利。林布蘭打進了這個新市場，在他的巔峰時期，他管理一個畫室，收滿了懷著雄心壯志的付費學徒，他過著汲汲營營、揮霍無度的生活（這些習慣最終毀了他）；在一六三〇年代，「林布蘭公司」以生產線般的速度大量生產肖像，大師本人在兩年間產出五十四幅作品，同時一旁還進行著大量的蝕刻和印製作業。荷蘭藝術收藏家希望以描繪真實世界的作品來裝飾他們的牆面，而非傳統的聖人或聖經故事，這些喀爾文教徒和門諾派教徒崇尚勤奮工作甚於安逸和休閒。正當多數歐洲人對於以視覺呈現揮汗勞動的男女避之唯恐不及時，荷蘭人已經擁抱這種藝術風格，他們尋求描繪裁縫師、補鞋匠、水壺匠、工匠、磨石匠及鐵匠在日常工作的器械與混亂中勞動的畫像。這類場景的畫作與印刷品價格不貴，而且數量也多，展現出最完整的城市樣貌——包括從碼頭工人、乞丐、外國遊客到醫師、兒童和狗。而身爲一個全面、充滿抱負且多產的專業藝術家，林布蘭能滿足所有需求，其結果就是今日他留下了豐富的遺產供人景仰，也供人偷盜。

＊＊＊

確認到底有多少林布蘭作品失竊也和驗證其作品眞僞一樣難解；有些作品失竊是因爲在犯案當時被認定爲是出自林布蘭之手，但之後被推翻不是眞品（請見第四章的〈靠在窗台上的男人〉（*Man Leaning on a Sill*）以及第八章的〈拉比肖像〉（*Portrait of a Rabbi*）），其他被盜的「林布蘭」則因爲失蹤太久無法獲得現代的檢驗和正名，有些可能是遺失或誤置但被登記爲失竊，另外有些竊案則未被察覺或通報。一百多年來的新聞簡報、警方報告以及博物館檔案紀錄了馬上破案以及至今仍懸而未決的案子，眞實竊案的最佳估計數字如下：

無論最後統計數字如何，這張圖表顯示出就失竊作品而言，林布蘭名列畢卡索等級——畢卡索是史上最多作品失竊的藝術家，他的原創作品達兩萬件，根據聲譽優良的倫敦失竊藝術品登錄機構（London-based Art Loss Register）統計，截至二〇一一年，約有五百五十件畢卡索作品，包括油畫、平版印刷、素描及陶瓷失蹤或推估被竊，這個數目不包括數十件失竊

	登錄失竊作品	2000年以來找回的作品
英國	3	2
德國	6	0
瑞典	2	2
瑞士	2	2
未知	59	2
美國	22	2
義大利	1	0

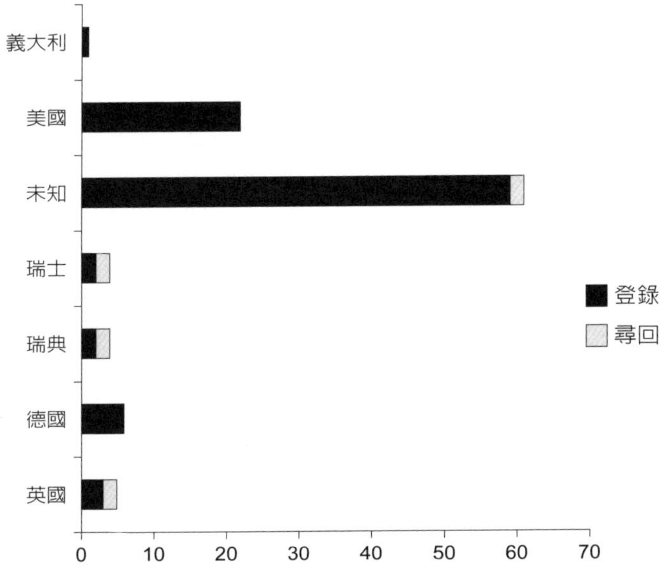

資料來源：失竊藝術品登錄機構資料庫，2000年至2010年於該組織登錄失竊的林布蘭作品。

但已找回的作品。不過失竊清單上有著約八十件可考的竊案，還是讓林布蘭領先群倫，因此研究林布蘭作品失竊案例，可以讓我們更進一步瞭解龐大、無止境又多變的藝術犯罪世界，以及幕後的藏鏡人。

無論目標物多麼充足，藝術竊盜都是件難事，所以林布蘭竊賊是怎麼辦到的？簡單的答案是：竭盡所能。他們的手法包括大膽潛入並從戒備森嚴的博物館逃脫、不學無術的流氓笨拙地搶奪、採取狡猾的策略、混亂地破窗奪取、突襲，當然還有使用暴力，分析並反向推理每件林布蘭竊案，都能讓博物館和執法人員得到重要的教訓，從中學習如何保護他們的收藏品以及找回失竊作品。儘管電影裡對藝術竊盜有許多天馬行空的描繪，但藝術竊盜鮮少和反對聖像崇拜有關，也很少使用尖端的科技，許多在一個世紀前用來對付保安漏洞的基礎科技至今仍爲竊賊所用。林布蘭本人可能會覺得諷刺的是，在他的作品竊案中多數都涉及愚弄或智取保護作品的保安人員，在他的名作〈守夜人〉（*The Night Watch*, 1642）當中，他將夜間守護阿姆斯特丹的守夜人描繪成一群像花花公子、準備不周的步兵，而非令人望之生畏的哨兵，林布蘭觸及到了關於保安的根本重要原則，當警衛、巡邏員、巡夜人、保全人員等在過於自信、準備不周、鬆懈或墨守成規的狀態下，就是最易受攻擊的時候，竊賊本能地瞭解這一點，他們總是留意著任何保全系統的軟肋，正如林布蘭自己所揭示的，在經過好幾個安靜、平淡的日夜後，降低防備是人性所致。

第一章

雅賊大亨的迷思

少有犯罪看來像藝術竊盜一樣遠超乎一般人可及，無怪乎圍繞著名畫竊盜中心最常久的迷思就是所謂的「諾博士謬論」（Dr. No Fallacy），亦即有位邪惡、難以捉摸的大亨在幕後操控博物館竊盜案，他委託專業且精於科技的竊賊爲他犯案，依據他自己高雅的品味提供專業竊賊一份嚴密的「竊盜清單」，最後這件藝術品成爲神秘大亨的私人珍藏，只供他一人欣賞。

稍做研究便能發現諾博士迷思始於一九六二年〇〇七電影《諾博士》（*Dr. No*）中象徵性的一幕，龐德（史恩．康納萊飾）和諾博士（約瑟夫．維斯曼飾）一起在諾博士的秘密巢穴裡，當他走過哥雅（Goya）被竊的畫作〈威靈頓公爵〉（*Duke of Wellington*）旁，龐德再次細看這幅他經過時隨即認出的被竊畫作咕噥道：「原來它到這來了。」一八一五年威靈頓公爵在滑鐵盧擊敗拿破崙（他本身也是位著名的藝術品掠奪者〔原注1〕）。電影開拍前幾個月，哥雅的這幅將軍肖像在倫敦國家美術館遭竊，編劇助理約翰娜．哈伍德（她在《諾博士》電影名列片尾名單之中）後來加入的這句幽默台詞助長了長久以來對藝術竊盜主謀的誤解。這種神秘的超富「雅賊」也間或地出現在其他電影裡，例如《天羅地網》（*The Thomas Crown Affair*, 1999）、《將計就計》（*Entrapment*, 1999。史恩．康納萊在片中飾演類似諾博士的角色）、《終極神鷹》（*Hudson Hawk*, 1991）以及可能被遺忘的《神鬼追緝》（*Art Heist*, 2004），他一直受到無止境的臆測與言不由衷的讚賞，甚至被心理分析爲「有錢的戀物癖者」，尋求「唯有他能注視與欣賞」的失竊藝術品（原注2）。要是我們能會會此人就好了。

然而現實卻更骯髒也沒那麼浪漫。我們的研究顯示，大體而言，重大藝術竊盜案是和當地犯罪集團掛勾的一般盜賊犯下的，他們不是有專業技能的獨行俠，也不是黑手黨、日本黑幫或其他類似陰險犯罪組織的「好漢」，反而是執法人員口中「缺乏組織的罪犯」，他們通常只是涉及各種竊案的輕罪犯，缺乏犯罪組織的背景，概括來說他們是破門盜賊、非法闖入的騙子，可能有過搶運鈔車、小規模銀行搶案及販毒等前科，和好萊塢明星皮爾斯·布洛斯南及史恩·康納萊沒有相似之處，他們潛伏在全球各大城市中，由於大城市都有博物館和大型藝廊，因此藝術品成爲竊盜目標並不足爲奇，只要具有高價作品、水準參差的保全、對公眾開放以及投機取巧的罪犯等元素，竊案就會隨之而生。

然而，只要有藝術品被盜，人們仍不禁會在這種戲劇性事件中加入高度陰謀論；哥

原注1：十九世紀初拿破崙征服歐洲時，他和他的將領們從義大利、荷蘭、德國和奧地利搬運畫作到羅浮宮及歐陸其他地方，當中包括從德國搬來的林布蘭作品〈下十字架〉（*Descent from the Cross*, 1634），現在這幅畫掛在聖彼得堡的冬宮博物館（Hermitage Museum）。

原注2：修·麥克里夫，《美術館裡的惡徒：藝術竊盜的現代災難》（*Rogues in the Gallery: The Modern Plague of Art Theft*, Hugh McLeave）（波士頓：David R. Godine,1981），P8。

的〈威靈頓公爵〉在國家美術館被竊時，正值冷戰最熾熱之時，促使蘇聯《消息報》（*Izvestia*）鼓吹「資本家密謀論」，蘇聯政府強力要求蘇格蘭場（譯注3）調查人員深入調查北美及南美的百萬富豪私人收藏。他們錯得太離譜了，其實這幅畫是一名矮胖、一毛不拔的英國公民坎普頓・邦頓（Kempton Bunton）偷走的，他不滿英國政府決定耗資十四萬英鎊（換算二〇一一年的幣值約三百四十萬美元）在哥雅的畫作上，自己卻要繳BBC執照費，他向不知情的博物館警衛套出保全資訊後，在博物館的入侵警鈴關閉一小時內，由廁所一扇鬆脫的窗戶溜進去，再扛著戰利品從同一扇窗戶離開。這幅畫在一九六五年失而復得的情節和這起犯罪本身一樣，一點都不好萊塢：邦頓因無法迫使政府取消電視執照費，只好歸還〈威靈頓公爵〉——他將畫作留在倫敦伯明罕新街車站的行李辦公室。儘管調查人員認爲以他六十一歲高齡無法完成這項竊案，因而排除他是嫌疑犯，但他還是向警方自首，在他乏善可陳的經歷中添了一筆「國際級神秘人物」。在他自首前給警方的一封無禮信件中，冷酷地指稱哥雅的畫作是「只值三便士的西班牙柴火」，讓英國媒體有了聳動的新聞標題（原注4）。然而他原本可能不會被捕的，因爲倫敦警方深信不疑的藝術重罪犯形象是品味高雅的周遊列國大盜。

關於藝術竊盜的誇大奇想早在詹姆士・龐德和類似的大眾文化之前就有了，歷史上充滿了錯誤理論，假設竊取偉大作品的浮誇或惡毒密謀；二十世紀初有兩個顯著的例子，一九一一年七月一日，德國派遣一艘砲艇到北非摩洛哥亞加迪爾港——這在當時被視爲英法聯盟的考驗——這個舉動催化了法國殖民地的小規模戰爭，被稱爲「二次摩洛哥危機」，七週後，歐洲外交走廊突發的戰火未歇，達文西的〈蒙娜麗莎〉從巴黎羅浮宮的牆上消失了。

究竟是誰拿走了世上最知名畫作的陰謀論四起，一名德國記者宣稱這不是一起竊案，而是法國政府的手段，用來轉移在摩洛哥的帝國主義困境。但眞相則遠爲平凡得多：〈蒙娜麗莎〉是一名叫文森佐·貝魯吉亞（Vincenzo Peruggia）的油漆工拿走的，他是羅浮宮的約聘工人，負責在畫作前安裝玻璃。他偷畫的動機是什麼？將這幅傑作歸還給他的——以及達文西的——祖國義大利。

另一個草草就將藝術偷竊直指爲重大陰謀行爲的案例來自美國；一九五五年，紐約布魯克林博物館（Brooklyn Museum）館方發現八件銀色小雕像失竊了，由於不清楚這些小雕像被竊的方式與原因，警方表示這起竊案是由狡猾的國際專業竊賊犯下的「完美犯罪」。想像一下，當紐約警察和博物館當局發現這些小雕像落入兩個靈機一動想擁有不尋常玩具的十四歲男孩手中時，有多麼尷尬。這類案件解釋了爲什麼保全業深信以下的原則：「你聽到的第

譯注3：Scotland Yard，英國人對首都倫敦警察廳總部所在地的稱呼。

原注4：同注2，p66。

一個版本永遠是錯的。」

林布蘭的作品也尚未免於這類直覺式的騷動。一九三八年四月，一幅林布蘭及另外四件珍寶在肯特（Kent）的一座城堡失竊後，大批英國警方湧入港口和機場，這幅林布蘭是愛德蒙·戴維斯爵士（Edmund Davis）在史達林統治期間向俄羅斯冬宮博物館購買的，而戴維斯最近才剛拒絕出借給荷蘭政府。火熱的國際陰謀論在五週後被澆熄了，因爲部分作品出現在倫敦一名普通的銷贓犯手上。這項早期經驗並沒有讓英國人學到教訓，二〇〇〇年初，塞尙的〈奧維的柵欄〉（*Auver-sur-Oise*）在牛津大學的阿須摩林博物館（Ashmolean Museum）遭竊，英國媒體謠傳是爵爺級的惡徒爲了獨享這幅價值一千萬美金的畫「下訂單偷盜」的，這幅畫至今仍下落不明。二〇一〇年四月，卡通《辛普森家庭》中的一集就由此概念編寫出邪惡的伯恩斯先生孤獨地享有兩幅失竊的林布蘭作品，其中一幅是波士頓伊莎貝拉史都華加納博物館的〈加利利海風暴〉（1633）。我們的研究將強調這些備受重視的理論、捏造的傳說以及有趣的迷思如何被破解。

由來已久的劫掠行爲

高價值藝術品竊盜幾乎和藝術本身一樣久遠。早期的文明掠奪敵人的珍寶，傲慢地漠視其文化價值，而個人竊賊總是偷走鄰人或社群中較為精美的傳家寶。在古代，巴比倫人洗劫所羅門王位於耶路撒冷的聖殿，拿走了約櫃，這可以視為相當早期的傑作失竊。希臘最偉大的雕像、畫作以及繡帷在耶穌誕生前幾世紀被當作戰利品運往羅馬——偉大的演說家西塞羅（Cicero）當時在他的演說中哀悼這種掠奪（原注5）。一九三四年，兩件揚・范艾克（Jan van Eyck）位於比利時根特聖巴蒙教堂（Saint Bavo Cathedral）傳奇祭壇畫的十五世紀油彩畫版遭到毀滅性的竊盜，顯示出光憑一名意志堅決的罪犯也能以他的方式造成文化及宗教的浩劫。在根特搶案前約四百六十年，波蘭海盜在地中海搶了漢斯・梅林（Hans Memling）的三聯畫〈最後的審判〉（*Last Judgment*），當時畫正要由比利時的布魯日運往佛羅倫斯的梅迪奇禮拜堂（Medici Capel），在那之後這幅畫就留在波蘭的格但斯克（Gdansk）。一九九〇年不同類型的掠奪者潛入加納博物館，偷走了十三件藝術品，一個世代過去了，這些寶物依然不見天日。

歷史上的竊盜清單無窮無盡，也很不可思議。納粹在二戰期間從法國、義大利、奧地

原注5：更多傑出的相關紀錄以及幾世紀以來類似的掠奪請見《藝術掠奪：文化產權辯論的古代起源》（*Art as Plunder: The Ancient Origins of the Debate About Cultural Properties*）（劍橋：劍橋大學出版社，2008），加州大學爾灣分校藝術史與古文學教授瑪格莉特・麥爾斯（Margaret M. Miles）教授著。

利及其他地方奪走了無數的大師傑作，包括林布蘭，他們將這些藝術品裝箱，用火車運往柏林供希特勒和戈林（Göring）交換與景仰，這些惡行總稱爲「掠奪歐洲」。一九九四年，林恩．尼可拉斯寫了《掠奪歐洲》（*The Rape of Europe*, Lynn H. Nicholas）這本書，獲得全國圖書評論獎，之後成了二〇〇六年同名紀錄片的依據，發行後獲得熱烈好評，想看關於此主題的緊湊好萊塢戰爭電影，請看《戰鬥列車》（*The Train*，一九六四年，畢．蘭卡斯特〔Burt Lancaster〕主演）。早在第三帝國前一千九百年，提圖斯皇帝的軍隊洗劫耶路撒冷的猶太聖殿，並且安排了井然有序的凱旋隊伍搬運聖殿珍寶穿越羅馬（這幅景象在羅馬拱門的石塊上永恆不朽，今日仍可得見）。而要討論藝術竊盜，就不能不提及史上無數的案例：一國的古蹟成爲另一國的珍品或博物館收藏，古希臘珍貴的雕像——艾爾金大理石（The Elgin Marbles）在十九世紀初被大使托馬斯．布魯斯（Thomas Bruce）（艾爾金伯爵）無恥地運往英國，現在仍在大英博物館內，希臘方面一直希望對方能夠歸還。二〇〇六年，因爲被抹上文化帝國主義，紐約大都會藝術博物館及洛杉磯的保羅蓋帝博物館（J. Paul Getty Museum）都同意歸還希臘和義大利數十件古大理石、銅器、壁畫及瓶飾。埃及人、秘魯人以及美國原住民等今日理所當然的憤恨並不斷指責帝國主義侵略，洗劫他們的寶庫和墓穴，奪走各種炫目的手工藝品。藝術竊盜顯然和戰爭、征服或殖民主義一樣造成破壞，同時也是重大竊案或是輕微罪行。有些竊盜國以崇敬的態度對待竊取得來的藝術品，有些則將藝術品熔成黃金，而個人罪犯也是如此，有些人會尊敬地對待盜來的林布蘭，有些人則把它從畫框上割下來捲進管子裡，丟進後車箱。

事實上，藝術竊盜永遠無法制止，它太誘人、太容易也太有發財的潛力。藝術品、珠寶以及古董總是被估以高價，看看二〇一〇年五月畢卡索的〈裸體、綠葉和半身像〉（*Nude, Green Leaves and Bust*）在紐約佳士得拍賣會上的成交價就足以說明，這幅畫以一．〇六五億美金的高價賣出，成爲史上最高價的畫作，儘管當時經濟嚴重衰退，成交價格仍比佳士得預估的高出二千五百萬美元。三個月前，瑞士藝術家賈克梅蒂（Albert Giacometti）的雕像作品〈行走的人I〉（*Walking Man I*）在蘇富比拍賣會上以六千五百萬英鎊（一．〇三七億美元）賣出，創下雕像售出的最高價格，蘇富比估計賈克梅蒂這件作品價值在一千二百至一千八百萬英鎊之間，這使得〈行走的人I〉成爲一件投報率很高的投資品。

毫不令人意外的，就在畢卡索畫作售出十天後，巴黎現代藝術博物館價值超過一千萬美元的畢卡索、馬蒂斯以及莫迪利亞尼（Amedeo Modigliani）畫作以令人尷尬的破窗及保全漏洞等簡易手法被盜（在這起案件中，畫框也被扔下了），就在一天後，南法一名私人收藏家遭人毆打捆縛，他唯一的一幅畢卡索也被拿走了。犯罪學者將這類犯罪歸納爲模仿犯——在媒體聚焦於第一起案件後隨之發生的。這些竊賊幫忙證實了藝術竊案非常司空見慣——所以即使是二流的罪犯，顯然也不需要複雜的犯罪組織或富有的後盾才能成功。

爲什麼藝術竊案值得關注呢？美國聯邦調查局估計被竊藝術品及古董的竊案、詐欺、掠奪和非法交易等犯罪總值每年超過六十億美元。眾所周知，走私非法藝術品的全球普遍程度和毒品、武器以及洗錢並列，保有大量秘密藝術品劫掠資料庫的國際失竊藝術品登錄機構紀錄了全球十七萬件失蹤藝術品，除了林布蘭與畢卡索之外，清單上還有塞尚、梵谷、維米爾、魯本斯及提香等人。大型的藝術竊案通常會成爲國際新聞，就像二〇〇三年三、四月間伊拉克戰爭暴發時，巴格達博物館遭到洗劫，以及一九九四年〈吶喊〉（*The Scream*）在挪威被盜（這幅孟克〔Edmund Munch〕名畫的另一個版本在二〇〇四年遭竊），但人們鮮少因爲這些無可取代的藝術品失竊感到痛惜，或因此有高度新聞價值，反倒是這些掠奪造成的金錢損失攫住了新聞焦點以及人們的想像。

我們再回到二〇一〇年的巴黎現代藝術博物館竊案，美國人一早醒來看到的是來自美聯社巴黎辦公室的新聞快報：「獨行賊自巴黎博物館盜走價值六億美元的藝術品。」這則新聞在竊案當週獲得極大版面，即使多數人的眼前很難浮現畢卡索的〈鴿子與豌豆〉（*The Pigeon with the Peas*）及馬蒂斯的〈田園〉（*Pastoral*）畫作影像（這兩幅畫都失蹤了），而這則新聞是何時冷卻下來的呢？在巴黎當局宣佈這起竊案的損失金額事實上接近一億美元之後。這和一開始的報導差了五億美元，但在藝術品竊盜的報導中，這麼龐大的金額誤差被認爲是「相去不遠的」，畢竟這是藝術——只有少數人瞭解或掌握的商品——給藝術標上價格在本質上是一種推測，媒體在這個立即抓住大眾視線才能存活的年代，少有比拋出一億或「五億」等數字更能迅速引起注意的方法了。

我們先暫時將「沒有竊賊能期望從贖金或轉賣贓物得到這麼多錢」的老生常談擱置一旁（接下來的章節我們將談到在知名畫作歸還時，到底有哪些形式的勒索交換），因爲我們可以隨意地賦予一件藝術竊盜案任何價值的金額，使得藝術竊案在公眾意識中與眾不同。查獲毒品時也會迅速地估算金額，因爲執法人員試圖爲這些貨品標上「市價」，但幾盎司大麻和幾公斤海洛因確實有其市價，而藝術品卻沒有眞正的市價，又有多少旁觀者能對高價藝術品的擁有者以及他們損失的珍寶或財富懷有同理心或帶著同情？答案是寥寥無幾。

爲了說明這點，問問你自己有多少人聽過竇加的〈佛羅倫斯的行進隊伍〉（*Cortége Aux Environs de Florence*）？應該沒幾個人能從一堆畫中挑出來或者在某人的牆上認出來，然而它是知名印象派大師所作，在歷來最大的財產犯罪，也就是加納博物館竊案中遺失了，正如博物館高層所指出的，任何自伊莎貝拉史都華加納收藏中遺失的作品，都在「集體藝術品」（亦即博物館）中留下缺憾。因此，藝術品的遺失，損害了原本有意要和參觀博物館的人分享的豐富遺產，也剝奪了大眾欣賞失竊藝術品獨特的美感以及與之共鳴的機會，在許多案例中，這更剝奪了後代一窺人類過去生活的重要機會。今日，我們把從各種角度描繪當代生活的兆位元組影像視爲理所當然，但這種大規模紀錄歷史和個人影像的技術誕生還不到兩百年，在那之前的藝術品和工藝品是幫助我們想像祖先如何生活以及看待世界的方式，這種文化傳承就算只少了一件，都是全人類的損失，儘管許多人也許不這麼想，但藝術竊盜絕不是沒有受害者的犯罪。

部分旁觀者甚至讚許藝術竊盜是一種階級戰爭，當一件價值上百萬美元的藝術品失竊時，尤其是一件看來遙不可及甚至是難懂的作品，或者被視爲是有錢人及自命不凡者的禁臠，一般人鮮少給予同情，反而可能會發自內心產生一種崇拜感，並且爲搶案蒙上一層扭曲及謬誤的類羅賓漢神秘感，彷彿這件藝術品從權貴手上「解放」，現在總算又重回大眾的懷抱了。有鑑於博物館不論大小都是一種最眞切的公眾分享形式，每當有藝術品從博物館被盜走，這種想法之荒謬就會不證自明，但如果是從私人收藏家手中被偷走，這種輕蔑的態度同樣顯得刻薄。能負擔昂貴藝術品的人多半也是好的保管者，他們通常會設置氣候控制室，和高階的保管者保持良好關係，並且聘請專業人士移動及保存他們的藝術品。二〇〇六年，收藏家兼賭場大亨史帝芬．韋恩（Steve Wynn）不小心用手肘戳破了一幅他預計以一．三九億美元賣出的畢卡索畫作〈夢〉（*Le Rêve*, 1932），韋恩不惜成本修復這幅畫。二〇〇三年，蘇格蘭第十世布克魯公爵暨第十二世昆斯伯里公爵理查．華特．約翰．蒙特古．道格拉斯．史考特勉爲其難地將一幅偉大的林布蘭畫作〈閱讀的老婦畫像〉（*Portrait of an Old Woman Reading*, 1655），從他位於加洛威對外開放的德蘭里格城堡（Drumlanrig Castle）的牆上取下來，在他的另一幅重要畫作、達文西的〈紡車邊的聖母〉（*Madonna with the Yarnwinder*, 1501）被僞裝成觀光客的竊賊偷走後，他選擇將林布蘭安全地鎖在具有氣候控制的保管庫，同時也提供二十萬美元贖金以取回畫作，最後終於在二〇〇七年於格拉斯哥尋獲。我們也許很難對一位具有兩個爵位、六個名字的蘇格蘭富豪產生同理心，但這位公爵飽受狡猾（且粗魯）的竊賊打擊，以至於在好幾年間身體健康出了問題，最後在〈紡車邊的聖母〉尋回之前就辭世了。而涉及這起案件的竊賊並非瘋狂的藝術迷，也非羅賓漢的囉嘍，他們威脅如果沒有拿到一千萬美元的贖金，就要毀了達文西這幅畫。

二〇〇四年三月，藝術作家馬克．史畢喬（Marc Spiegel）在紐約的《藝術＋拍賣》（*Art+Auction*）雜誌爲歷久不衰的諾博士迷思做出深刻結論：「有幕後主腦透過委託竊盜收集頂級藝術品的想法的確有很多誇示成分，但一般大眾卻有共鳴，這也許可以讓藝術界思考公眾對收藏家的道德有所顧慮的觀感。」無疑地，大眾對擁有名作的富有收藏家帶著羨慕與敵意，然而史帝芬．韋恩和布克魯公爵都有資源保護並修護他們所擁有的作品，他們不只是持有者也是保存者，但是我們很難寄望被職業罪犯倉促且狼狽地從博物館或大宅第偷走的藝術品能片刻或是永久地得到應有的周全與科學照顧，以確保作品本身的安全。

晦暗不明的動機

現今失竊的藝術品通常能找回來，本書提及的林布蘭失竊作品最後都找到下落並且尋回。藝術竊盜專家前聯邦調查局探員羅伯特．威特曼（Robert K. Wittman）發現尋回或送回的失竊藝術品遵循著一條奇特的模式：如果失竊的作品沒有即刻找回來，這件藝術品可能得經過一個世代才會重現江湖，部分原因是等待過了法律追溯期、參與犯罪的竊賊過世了或希望調查被打入冷宮以降低歸還藝術品的風險，但最主要的原因是供需問題，在這個全知且即時的年代，藝術品贓物並沒有眞正的市場，因爲它們太過知名，難以銷贓。

藝術品失竊所受到的關注與報導遠多於藝術品找回來時，這不僅是因爲媒體報導的膚淺或媒體已轉移焦點，更大的原因通常來自於保密是歸還的關鍵，因爲不得洩漏犯罪主謀與動機等細節是歸還談判的一部分。一九八〇年代中期，位於麻薩諸塞州劍橋的朗費羅屋（Longfellow House）有兩幅畫作失竊——一幅是珍．史都華（Jane Stuart）（藝術家吉伯特．史都華〔Gilbert Stuart〕之女）所畫的華盛頓肖像，另一幅是朱爾斯．諾耶（Joles Achille Noel）的〈紐倫堡市場〉（*The Nuremberg Market*），因爲朗費羅屋在獨立革命戰爭期間是華盛頓將軍的總部及指揮所，因此是國家歷史古蹟，由國家公園署管理，所以這起竊案犯了聯邦罪。

在搶案發生近十年後，畫作由聯邦調查局尋回，根據作者透過資訊自由法提出要求所得到的資料顯示，即使在相關的聯邦機構之間，罪犯的身分也從未公開；聯邦調查局和國家公園署簽訂協議備忘錄，除了其他條件之外，還要求「在本協議之下尋獲的任何藝術品，自國家公園署重獲藝術品之日起最少（原文如此）三個月內不得公開展示」，在這項條文之後，是手寫的草擬條款：「最少三個月內也不得發佈任何新聞稿」（原注6），這很顯然是要保護竊賊（或線民）的身分以及歸還的條件和方法（也用來模糊那些勢必成為陰謀論的好題材）。另一件發生在麻州相當不光彩的藝術竊案中，一幅由法國藝術家約瑟夫—西福德．迪普勒希斯（Joseph-Siffred Duplessis）繪製、價值五萬美元的富蘭克林肖像（一七八五），在一九九〇年耶穌受難日當天於波士頓公立圖書館的中央館遭竊，雖然這幅畫作後來尋回了，但媒體只在竊案發生之初報導，這幅畫如何返回波士頓公立圖書館的資料只存在於二十年後仍在此服務的員工記憶裡。

這麼多的秘密也許暗示許多藝術竊案及其後物歸原主的過程意在推動、繼而掩飾一樁憤

原注6：「國家公園署、北大西洋區域辦事處、波士頓辦事處、聯邦調查局對兩幅失竊畫作尋獲協定」，1995.3.13.簽署，2007.10.7透過資訊自由法提出要求而取得。

世嫉俗的政治交易或起訴交易，這種交易太過令人厭惡以至於無法公諸於世。在上個世紀，只有兩件爲人所知的竊案因爲出自這種動機而引人注目，其中一件是麻州潘恩（Paine）家族出借波士頓藝術博物館展出的林布蘭竊案，歹徒歸還的條件是換取較短的刑期，這名罪犯是麻州密爾頓的麥爾斯·康納二世，他的故事將在第六章詳述。另一件則發生在一九七七年四月，一幫歹徒由富有的愛爾蘭共和軍支持者羅斯·道格戴爾（Rose Dugdale）率領，在近都柏林的羅斯伯拉別墅（Russborough House）暴力偷走艾佛列·貝特爵士（Sir Alfred Beit）收藏中的十九件傑作（歹徒用手槍柄痛擊貝特，他和他的夫人在襲擊期間遭到捆綁，嘴巴也被塞住），愛爾蘭共和軍並不是要贖金，而是要以畫做爲籌碼交換在牢裡的同志，這個計畫在十一天後潰敗，愛爾蘭警方於科克（Cork）一處租賃的農舍將十九幅畫全數尋回，當中包含一幅魯本斯和一幅維米爾，但沒有林布蘭。

近年來也有失竊藝術品在大規模毒品交易中當作抵押品的說法，這種動機在一九八〇年代首度出現，艾佛列·貝特的藝術品收藏再度成爲目標；一九八六年五月，人稱「將軍」的愛爾蘭傳奇犯罪頭子馬丁·加希爾（Martin Cahill）策畫一起行家級竊案，他的手下自羅斯伯拉別墅偷走十八件藝術品，包括維米爾、哥雅以及魯本斯。加希爾的手下很有技巧地愚弄了當地執法人員，他們抵達時，先切下一片法式窗戶的玻璃，進到屋裡啟動警鈴，接著撤退到屋外躲在茂密的灌木叢裡等待警方到來，警方四處探查，判定是假警報後離開，加希爾的手下在一小時後再度進到屋裡拿走畫作。但加希爾的確是絕無僅有的惡棍（演員布蘭登·葛里森（Brendon Gleeson）在一九九八年的電影《將軍》（*The General*）中飾演加希爾，這是提及藝術竊盜的電影中最逼眞的一次），體格壯碩且頭髮漸禿的加希爾在窮苦的環境中長大，熱愛信鴿以及摩托車，和都柏林的一對姊妹育有九名子女，關於他的犯罪動機衆說紛紜，有人認爲他是想讓愛爾蘭政府難堪，有些人則認爲此案是他用來換取獄中同夥自由的手段，少數人推測他只是鄙視貴族和有錢人並且以打擊國內精英爲樂（艾佛列·貝特爵士繼承了龐大的鑽石財富，而加希爾最著名的搶案是一九七〇年代在都柏林搶了價值二百五十萬美元黃金和鑽石）。加希爾一度要求以二十萬美元的贖金交回羅斯伯拉別墅的畫作，後來又傳聞他用這些畫作向南非購買軍火給親英國的烏斯特（Ulster）志願軍，他的部分幫派成員在案發後表示無論動機爲何，加希爾是以粗手粗腳的輕蔑態度對待這些易受損害的藝術傑作。不管他的目的究竟是什麼，欣賞這些作品之美善與技藝絕對不是其中之一。

在警方查緝販毒集團時多次發現來自羅斯伯拉的藝術品後，加希爾毒品理論因而誕生。一九九〇年五月，一幅來自貝特收藏的畫作在海洛因中心伊斯坦堡查獲，兩年後，警方在倫敦市中心追捕販毒集團時，在一輛小貨車上發現另一幅來自貝特收藏的根茲巴羅（Gainsborough）的畫作，再十個月後，更多的作品在調查毒品時尋獲，包括魯本斯的〈男子畫像〉（*Head of a Man*），這件作品被放在一間郊區房舍的沙發背後。一九九三年年底，調查人員爲了追蹤四件最昂貴的作品來到了比利時的安特衛普（Antwerp），當中包括維米爾的〈寫信的女士與女僕〉（*Lady Writing with Her Maid*, 1670-1671）以及哥雅的作品，警方認爲這四幅畫作來到此地是要向一名比利時鑽石商進行見不得光的借貸抵押，那幅維米爾被抵押在盧森堡的銀行保險箱裡，所得的款項據稱要用來協助販毒集團在安地瓜（Antigua）買下境外銀行，這些幫派分子希望透過境外銀行洗錢。到了一九九四年，加希爾過世了——因爲協助親英國烏斯特志願軍取得武器而遭愛爾蘭共和軍擊斃——他的竊盜動機隨他而逝。如果我們跳脫出來看，很難想像這樣一群流氓和搶匪策畫出這些複雜且晦暗的毒品籌資方案，但毒品理論在二〇〇一年再度復活，加希爾的一名手下馬丁·佛利（Martin Foley）——現在已經成了主要毒品販子——再度闖入羅斯伯拉別墅，盜走兩幅畫，一幅是根茲巴羅，另一幅是貝洛托（Belloto），這兩幅畫都在一年後尋回，但是據警方所知並未和毒品有所牽連。

一九九七年有專家對藝術竊盜與毒品走私的連結做出學術研究，藝術作家馬丁·貝利（Martin Bailey）在期刊《組織犯罪的趨勢》（*Trends in Organized Crime*）中發表文章，他爲貝特收藏的畫作動態製表，也爲這些搶案和毒品有間接關聯提出充分解釋，但卻少有其他案件支持整體論點。一九八七年一件失手的倫敦約翰索恩爵士博物館（Sir John Soanne's Museum）竊案可能和委內瑞拉的古柯鹼交易有關，但除此之外，藝術犯罪的紀錄中鮮少有毒品傳奇。在第七章將詳述的二〇〇〇年瑞典林布蘭竊案再次顯示毒品理論迄今仍相當薄弱，儘管聯邦調查局從一名在加州涉嫌毒品走私的保加利亞男子手中尋回兩幅作品，當中包括一幅林布蘭，但這些畫作從未在毒品交易中用來當作擔保品或支付的貨幣。

即使是因毒品而犯下的小規模藝術犯罪也很少見，二〇〇九年三月，一名叫丹尼斯·馬路克（Dennis Maluk）的小混混在康乃狄克州紐哈芬被逮到用從耶魯大學以及紐哈芬公立圖書館偷來的藝術品支付他每週的海洛因。在小規模搶案中偷得的次等手工藝品或古董成了買毒品的快錢，但除非證據確鑿，否則無法認定博物館竊案與大型毒品交易有直接關聯。有鑑於上個世紀林布蘭竊案為數之多，卻沒有一件作品成為毒品交易的抵押品，凸顯出這類動機相當罕見。

綁架藝術品

付贖金贖回藝術品的案例則較為常見，儘管許多勒索案件並沒有向大眾公開。在第五章，我們將首度揭露在一九三八年永遠消失的三件藝術傑作，這些傑作在警方包圍中時被歹徒燒毀，當中包括一幅林布蘭的作品。

由藝術品所有者或保險公司付現金取回作品是當前的常態，過程也可能很刺激且具有爭議。一九九四年，兩幅屬於倫敦泰特美術館（Tate Museum）的透納（J. F. W. Turner）（譯注7）畫作在出借德國漢堡畫廊展出時遭竊，一九九八年泰特美術館策畫秘密買回透納畫作〈陰影與黑暗〉（*Shadow and Darkness*, 1843）與〈光與色彩〉（*Light and Colour*, 1843）的「深藍計畫」（Operation Cobalt），這些作品後來分別在二〇〇〇年和二〇〇二年由前蘇格蘭場探員朱瑞克．「洛基」．洛克金斯基（Jurek "Rocky" Rokoszynski）以總計四百萬美元取回。但泰特對於「付贖金」的字眼相當敏感，堅持所付款項是「取得藝術品下落的情報費」，沒有一毛錢直接落入偷畫賊手裡。今天我們知道四百萬美金落入了和竊案有關聯的一個巴爾幹半島犯罪組織（原注8），然而泰特美術館館長尼可拉斯．塞羅塔爵士（Sir Nicholas Serota）在二〇〇二年表示：「我不認爲我們以任何方式付款給竊賊。」（原注9）。在另一個案例中，兩平方英尺大小、價值九百萬美元的提香傑作〈前往埃及途中小憩〉（*Rest on the Flight to Egypt*）在二〇〇二年於倫敦西南方的理查蒙巴士站被發現裝在塑膠購物袋裡，一九九五年這幅畫在巴斯侯爵（Marquess of Bath）位於倫敦隆格列（Longleat）的莊園劫案中消失無蹤，這起事件中交易了一百五十萬美元，但畫作所有人巴斯侯爵否認這是贖金，他稱說是給提供協助線人的「中間人佣金」。這裡必須指出波士頓的加納博物館也準備了五百萬美元賞金給任何提供「直接線索完好無缺地尋獲」那十三幅失竊畫作的人，其中包括三幅林布蘭作品，儘管已經有些人前來提供協助，但沒有一條線索協助尋獲。

涉及到金錢的案件引發許多賞金或保險支付是否合適的辯論，評論家很自然會質疑這是否會造成更多的藝術品綁架和勒索。這並不是新的爭論，就像在第四章將提及的一九七三年俄亥俄州辛辛那提市林布蘭竊案所顯示的，兩名專家——蘇格蘭犯罪學者西蒙・麥肯錫（Simon MacKenzie），以及藝術竊盜專家、文化歷史專家暨藝術犯罪研究協會（該協會是出版學術性《藝術犯罪期刊》〔*Journal of Art Crime*〕的智庫）成員馬克・杜尼（Mark Durney），很清楚地闡述了這個議題。

麥肯錫表示，學者和執法人員認爲交付任何形式的贖金都會導致重複犯罪，他們稱之爲「旗幟效應」，早在一九五九年，加拿大多倫多美術館在眾所周知的情況下交付贖金取回六幅失竊畫作後就得到證實，專家指出，這至少讓加拿大的博物館立即被歹徒「插上標籤」——是願意付錢取回作品的軟目標。儘管多數以金錢爲目的的罪犯仍忽視博物館，但這已經讓夠多的歹徒受到賞金／贖金方案的啓發，開始勘查這些機構，甚至草擬試驗性的計畫，有了這樣的焦點和關注，搶案在加拿大和全球無可避免地增加了。

譯注7：英國浪漫主義風景畫家（1775-1851）。

原注8：耐吉・雷諾德（Nigel Reynolds），《電訊報，倫敦》（*The Telegraph, London*），2005.11.5,1。

原注9：傑克・馬爾文（Jack Malverm），《泰晤士報》，2005.12.21,B1。

犯罪學者表示，透過保險中間人或由「律師代表」與握有失竊藝術品的人進行秘密贖金交付並未有效遏止這股風潮，這是因爲「升高效應」的關係，亦即歹徒向其他同夥通風報信，告知在某地藝術犯罪特別容易得手，此外當某些博物館願意默默支付贖金取回失竊藝術品的風聲傳出後，也會助長這個效應。第三個現象稱爲「已知數量效應」，亦即某個博物館被認爲是容易得手的目標後，成爲歹徒接二連三下手的對象，例如一九七五年，米蘭現代美術館（Milan Gallery of Modern Art）被偷了二十八幅畫，之後付贖款取回，三個月後，同一批搶匪在同一個美術館又偷了三十八幅畫，其中一半是上回偷過的。

這類由前一批匪徒重複行搶的案例不時發生，先前提到的倒楣的羅斯伯拉別墅就是集三項效應於一身的顯著案例；一九七五年羅斯．道格戴爾犯下的搶案「標示」了該目標極易得手，這啓發了馬丁．加希爾在一九八六年犯案。加希爾的手下馬丁．佛利深諳搶劫羅斯伯拉的內幕，於是在二〇〇一年自己動手行搶。一年後，三名男子在「已知數量」的羅斯伯拉以破城鎚敲破窗戶，再偷走五幅畫作，當中包含兩幅魯本斯，詭異的是這些收藏在夜間依舊只有一名七十多歲的警衛看守（貝特在一九九四年過世，他的繼承人試著降低這別墅的吸引力並且讓它更難潛入，安裝了現代的警報設備；貝特並且在一九八六年將十二件十九世紀以前繪畫大師的作品捐給愛爾蘭政府）。二〇〇二年被偷走的那五幅畫作幾個月內就找到了，這使得愛爾蘭旅遊作家鮑伯．蘇利文（Bob Sullivan）宣稱：「羅斯伯拉有找回其失竊藝術品的奇特竅門，有人認爲當中有卑鄙的交易——斷定藝術品收藏管理人也許悄悄地支付贖金取回失竊物品。羅斯伯拉尋回藝術品的成果顯然比保安過程來得順利，在一九七四年竊案之後，已經尋回價值超過七千萬的藝術品，看來羅斯伯拉會用大筆的贖金預算達成此目標。」（原注10）。儘管這段竊盜史是沈重且令人不悅的污點，但無可諱言地相當具有吸引力，蘇利文在他的旅遊通訊的「愛爾蘭趣聞」的單元裡加入他的評論，並且將這種高品味的犯罪風潮當成羅斯伯拉的觀光賣點之一。

多數博物館並沒有贖款的經費，有些甚至負擔不起竊盜保險，竊盜保險至少讓博物館有現金可以談判。如果該藝術品屬於國有財產，多數國家會直接宣佈付贖款是不可能的事，但歹徒在作案之前，通常不知道該藝術品是屬於私人收藏還是國家財產，也不知道是否有投保，這解釋了爲什麼在許多案件中，歹徒誤以爲他們可以用贓物換取到驚人的財富，這些偷取知名藝術品的人，通常沒有備案計畫，只能空有珍寶，坐看情勢發展。另一種形式的「藝術竊盜」也值得注意：藝術品擁有者自己策畫搶案訛詐保險公司。根據博物館保全網絡（Museum Security Network）及荷蘭媒體報導，在二〇〇九年的一件案例中，已故的荷蘭藝

原注10：羅伯特・蘇利文（Robert Sullivan），〈羅斯伯拉藝術搶案——一大收藏〉，《愛爾蘭通訊》（*The Irish Letter*）（季刊），2005.5。

術商羅伯・努特曼（Robert Nortman）被指控讓竊賊在一九八七年竊取他位於荷蘭馬斯垂克藝廊的九幅畫作，接著提出逾一百三十萬美元的保險賠償，二〇〇〇年十二月努特曼在佳士得拍賣會以二千八百六十萬美元買下林布蘭的〈六十二歲老婦肖像〉（*Portrait of a Lady, Aged 62*, 1632），打破林布蘭作品的拍賣價格成爲全球頭條。

近幾年來各界對藝術犯罪的興趣日漸升高，出現許多傑出的非小說類相關書籍（原注11），大學也開了這類主題的課程，塔夫斯大學（Tufts University）社會學家約翰・康克林不但是犯罪學家，也是《藝術犯罪》（*Art Crime*, John E. Conklin）（Praeger出版社，一九九四）一書的作者，他研究並教授此現象長達二十年。自二〇〇九年起，藝術犯罪研究協會在義大利開了藝術犯罪研究碩士課程，二〇〇八年耶魯大學也開了一整個學期的課程，二〇一一年哈佛大學爲新鮮人舉辦了「藝術竊盜的文化與政治、盜墓與劫掠」講座，這使得博物館的館長別無選擇地只能將保安及防盜項目加入他們的職責中。過去收藏在市府檔案櫃或圖書館的美術館、博物館樓層平面圖和建築示意圖，現在都可以在網站上查詢，類似Google Earth這類的工具也可以用來檢視目標物的樓頂、外觀以及地面，基於以上所述和接下來的章節中將概述的種種理由，藝術犯罪無疑地將會成爲一門成長的產業。

在美國，藝術竊盜的嚴重性並非一開始就反應在法令上，直到一九九〇年加納博物館竊案之後，針對文化財產犯罪的聯邦刑罰才變得較爲嚴厲，藝術竊盜的追訴期也從五年延長至二十年，或許在聯邦監獄裡受苦的威脅能嚇阻歹徒遠離美術館以及牆上的林布蘭作品。值得注意的是，林布蘭也對他的年代的犯罪階層有興趣，並且以油畫和素描表現出竊賊與其他犯人所受的懲罰，他描繪過手、腳、頸部上枷的犯人，以及一名在公共絞刑台上被吊死的女子克利斯汀，絞刑台是一種很高的垂直橫梁，一次可以容納多具屍體（絞刑台高聳地豎立在荷蘭的各個城市鄉鎮裡，是具有威懾作用的死亡紀念碑）。林布蘭也畫屍體解剖，這是公開的場合，不只有醫學院學生參加，好奇的市民也可以前往觀看，這類的解剖通常使用罪犯的屍首，儘管許多犯罪的懲罰不出鞭刑、烙印以及公開羞辱，但荷蘭人並不顧忌使用死刑。在林布蘭的名作〈杜爾博士的解剖學課〉（*The Anatomy Lesson of Dr. Tulp*, 1632）中，被解剖的男子經過考證是亞德利安宗（Adriaan Adriaanszoon），他是一名武裝歹徒及慣犯，綽號「亞利斯小子」，歷史記載，他最終因爲偷了一名男子的外套而被吊死。另一名被吊死的重罪犯尤里斯．方特任是林布蘭血淋淋的畫作〈德曼醫師的解剖課〉（*The Anatomy Lesson of Dr. Deyman*, 1656）的主角，他是一名法蘭德斯裁縫師，人稱黑傑克。荷蘭人也不反對以刑求逼供或說出失竊物品的地點，偷竊有可能被斷手或割鼻，已知的文獻中沒有藝術竊賊在林布蘭時代受罰的紀錄，我們只能想像這類的危險人物可能會面對何種刑罰。

原注11：請見參考書目，這類書籍就算還未成爲一個產業，也已經成了一種類別。

第二章

染血：一九七二年烏斯特博物館竊案

前言

通俗電影中所描繪的大膽藝術竊案通常是一群蒙面的特技演員在暗夜裡熟練地潛入博物館，他們沿著牆垂降而下，使用噴煙裝置、跳著林波舞避開雷射光束，這些花招都老套了——但沒幾項在好萊塢攝影棚外辦得到。

事實證明根本不太需要這麼精細複雜的技能，根據歷史經驗，博物館只要對外開放就冒著極大的風險，這是無可避免的。好的博物館其目的是要盡可能讓廣大的群眾看到重要且鼓舞人心的藝術，任何人都可以進入博物館，無論你是否攜帶槍械（儘管微型武器偵測系統越來越常見），對遊客的勸告通常都很有禮貌：「請勿碰觸」、「請勿靠太近」或「請勿使用閃光燈」，最明顯的勸阻中，唯一有形的阻擋物是天鵝絨繩索，而從警衛萎靡的肢體動作可以看出終日之枯燥，服務入口和緊急逃生出口也許乏人照看，監視錄影機的視界可能被凸出的內部建築擋住了，群眾或嘈雜的觀光客則提供了掩護或分散注意力——甚至是人質誘餌。

儘管武裝入侵者閃電襲擊文化機構的夢魘很難想像，但是在近幾十年來卻成了驚人的事實，在第七章，我們將再講述一段在瑞士持機關槍搶博物館的案例。倫敦泰特美術館保安主任丹尼斯．亞罕（Denis Ahern）是這麼說的：「如果罪犯不惜取人性命來犯案，那麼根本沒有什麼防衛措施擋得了，除非這些作品受到像金塊一樣的保護，這無疑將否定展示偉大和象徵性作品的意圖和能力，讓博物館成爲密封的寶庫，也會減少可展出作品的數目。」他補充道：「如果你想讓大眾看到藝術品眞跡，就會有風險，如果歹徒願意爲偷盜殺人，根本沒有防衛措施可以抵擋。」（原注1）。

一九七二年五月，麻州烏斯特的竊賊開了第一槍，成了冷酷的先例——第一起持槍博物館搶案——此後類似案件一再發生，他們的目標是林布蘭。

犯案竊賊

那是個溫和但多雲的五月星期三，首領佛羅里安・孟戴（Florian "Al" Monday）親自從五人犯罪小組中挑選出來的兩個小囉嘍踏進了烏斯特博物館，其中一人身上帶著裝有一發子彈的點二二左輪手槍，理論上，對於這個任務他們都受過嚴密訓練，不需要用掉那發子彈就能進出博物館。

原注1：諾亞・夏尼（Noah Charney）編輯，《藝術與犯罪：探索藝術世界的黑暗面》（*Artand Crime: Exploring the Dark Side of the Art World*），（加州聖巴巴拉：Praeger出版社，2009），P136。

孟戴並不是衝動型的罪犯，他在這起案件上做了許多功課；他小時候在羅德島從母親那兒學到藝術知識，在烏斯特唸大學時，他是烏斯特博物館的常客，三十出頭成了剛入行的雅賊，他經常勘查烏斯特博物館那又長又寬的走道，在「演練階段時多次進出博物館，並且觸摸、撥弄」，紀錄窗戶警報、緊急按鈕以及例行保安程序。烏斯特博物館是個陰暗、塊狀的迷宮，與外界稍微隔絕，但內部卻有世界級的設施，孟戴在地圖上標出捷徑、盲點以及警衛人力單薄的地方，他觀察並將貨物郵件時程以及博物館外的交通狀況計算在內。這個博物館位於麻州中部紡織城，人跡罕至，向來不受侵犯，遊客也恪守規矩，是容易到手的目標。

孟戴特別夢寐以求的作品掛在一連串相通的房間裡，俯瞰著博物館中央的展品：那是一間通風、有廊柱的文藝復興廳。儘管博物館內收藏許多財富，保羅．列維爾（譯注2）（Paul Revere）製作的銀器、希臘和埃及的古董，荷加斯（Hogarth）、惠斯勒（Whistler）的畫，以及塞尚和梵谷的作品，館內唯一的一幅林布蘭作品〈聖巴薩蘿繆肖像〉（*St. Bartholomew*）一直都是最受矚目的焦點，或者如孟戴所說的，是任何竊盜清單上最簡單的任務。

孟戴現在七十多歲了，說話仍相當精明，對於名畫也有自命不凡的固執見解，雖然他自稱職業生涯大半從事「銷售」。他的名片正面印著一幅全彩老婦人的油畫肖像，那是他朋友的一幅油畫，他花了幾年的時間研究，現在判定那是一幅林布蘭時期的荷蘭畫作，除此之外，他一無所知。儘管從他粗獷的外表可能看不出來，但孟戴無疑地是熱愛好畫，他穿著寬鬆的藍色運動服，戴著華麗的金戒指以及粗鍊珠寶，茂密的白髮染成螢光橘，說話有著老菸槍的粗啞嗓音，然而和他談話卻能激發出對藝術史以及重要或有影響力畫家的深刻見解，「沒人能超越梵谷，」他說，「也許除了雷諾瓦吧！」他知道新英格蘭一所學院裡有一幅守衛不嚴的雷諾瓦，「我想襲擊這個地方。」

回想起近四十年前他曾是林布蘭畫作主人的那段短暫時光，孟戴開始一段他時不時會出現的矯情獨白：「這是一種令人振奮的感覺，握著那幅畫，尤其是你已經研究了很長一段時間，現在成了這幅畫唯一的擁有者，對一個藝術愛好者來說，擁有一幅林布蘭就像同時贏得世界大賽、超級盃和史坦利盃，你感覺到自己幾乎進入藝術家的思想裡。」

回到一九七二年，當他策畫這起下場悽慘的竊案時，孟戴認為只拿走一幅畫的話，就算那是一幅林布蘭也沒有意義，他注意到早期現代派畫作的市場正在成長，因此又加了三幅可能在黑市賣得高價的作品：畢卡索的〈母親和小孩〉（*Mother and Child*），以及兩幅高更的作品〈沈思的女人〉（*The Brooding Woman*）和〈婦人頭像〉（*Head of a Woman*）。除了畫作的價值以及易於攜帶之外，這四幅畫就掛在距博物館入口（及出口）一段樓梯的地方，

譯注2：美國銀器匠，獨立革命時期的愛國人士。

都很容易從牆上扯下來，而且也都掛在平日午後遊客和警衛較稀的展區。「你不能全部拿走，」三十八年後孟戴反省，「這基本上是搶了就跑的差事，拿了林布蘭、拿了其他畫，然後離開。」

孟戴年幼時就深受熱愛古董的母親影響，他在聖母學院主修藝術，該學院位於烏斯特，是一所聖奧古斯丁修會天主教學院，以其一流的人文學科和長曲棍球隊聞名。年輕的孟戴並不是因爲教科書上的某段文字才促成他和林布蘭的相遇，孟戴表示是在一九七〇年代初，《波士頓環球報》週日的一篇文章詳述了藝術品不斷在拍賣會上屢創天價，他發現多數的博物館就像疏於防衛的倉庫，內有價值六、七位數的物品，因此他開始認眞考慮以雅賊爲業，畢竟他具備藝術和犯罪天分，眼下有這麼多高利潤的目標，他認爲搶銀行根本是「浪費時間」。

孟戴同時意識到某種重大的變革——一場文化轉變。富豪和名流霸佔了藝術世界，藝術評論家羅伯特・休斯（Robert Hughes）爲這種「名作名流狂熱」感到哀痛，並表示：「藝術書籍成了支票簿。」早在一九六六年，受人敬重的藝術作家米爾頓・艾斯特羅（Milton Esterow）在《紐約時報》發表〈藝術狂熱成了一窩蜂〉的文章就概述了全世界對名作的需求不斷成長，艾斯特羅寫道「數以百計的希臘船運大亨、加拿大礦主、美國鉅子以及歐洲富豪」（原注3）以難以匹敵的規模在全球獵尋十九世紀以前的繪畫大師、印象派畫家和現代派如畢卡索、塞尚和馬蒂斯等人的作品，這些人包括美國的實業家以及英國的金融家，像是美國銀行家安德魯・梅隆（Andrew Mellon）、英國金融家愛德蒙・李奧波特・羅斯柴爾德（Edmund Leopold de Rothschild）、美國實業家亨利・福特（Henry Ford）、石油大王保羅・蓋帝（Paul Getty）、美國金融家約翰・摩根（J. P. Morgan）以及風險投資之父約翰・惠特尼（John Hay Whitney）。除此之外，艾斯特羅也寫到自一九五〇年以來，美國成立了一百三十座博物館，歐洲各地冒出的博物館爲數更多，全都競逐著特色鮮明的作品。大都會藝術博物館在心痛地砸下二百三十萬美元買了林布蘭的〈亞里斯多德對著荷馬的半身像沈思〉（*Aristotle Contemplating the Bust of Homer*, 1653）後，已經不再從拍賣場上買作品，他們怎麼拼得過歐納希斯或卡內基家族的人？富豪收藏家大衛・洛克斐勒告訴艾斯特羅：「我對藝術的興趣有很大程度要追溯到父母親給我的教養，我母親喜歡美的事物，我被美的事物包圍。」聽起來就像是大亨版的孟戴。艾斯特羅注意到這些收藏家、博物館館長以及投機商造成價格快速上漲，使得代理人「在一週內必須打多次電話給藝術商以便知道目前的估價」。

大眾文化也吸收了這個訊息，一九七〇年，帕克兄弟（Parker Borthers）發行一款桌上

原注3：米爾頓・艾斯特羅，〈藝術狂熱成了一窩蜂〉，《紐約時報》，1966.5.14, 1。

遊戲叫做「名作：藝術拍賣遊戲」（Masterpiece: The Art Auction Game），遊戲板的中央是林布蘭的〈戴金項鍊的老者〉（*Old Man with a Gold Chain*, 1631），這款遊戲的廣告詞是這麼說的：「你最愛的林布蘭正在拍賣，你要和一群令人眼花撩亂的古怪藝術投機商競標，你該再出價高一點嗎？如果這是一幅毫無價值的贗品該怎麼辦？在『名作』遊戲中，你將體驗到國際藝術拍賣精英世界興奮刺激的旅程。」競標者包括來自倫敦溫文儒雅的「懷德・霍爾先生」、狡猾的法國人「方斯華・波內特伯爵」以及石油酋長、女繼承人、銀行大亨等（這款遊戲原價四・九五美元，現在二手版本在拍賣網站ebay上已經賣到二九・九九美元）。在這種氛圍之下，孟戴是首批注意到精英等級重大盜竊商機的人。

但孟戴也犯了藝術竊賊典型的錯誤：只看見畫框裡的價格。他承認他幾乎沒有考慮到轉手會遇到的問題，他不清楚烏斯特博物館是否投保，或者是否有用來贖回失竊作品的現金儲備，當然他也沒有排隊等候的買主，這和偷可流通的現鈔或可鎔化的黃金不同，這比較像是擄了人質，而有人質的局面最後通常對罪犯不利。

孟戴一開始很有條理，在新英格蘭地區勘查可以下手的博物館，用紙筆持續紀錄他的目標，他說一開始的目標之一是波士頓伊莎貝拉史都華加納博物館，因爲《波士頓環球報》舉出館藏的拉斐爾值千萬美元的拍賣價，當時他在筆記上草草記下：「這個博物館讓我們有機會用名畫賺到上千萬美元，警衛的裝備不足以應付持槍人士，報酬遠高於可能遇上的麻煩，有絕佳的展望。」由於一九九〇年的加納搶案相當轟動，本書作者詳細檢視過這份筆記後覺得毛骨悚然，但沒有證據可以指向是孟戴幹的。

他也考慮其他區域的美術館，包括康乃狄克州哈特福的偉茲沃爾斯博物館（Wadsworth Atheneum）館藏豐富的法國印象派畫家及文藝復興大師的作品，而且由「沒有武裝的老先生看守……他們不會對職業盜賊造成任何威脅」，他的筆記還提及「體積係數」（譯注4）和「最近的警察局」。他也勘查了波士頓藝術博物館（Museum of Fine Arts），但認爲警衛「看來年輕、有警覺性且觀察力敏銳」，最後孟戴選了捷徑來到熟悉的烏斯特博物館，他立刻知道他找到了。

在一份未公開、散發出菸臭味的打字版回憶錄中，孟戴稱烏斯特博物館爲「雅賊的天堂」，這份回憶錄是在竊案過後多時寫的，他寫道，儘管夜間防盜措施相對嚴密，但「白天的保安顯然不存在」，「警衛和展覽的古物一樣古老，沒有攝影機、壓觸式警鈴，這讓烏斯特博物館成了史上第一宗持槍博物館搶案的頭號目標」，從波士頓到哈特福到紐約，仔細想想他的搶劫博物館夢想後，他補充道：「這裡就是起點!!!」但不管你怎麼看待孟戴，他對於博物館保安的評估完全正確，他沒有必要購置高科技裝備、對講機、攀牆工具以及其他好萊

譯注4：疏鬆原料與壓縮成品體積之比。

塢電影的必備裝備，他所需要的裝備和一般闖空門沒有兩樣。

孟戴專注於追求搶案運籌管理的精確度，這是他和許多後來的藝術竊案不同之處，他甚至測量了竊盜清單上的四幅畫作，研究其畫框是否特別重、特別寬或裝飾華麗，他起先是想知道這些畫作是否能放進他特製的大衣裡，這件大衣的特色就是內裡有鼓起的口袋，這些口袋是爲了竊盜特別縫製的。

當他發現裱框的作品比大口袋還大時，他把作品尺寸給他的嫂子，要她縫四個大小剛好的布袋，這樣每幅偷來的畫作就都可以單獨搬運，他原本是想要四個不同顏色的布袋，但後來發現顏色標記的想法毫無必要而取消。

孟戴仔細考慮目標博物館的內部保全，在當時連最基本的監視攝影機也沒有，他明白地表示根本沒這個必要，這就是七〇年代初博物館的普遍狀況。從任何規模的博物館中竊取藝術品可能都比搶藥妝店或熟食店容易；在小店鋪裡，店主一雙眼睛可能隨時都盯著你，櫃檯下很可能有一把槍，但在博物館，有許多乏人看守的死角以及疏於守衛的展覽廳，更沒有槍枝，部分較簡陋的新英格蘭博物館在那個年代或多或少依賴榮譽制度，玻璃櫃裡展示珠寶、錢幣和雕刻，館長通常會在抽屜裡存放價値相當的其他展覽品，而抽屜未必上鎖，就算上了鎖，專業竊賊也可以迅速撬開，只要拉開幾寸就可以輕易拿走裡面的東西。

事實上麻州——多數新英格蘭地區——有上百座大大小小的博物館，收藏殖民時期手工藝品、革命和內戰刀劍、稀有錢幣及裝飾品、美洲印第安人的寶物、早期的美國畫作，以及上個世紀之交偉大藝術家約翰・考普利（John Singleton Copley）、惠斯勒（James McNeill Whistler）以及湯瑪士・柯爾（Thomas Cole）等人的作品。博物館早在這些作品的名氣和價格——暴漲之前就已經購入，現在有些作品在拍賣市場的價格超過千萬美元。這些年來，對於這類博物館來說，最好的情況是遭遇小偷小盜，最壞則慘遭重大竊盜，這是新英格蘭地區博物館不可告人的秘密，更糟的是，許多手工藝品從未妥善估價、保險或造冊，這使得轉賣這些物品——即使是公開拍賣——在當時成了快速變現的方式。一九八二年威廉學院（Williams College）的萊恩・費森教授在他的著作《新英格蘭的美術館》（*The Art Museum of New England*, S. Lane Faison）一書序言中寫道：「人們要是知道在這偏遠的地方藏有多少藝術珍寶會相當驚訝。」他還寫道：「我們可以說，在同等大小的區域中，沒有一處的博物館密度比得上新英格蘭，而光是麻州的密度更爲驚人。」（原注5），這有助於解釋爲何在一九七二年到一九九〇年間，有七幅林布蘭在麻州被盜，讓海灣之州（麻州別稱）成爲美國藝術犯罪中心。後來，這些較小的新英格蘭博物館學聰明了。梵谷的畫作〈鳶尾花〉（*Irises*）自一九七七年起就在位於緬因州波特蘭外的一所小型人文學校衛斯布魯克學院展

原注5：萊恩・費森，《新英格蘭的美術館》（波士頓：David R. Godine出版社,1982）P8-9。

出，直到一九八七年在蘇富比拍賣會上以五千三百九十萬美元售出；它掛在校園的一個小畫廊裡，那是畫的所有人約翰・派森（John Whitney Payson）爲紀念母親瓊安所建的畫廊，派森明智地判斷出畫廊不再安全了，而且他也注意到保險和保全的花費越來越「驚人」（原注6），於是將〈鳶尾花〉賣給了亞倫・龐德（Alan Bond），他是澳洲商人、帆船運動員，曾贏得美洲盃帆船賽，但他負擔不起畫作的開銷，因此〈鳶尾花〉在一九九〇年再度轉手，以未公開的價格賣給富有的洛杉磯保羅蓋帝博物館。

孟戴在一九七〇年代初期就察覺到這種態勢，他回憶起勘查哈特福高等法院，一七九四年到一八四〇年間的高價稀有金幣與銀幣在沒有警報器的櫃子裡展出，可以輕易地用螺絲起子撬開。另一個例子是位於波士頓的州議會，他們一度在走道上隨意展出革命和內戰時期的武器、錢幣以及麻薩諸塞灣殖民地成立時簽署的文件，在一九六〇年代、一九七〇年代以及一九八〇年代初，因爲太多祖傳的物件在漫不經心的導覽員及保全人員背後被偷走，州務卿只好將整個公共收藏轉移到安全的地點。這個區域對於保全自由放任的傾向使得烏斯特博物館同樣易受攻擊，該博物館的警衛基本上都是「老年人」，低薪、沒有配備武器的退休人員穿著現成的藍色西裝外套，所受的訓練是要親切有禮而非具有威懾作用。在孟戴武裝搶案隔天在《波士頓環球報》發表的一篇嚴厲社論〈藝術竊盜白天最佳〉裡，社論作家以風趣的口吻寫道：

在白天時，這些貴重的物品由好好先生保護——我們稱之爲警衛——他們是退休的軍人或警察，是世上秉性最佳的紳士，所受的訓練是要彬彬有禮，靠著一些其他的退休金過活，行動緩慢，而且在這個點三八左輪手槍氾濫的國家裡，他們毫無招架之力……我們以前從未發現這點，或者就算知道了，顯然也未有任何改變（原注7）。

當時也有一些像樣的保安措施，但一九七二年距現今博物館普遍安裝隱藏式警報系統、電子追蹤科技和閉路監視及錄影器材還有很長一段時間，孟戴在他的勘查行動中強力測試這一點，他盡可能往前靠近烏斯特博物館內的藝術品，馬上就發現當他逼近時並沒有任何警報器響起，也沒有紅外線光束要避開，他還注意到當他靠近一幅畫作，以幾乎貼近畫作的距離觀賞某些珍奇的細節時，博物館裡沒有人注意或在乎（不只一位博物館管理員注意到，在珍貴畫作上的林布蘭簽名附近會出現污漬，因爲遊客會情不自禁地指著這個有名的名字，而且通常會輕碰一下），孟戴對管理員倦怠或腳痛的狀況感到很滿意，「一名六十出頭的老

原注6：〈緬因州痛失梵谷〉，《紐約時報》，1987.10.4, B9。
原注7：社論，〈藝術竊盜白天最佳〉，《波士頓環球報》，1972.5.18,22。

人，」他匆匆地記下，「不會造成阻礙。」

最後關鍵的步驟就是把他的兩名成員送進博物館，他說他不想在現場，擔心因爲先前頻繁出入博物館被認出來，結果證實這是一項關鍵錯誤：他估計兩個人可以輕易地帶走四幅總重八十磅的畫——含畫框一件約二十磅重。

孟戴從他的五人小組中挑出二十六歲的威廉．卡爾森（William G. Carlson）以及三十歲的史帝芬．托倫（Stephen A. Thoren）執行實際偷畫的行動。這兩人事後都向警方表示他們是「失業勞工」，這是當地「職業罪犯」慣用的隱晦說法，他們是竊賊——破窗而入的類型——而孟戴則是籌畫一切的「主腦」。

孟戴爲他的同夥策畫的計謀相當直截了當：偷一輛車、開到美術館、在附近合法停車、走進去、直接上二樓、戴上滑雪面罩、取下畫作裝進袋子裡、快速離開、一句話都別說、不要傷人、開車離開。孟戴不要以武器虛張聲勢或佯裝攻擊，他給犯罪小組的第三名成員、二十二歲的「失業勞工」大衛．阿卡菲斯卡（David M. Aquafresca）（綽號阿奇）一項任務，要他去偷一輛車，並且在撤退時擔任司機。儘管阿卡菲斯卡還很年輕，但他對重大犯罪很有經驗，警方表示，就在烏斯特博物館搶案前一天，他還參與了一起銀行搶案。阿卡菲斯卡遵照孟戴的指示搶了一輛一九六五年奧斯摩比白色旅行車，這是個聰明的選擇，因爲畫作還裝著框，可以將這些畫安穩地疊在寬敞的後座裡。

如今孟戴坦然承認他太過心存僥倖，他告訴卡爾森和托倫在博物館開放的時間動手，但當天確切的時間由他們自己決定，他也讓他們帶一把左輪手槍，一開始並沒有裝子彈，「這樣就不會傷到人」，孟戴不希望涉及槍擊刑責。因爲在一九七二年時，非暴力的藝術竊案（包括偷名作）是輕罪，刑責不重，談妥歸還協議也足以讓罪犯獲得緩刑；今日，類似的罪行則犯了聯邦法，可能判處二十五年徒刑，這是因爲自一九九〇年加納博物館竊案之後的判決壓力所致。但在孟戴的年代，藝術竊盜有點被當成噱頭，不值得投入警力或起訴時間。不幸的是，卡爾森和托倫很快就發現槍裡少了一發子彈，並且因而卻步了，孟戴知道拿把上膛的槍不是個好主意，他深信只要揮舞槍枝就能嚇退所有擋路的人，「就像對上巴尼・菲（Barney Fife）（譯注8）。」他說道。但孟戴的手下卻覺得這樣沒有氣勢，並且不斷高聲抱怨，威脅要取消這次行動，爲了安撫他們，他默許他們將點二二左輪手槍裝上一發子彈。

孟戴儘管費盡心力，還是犯了在日後林布蘭竊案中見到的典型大錯，他沒有組成一批可靠、專業且守口如瓶的竊賊，他的團隊中包含了兩名三流職業罪犯，一個有毒癮、一個是女子——她曾在一次事前博物館勘查行動中點菸引起注意（並且在最後一刻退出計畫）——以及一名孟戴稱之爲「內鬼」。孟戴不但沒有正確地下達命令，也沒有適度地警告他們開了

譯注8：美國電視喜劇中的搞笑副警長。

那唯一一槍會引發的後果，此外，正如一般常見的狀況，他並沒有大買家等著要買這些藝術品，他的團隊只是「一幫烏合之眾」。而林布蘭竊賊很少能從行動中獲得有價值的報酬，一直以來，搶匪、銷贓者以及其他同夥一再地發現執行一件竊案或牽扯到事後餘波當中，帶來的是頭痛、背叛、壞名聲、警察監視，當然還有刑期。長遠來看，偷取博物館捐獻箱裡的錢勝過偷取名作。

下手目標

就在孟戴學習藝術史的聖母學院兩英里外，矗立著烏斯特博物館，那是一座古典復興風格的建築，收藏著各個年代、來自全球的名家作品，有描繪獨立革命時期生活的美國畫作、哥倫布發現美洲以前的原住民雕刻，以及來自印度、韓國、日本和伊斯蘭世界的手工藝品，除此之外還有世界級的安提阿（Antioch）馬賽克收藏，正中央的作品就是位於文藝復興廳地板上的巨幅馬賽克，距離博物館主要入口只有幾英尺，構圖名稱爲〈烏斯特狩獵〉（*Worcester Hunt*），描繪出栩栩如生的獵人和野獸。

烏斯特博物館的牆上掛著高更、畢卡索、艾爾．葛雷柯（El Gresco）、沙金特（Sargent）以及莫內的畫作，全是傑出的畫家。一九八九年開幕以來，「爲了所有烏斯特市民的福利」，博物館建立了一項嚴苛的傳統：每一任館長必須至少購入一件十七世紀的荷蘭畫作。第十二任館長維盧（Welu）是一名令人尊敬的荷蘭藝術專家，一九八四年他爲歐洲藝術收藏添了一幅拉斯曼（Pieter Lastman）的〈帕里斯與歐諾涅〉（*Paris and Oenone*, 1619）。儘管拉斯曼被認爲是荷蘭最傑出的大師之一，尤其是他描繪宗教與神話人物的功力，但他更爲人知的是他最出名的弟子林布蘭，這兩人之間的關聯在烏斯特博物館有詳細解說。維盧選擇將〈帕里斯與歐諾涅〉掛在館內最珍藏的林布蘭〈聖巴薩蘿繆肖像〉旁。

〈聖巴薩蘿繆肖像〉是維盧之前的館長丹尼爾．卡頓．李奇（Daniel Catton Rich）購入的荷蘭畫作，他是在一九五八年六月二十二日向哈佛大學購買，並在那年秋天展示〈聖巴薩蘿繆肖像〉，儘管幾十年來這幅畫一直受到林布蘭學者的質疑，爭論的核心是這件多產且常被模仿的林布蘭作品常見的爭議，也就是大家一致認爲的作者歸屬問題。這位大師不但畫了另外兩個版本的殉教者巴薩蘿繆（這種重複在林布蘭的作品中並非不常見），而且每幅畫像描繪的聖巴薩蘿繆長相更是截然不同，它們有可能都是林布蘭的眞跡嗎？

哈佛大學及其福格美術館（Fogg Art Museum）的荷蘭繪畫專家暨作家西摩．史利夫（Seymour Slive）在烏斯特博物館的歐洲繪畫目錄中寫道：「林布蘭爲聖巴薩蘿繆做了另外兩幅畫：一幅在一六五七年，另一幅……在一六六一年，這兩幅令人印象深刻的晚期作品氣氛相當不同，一六五七年的版本描繪出的聖人，其內心衝突已經化解，他看起來無懼於信仰將面對的測試；林布蘭的最後一幅聖巴薩蘿繆肖像則更壓抑，這位使徒看來陷入沈思，在他看似思考著我們以及他自己的命運時，我們也跟隨著他。」一六五七年的巴薩蘿繆肖像現在收藏在聖地牙哥亭肯美術館（Timken Museum of Art），畫面上一名蓄著濃鬚、穿長袍的男子，眉頭深鎖，握著一把長而鋒利的刀；一六六一年的版本目前在洛杉磯蓋帝博物館，畫中的聖人看來憂鬱，而且幾乎是以當代的打扮與衣著呈現，他的刀較短，出現在畫作底部的角落裡，這幅畫創作的時間點，套用一名林布蘭作家之言，畫家當時「承受著足以讓較脆弱的人崩潰的壓力」，主要是因爲破產以及聲望江河日下，但他仍保有些許的內心平靜。

讓作者歸屬更加撲朔迷離的是卡頓．李奇爲烏斯特博物館取得的一幅〈聖巴薩蘿繆肖像〉複製品，這幅複製品已經流傳多年，儘管這幅仿製品時常當作眞跡展出，也經過部分專家「鑑定」，但一名叫雅各．羅森堡（Jacob Resenberg）的林布蘭學者發現它缺乏林布蘭微妙的技巧，他寫道：「比較兩幅畫的頭部立即看出〔仿製品〕缺乏可塑的特質，因爲仿製品模仿林布蘭的筆觸操控畫筆，卻缺乏創造立體感的掌控能力。」當這幅仿製品贈給位於曼哈頓的大都會藝術博物館時，館方將畫退還給捐贈者，史利夫認爲那是一幅「相當粗糙的副本」。

關於烏斯特的〈聖巴薩蘿繆肖像〉還有更多懸疑的地方，這幅畫的眞實主角未明，油畫呈現一名不修邊幅的男子頭稍微向左偏，右手拿著一把刀，一九三九年在舊金山展出時被稱作一名〈老者的肖像〉（*Portrait of an Old Man*）。林布蘭的另外兩幅巴薩蘿繆肖像也曾被誤認爲是殺手、外科醫生或家庭廚子的肖像，使徒手上握的刀可能是導致早期編目錯誤的原因。現在大家普遍接受在這三幅鑑定爲眞跡的林布蘭畫作裡，巴薩蘿繆握的刀代表他殉教的方式：這幅畫承繼了描繪聖人的傳統，以象徵物品代表他們的死亡方式。

據說使徒巴薩蘿繆在一世紀將基督教帶到亞美尼亞，傳聞他被活生生地剝皮，並且因爲他的勇氣與決心最終以倒吊方式釘在十字架上。幾世紀以來的宗教作品中，巴薩蘿繆都握著一把大刀以強調他血腥的殉教（有點殘忍的是，他是獸皮製革業的守護神），在米開朗基羅的〈最後審判〉（Last Judgment）裡，巴薩蘿繆在天堂復活，左手提著自己的皮（他的臉是米開朗基羅留著大鬍子的臉，這是米開朗基羅著名的玩笑，他認爲自己多年來在西斯汀教堂苦力般的繪畫就像被剝皮一樣）。林布蘭所畫的被拘禁的使徒及先知如聖彼得和聖保羅畫像，也受到他早年在來登以及海牙的贊助人歡迎，他在事業起步需要錢時，以及在一六五五到一六六〇年間，他爲蓬勃的北歐市場描繪聖人及殉教者爲人熟知的苦難、虔誠形象，這些作品立即在基督教歐洲，甚至天主教義大利暢銷，部分作品找到它們最早的知名買主。

藝術史家推測烏斯特博物館的這幅林布蘭〈聖巴薩蘿繆肖像〉的靈感來自他家的廚子或他在一六三〇年過世的父親，畫中主角的眼睛烏黑深陷，臉頰哀傷而凹陷，學者認爲這幅畫是林布蘭二十多歲或三十出頭時畫的，並且沿著刀刃龍飛鳳舞的簽名，就像藝術收藏家有時候對這類不愉快肖像的看法是：「當然，很棒，但是天天看著很難過。」

目前學者們的共識是林布蘭以他的父親做爲那幅畫中陰鬱的模特兒，有些人斷言他的臉孔和掛在英國牛津艾希莫林博物館（Ashmolen Museum）的一六三〇年老林布蘭肖像有點神似，卡頓．李奇在烏斯特博物館的購買文件上敏銳地寫道：「〈聖巴薩蘿繆肖像〉是林布蘭在阿姆斯特丹就要取得早期成功並且開始產出成熟社會肖像前所畫的，它深沈的內部力量預示了日後具內省意義的林布蘭作品──這是年輕與年老時創作出偉大作品的林布蘭之間有趣的連結。」

儘管〈聖巴薩蘿繆肖像〉背後的歷史可能引起如今較爲深沈的孟戴的興趣，但他在一九七二年時根本不在意，他估計這件作品價值二百萬美元，這樣的報酬值得花心思去偷到手，不管看起來有多困難。

搶案

一九七二年五月十七日星期三，孟戴的持槍搶劫計畫展開了，威廉．卡爾森和史帝芬．托倫在傍晚抵達博物館，快速通過位於沙利斯柏立街上的正門，而偷來的旅行車合法地停在那條街上，由阿卡菲斯卡擔任駕駛。博物館內非常安靜，只有幾十名遊客在館中漫步觀賞，在這兩名竊賊上到二樓目標區時，卡爾森碰上兩名青少女，他暴露出自己的外行並且表現出令人訝異的蠻幹和愚蠢，他停下來和她們說話，「他告訴她們，我要搶劫。」孟戴不願相信地回憶道。新聞報導只說那兩名女高中生在他們偷畫之前看到他們，其中一名命令她們坐在椅子上，告訴她們：「這不是鬧著玩的。」令人不敢置信的是，卡爾森和這兩名年輕的目擊者說話時，甚至還未戴上滑雪面罩。

在卡爾森和托倫將畫從牆上取下時，隨即被幾名遊客發現，但因爲他們動作大膽而且有條裡，看起來「完全知道他們要哪幅畫」，根據博物館發言人表示，這些遊客以爲他們是館方人員正在執行任務。目擊者這樣的說法並不奇怪，一九八〇年代中在佛蒙特州（Vermont）本寧敦（Bennington）發生的一件搶案，犯案的匪徒一致穿著藍色的防風外套，遊客以爲那是博物館的制服。即使是博物館的常客也可能沒遇過藝術品搬移的情形，因爲那通常是在博物館關門後才作業，因此看見有人在眾目睽睽之下冷靜地移動館內作品，很容易認爲是例行工作。

托倫和卡爾森最後總算記得要拉下孟戴希望他們從一開始就戴上的藍橘相間滑雪面罩，他們將畫作分別放進特製的袋子裡，然後走向出口，儘管帶著笨重的袋子而且看起來很兇惡，他們仍迅速地移動腳步並且試著裝作冷靜。

就在這時候，博物館警衛飛利浦・伊凡斯（Philip J. Evans）正在出口處附近和一名女遊客說話；伊凡斯是烏斯特博物館的資深警衛，他是該博物館溫文儒雅的典型代表，在這個以忠誠度著稱的工作場所中，他深受同事喜愛，他熟知博物館內的作品也樂於回答問題，現在他站在靠近門口的服務檯邊，告訴那名遊客她可以將隨身的書和文件寄放在附近的架子上。

就在伊凡斯和那名女子說完話幾秒鐘後，托倫和卡爾森來到主樓梯底，正要走向出口，然而伊凡斯第一眼看到的不是他們鼓脹的袋子，而是烏斯特博物館的每個警衛都會留意的慣例，這兩位「訪客」越過圍著文藝復興廳正中央大型安提阿馬賽克的圍欄，踩在那珍貴的地磚上，這又是另一個外行的錯誤——告示牌清楚地寫著禁止走在這些地磚上。

「你們不能從上面走過去。」伊凡斯叫道，但話一出口，他就發現這兩名入侵者戴著滑雪面罩背著大袋子，當竊賊走近出口時，其中一名大叫：「不要擋路！我們要過去！」赤手空拳的伊凡斯過去擋住他們的去路，並抓住其中一名竊賊，這名竊賊——可能是托倫——以兩袋畫靠著牆攻擊他，五十七歲的伊凡斯並不畏懼，伸手掐住攻擊者的脖子，就在這時候他的臀部感覺到來自點二二口徑子彈的刺痛感，卡爾森開槍了。

伊凡斯倒臥在地，兩名竊賊奔向奧斯摩比旅行車，在他們逃跑時，伊凡斯努力地站起來，跛行著尾隨他們。過路行人表示竊賊只放了三幅畫在後車廂裡，很滑稽也不知是何故，高更的〈沈思的女人〉被放在車頂架上，坐在乘客座的人從車窗伸出右手抓著畫，就這樣帶著四幅畫離去，目擊者在車子於蘭卡斯特街向南疾馳時記下車牌號碼，車子接著往西向學院路朝著會合點開去，第二輛逃亡的車子停在烏斯特理工學院。

護理人員被找來協助伊凡斯，遊客和工作人員圍著他，在他中槍之前和他說話的那名女子跪在他身邊，在他的傷口上加壓，他茫然地問道爲什麼把他抱得這麼緊，她回答：「我是護士。」其他的保全人員分頭去找警察調查犯案現場，並且清點畫廊，當時博物館記載每日活動的「紅書」上平靜地記載著下午四點半：「畫廊二〇九遺失畢卡索的〈母親和小孩〉＋高根（原文如此）的〈沈思的女人〉1921.186，在畫廊二〇〇聽到一陣扭打聲，來到畫廊二〇九發現兩名男子通過警衛從前門離開＋離開時開槍，時約下午四點半……〈婦人頭像〉也被拿走1921.5高根也是，畫廊二〇一——一幅林布蘭1958:35〈聖巴薩蘿繆肖像〉。五點博物館關門。」

在此同時，托倫、卡爾森和阿卡菲斯卡抵達烏斯特理工學院校園，將贓物移到第二輛車上，拋下偷來的奧斯摩比旅行車，接著前去與主腦孟戴會面。

＊　＊　＊

孟戴坐在烏斯特的一間酒吧裡，在那三人的車停下來時感到很有信心也相當興奮，阿卡菲斯卡一進到酒吧就拋出壞消息：「他們開槍打了警衛。」

孟戴大發雷霆，他記得他咆哮道：「什麼!?」這是最壞的消息，比兩個賊被抓還糟，搶案被捕猶可應付，但正如孟戴所說的，開槍「讓畫作染血」，他痛斥卡爾森和托倫，問道：「是哪個天才開槍打警衛？」卡爾森承認是他扣下扳機，托倫為他辯護：「我們必須這麼做，他攔住我們。」他嗚咽著，但這完全無法平息孟戴的怒火，孟戴知道現在執法人員會以三倍的精力來抓搶匪。他現在已經變成不是單純地策畫一起可以銷贓或勒贖的簡單藝術竊案，而是暴力重罪的幕後主謀，是置高雅的藝術愛好者以及博物館工作人員生命於險境的人物，如果被逮捕，他的命運也許無法和孤獨的聖巴薩蘿繆相比，但警察和聯邦警探有他們自己一套對罪犯剝皮的方式，他知道自己有危險了。

「裡面有一發子彈，他開槍射擊了——對一名站在門邊不到一百磅重的老人開槍。」孟戴回憶道，三十九年過後依舊忿忿不平，「他們不用停下來就可以撂倒他。」

受到極大衝擊的孟戴將四幅畫放進他的後車廂，把車開回位於麻州柏令罕的家中，將畫藏在懸空式天花板裡。儘管孟戴避免聽、看新聞，仍然很關心伊凡斯的傷勢，致電烏斯特聖文森醫院確認他的情況，他還記得在得知伊凡斯狀況穩定而且沒有致命傷後，才鬆了一口氣。就這點來說，孟戴比他自己所知的還要幸運，因為那顆子彈差點打中伊凡斯的脊椎。

「非常地開心。」如他所說，已經沒有謀殺指控之虞了，於是孟戴決定出城。媒體瘋狂報導這起竊案，隔天《波士頓先鋒報》報導（還沒有估計損失金額）：「烏斯特博物館百萬藝術品遭劫，警衛中槍。」關於國內美術管保安鬆散的文章登在地區以及全國性報紙上頭，對孟戴一幫人來說更值得注意的是，專家表示這些畫作辨識度太高，不容易銷贓，「任何對藝術有興趣的人都認得這些畫。」當時的烏斯特博物館館長理查・泰茲（Richard S. Teitz）這麼說道，另一名紐約藝術商亞歷山大羅森博格（Alexander Rosenberg）也評論：「很難想像」竊賊能賣出這些知名畫作，尤其是那幅林布蘭（原注9）。

但這種看法並不普遍。紐約國際藝術登記組織的亞倫・貝爾（Alan Baer）推測，儘管這些作品在美國銷售可能有困難，但可以輕易地銷往國外，他說：「無論狀況如何，想買失竊作品的人就是會買。」對於這起竊案所揭露的藝術世界，他補充道：「博物館表現得好像只要他們忽視這個問題，藝術犯罪就會消失無蹤。」（原注10）。

關於藝術品下落的各種推測也甚囂塵上，偵辦此案的兩名烏斯特警探表示他們認為作品還在附近，但紐約警局的藝術品回復小組組長斷言這些作品正運往海外。然而烏斯特搶案真正揭露的現象是，未來類似的藝術竊案還是會由一般宵小犯下，這些宵小是當地罪犯，有搶

原注9：合眾國際社（United Press International），〈兩名竊賊射傷博物館警衛並帶走四幅畫〉，《紐約時報》，1972.5.19, 1。

原注10：同上。

銀行、搶運鈔車等前科，遠不如皮爾斯．布洛斯南在電影《天羅地網》中詮釋的溫文爾雅的騙子那麼富有魅力；證據之一就是狡猾古怪的孟戴坐擁贓物無法脫手，這些失竊藝術品已成了全國頭條也已通報國際刑警組織，他必須湮滅行跡，並且安撫緊張不安的同夥，正如孟戴所說的：「我只是個地方上的竊賊，沒有國際人脈幫我脫困。」這種狀況也是多數日後追隨孟戴腳步的博物館竊賊的寫照。

孟戴隨即瞭解他必須將這些藝術品藏到別處，不可能藏在自己家中——他有老婆、小孩，甚至還有聲譽。他認爲他必須在同夥變成線人之前出城，事實上，托倫在當地酒館看到新聞時，便開始吹噓這起犯罪，由於這起竊案已和知名的運鈔車搶案及其他傳奇的職業搶案相提並論，而其中一名同夥還這麼輕率地自吹自擂，必然會害所有人很快就鋃鐺入獄。

孟戴取下〈聖巴薩蘿繆肖像〉的畫框，將這幅林布蘭簡化到剩下木製油畫板，再把其他三幅畫裝進扁平行李箱，往南四十英里來到多年來惡名昭彰的有毒廢棄物掩埋場——羅德島科芬特里（Coventry）的畢奇羅養豬場（Picillo Pig Farm），他在路上將十七世紀的林布蘭畫框丟進密爾維鎮的運河，從此便再也沒找回來過。

到了養豬場（五年後因爲有毒廢棄物爆炸了），孟戴將作品藏在乾草棚裡。他說把畫裝在行李箱是爲了隔絕，他離家躲了幾天，希望風波逐漸平息，他還幻想著能安排畫作買賣，但事實上他走投無路了，這些畫深受媒體關注，連遠在一方的黑手黨買家都退避三舍。

當他返家時大吃一驚，兩名聯邦調查局探員正喝著他太太奉上的咖啡，其中一位叫吉姆．林，孟戴說聯邦調查局探員立即向他施壓要他交出畫作，他們尚未將他視為集團首腦，但明白表示他們從線人那裡得知他也參與這起搶案，探員沒有逮捕他就離去了。他們已經找到了愛吹噓的托倫，讓他相信孟戴會將他和其他人滅口。這些探員有信心可以將托倫轉為線人，進而向孟戴施壓說出畫作下落，孟戴決定躲起來看能否逃過這個陷阱。

在執法人員努力追回畫作的同時，當地另一個犯罪集團也開始計畫要染指這些作品，事實證明這幫投機的歹徒比孟戴一夥人有腦袋，他們的計畫是用這些畫作交換同夥罪犯安東尼．卡羅的自由，他因持槍搶劫正在麻州監獄裡等待判決。他們找到阿卡菲斯卡，要他聯絡孟戴要求碰面，阿卡菲斯卡打電話給孟戴，說他因爲參與搶案，急需錢找律師，阿卡菲斯卡的聲音聽起來很驚恐。當孟戴前去相約地點希望安撫他時，孟戴回憶道：「四或五個人抓住我，用槍口指著我說：『我們要那些畫，別擔心，你會得到應得的那一份。』」孟戴以爲自己完蛋了，他別無選擇，只能領著那幫歹徒到養豬場翻出裝著畫的行李箱，令他訝異的是他們載他回到他的車子，並且放他走，「沒拿到該得的錢比失去畫作更令我傷心，」孟戴說道，「因爲當時那些畫炙手可熱。」

就在孟戴思忖著他的完美計畫出錯時，這幫畫作的新主人聯絡上當地一名叫康瑞德．費雪（Conrad Fisher）的律師，費雪也經手安東尼．卡羅的案子，願意處理畫作交換以及當中涉及的法律問題。費雪帶著其中一幅畫和當地警察會面，並宣稱四幅畫都很安全——這要歸功於合作的囚犯卡羅給的線報，他們希望的條件是卡羅和另一名共同被告在接下來的案件中能獲得寬大處理，並且不用服刑。然而這兩人之後還是因持槍搶劫被判了一至五年刑期，他們看到一名執法人員在法官判決時出賣他們，感到非常憤怒，他們在被告席上大吼：「我們有過協議的。」

由於捲入這場拉鋸戰中的罪犯人數僅有少數人，而林布蘭和其他畫作還能重現江湖的確相當了不起，最後這些畫的長途歷險之旅終於匆匆告終：在養豬場待了三個星期後，又在阿卡菲斯卡的後車廂擺了四天，之後才在律師費雪的協助下交給當局並歸還博物館；冷靜的阿卡菲斯卡甚至還撥出時間和女友到科德角游泳，而林布蘭的畫作就在他的車廂裡，阿卡菲斯卡的律師回憶道：「你相信嗎？所有人都忙著找畫，而我的當事人去游泳了。」

這些藝術品總計在不同的重罪犯手裡及車裡流轉了四星期，大概除了孟戴之外，沒有一個人對於如何避免畫作受損有一丁點概念，儘管如此，烏斯特修護員愛德蒙·德·波蒙特在報告中表示：〈聖巴薩蘿繆肖像〉只「受了一點潮，凡尼斯（譯注11）保護層稍微剝離」，高更的〈沈思的女人〉曾擺在奧斯摩比旅行車車頂，有「些許刮痕和凹陷」，畢卡索和另一幅高更則無恙。在林布蘭畫作擅離崗位以及之後的修復期間，博物館決定不讓它的位置空著，暫時掛上林布蘭得意門生佛迪南·包爾（Ferdinand Bol）的作品〈在班傑明的袋子裡找到亞瑟的銀杯〉（*Joseph's Cup Foundin Benjamin's Sack*）。

搶案後續

即使畫作已經不在孟戴手上，他知道自己仍必須出城。比他狡猾的歹徒搶走了他的戰利品，並且已經交易歸還，但還是有人要對重大搶案以及槍擊負責。孟戴和朋友在麻州亞平頓短暫逗留後，得知警方對他發出逮捕狀，便離開美國，和他的哥哥、嫂嫂以及小孩一起到加拿大，他們在魁北克的勞倫欽山脈租了農舍。

孟戴回憶道，他很幸運地在農舍裡發現身分證件，便冒用了一名法裔加拿大人的名字洛克·寶琳，他甚至找到一份合法的工作，在夜總會擔任保鑣，但積習難改，孟戴又開始偷竊古董；他宣稱在蒙特婁參與一起博物館竊案，偷了一件拉斐爾以及丁托烈托（後者藏在他哥哥的床下），並且表示他的兩名朋友路易斯·麥希斯（Lewis Mathis）和卡爾·迪克森（Carl Dixon）在犯下轟動的哈佛大學福格美術館二千萬希臘和羅馬錢幣竊案後，打電話給他，並且時常來拜訪他，因此，無可避免地，孟戴又參與了另一起搶案：蒙特婁鑽石竊案。

注11：一種樹脂溶液，主要用於繪畫做爲顏料的保護層或媒劑。

當他聯絡一名以前在美國認識的珠寶商時，聯邦探員追蹤到他在加拿大的藏匿處，一九七四年六月二十四日，在他策畫烏斯特藝術竊案兩年多後，加拿大皇家騎警找上「洛克·寶琳」，告訴他「我們認爲你就是佛羅里安·孟戴」，並將他逮捕，以「不受歡迎人物」爲由將他驅逐回美國。

接著等候的聯邦調查局探員逮捕了孟戴，以烏斯特竊案對他提出一連串指控，包括持槍搶案發生前後都是從犯以及持危險武器暴力毆打，他們也以聯邦交通工具偷竊罪起訴他。

在聯邦陪審團判定有罪後，孟戴在一九七五年九月被判刑，因策畫烏斯特博物館竊案入獄九到二十年，儘管如他的律師所辯稱的：「他沒有扣下扳機，是卡爾森開的槍。」卡爾森被判八到二十五年，擔任此案線人遭到孟戴痛罵的托倫獲得兩年緩刑，至於阿卡菲斯卡，雖然擔任歸還畫作的角色，還是因這起竊案以及兩起無關的銀行搶案，被判十二到三十年的刑期，最後，那名在其中一次探勘任務中在烏斯特博物館內點菸的女士卡蘿·納斯特以從犯罪判刑兩年。在判刑時，孟戴告訴法官湯瑪斯·摩斯二世（Thomas R. Morse Jr.）——儘管有警衛中槍——「我並不是個暴力的人，我痛恨暴力，我可以承受刑罰，但這對我的家人會是沈重的負擔。」

孟戴從未服滿摩斯法官判給他的九年刑期，他在監禁一年後，參加另一名法官主持的「修正與撤銷」聽證會，他的刑期減爲七到二十年，刑期減少讓他得以換到較爲舒適的環境服刑，他到了烏斯特附近有「鄉村俱樂部」監獄之稱的美德菲州立醫院（Medfield State Hospital），在那裡，他的林布蘭經驗成爲他引以爲傲的犯罪事蹟。孟戴花了好幾年費力地撰寫他的人生故事，故事最後以他在獄中注意到一九七五年四月波士頓藝術博物館的一起林布蘭持槍搶案做結，「報上稱這起搶案是一九七二年烏斯特博物館搶案的翻版，」他寫道，「也許可以說史上第一起博物館持槍搶案的策畫者還未放棄他的模式，或許也可以推測，這個模式至今仍很完美。」

時隔近四十年，孟戴對他從烏斯特博物館搶走林布蘭依舊洋洋自得——儘管這起犯罪迅速破案——二〇〇四年他還上MSNBC電視台對主持人歐柏曼（Keith Olbermann）吹噓這起案件，他熱切地宣稱犯下這起案件，因爲這讓他可以宣稱自己是大型博物館竊案的「革新者」，而他所謂的革新就是讓搶匪用槍。

至於那位英勇的警衛飛利浦．伊凡斯，他起初覺得在博物館工作「很幸運」，他在中槍後不到六週就重返工作崗位，住院時，警察和博物館高層包括館長都曾到醫院探視，「他們感謝我，」他回憶道，「這是館方唯一一次正式地感謝我。」（原注12）。

然而伊凡斯的付出不久就被館方遺忘，在畫作歸還後，博物館隨即爲所有參與調查讓畫

原注12：彼得．唐克（Peter Donker），〈傷害博物館警衛的不只是槍〉，《烏斯特電訊報》，1982.5.30. 14A。

作物歸原位的人員舉辦派對，伊凡斯沒有收到正式的邀請，但館長事後告訴他，他和他太太都應該參加，事實上他們也參加了，但是，在場的所有人都獲得一小幅林布蘭〈聖巴薩蘿繆肖像〉的紀念複製品，所有人，除了為了保護畫作幾乎喪命的飛利浦．伊凡斯之外，如他所記得的：「我沒有拿到，我應該跟他們要一幅。」

後記

博物館常要爭取曝光和經費資助，發生竊案有時可以扭轉成宣傳妙招，不過在二〇〇七年十二月，烏斯特博物館比多數博物館想得到的更進一步，它讓電影製片商將文藝復興廳和畫廊改裝為耗資二千萬美元的電影《初來乍盜》（*The Maiden Heist*）的場景，一年後博物館多次舉辦這部電影的義演，電影的部分宣傳新聞稿如下：「『《初來乍盜》』帶給我們有史以來最討喜的重大竊案竊賊：三名博物館警衛都過著暗自迷戀的生活，各自為不同的藝術作品著迷，羅傑（克里斯多佛．華肯飾）、查爾斯（摩根．費里曼飾）以及喬治（威廉．梅西飾）分別沈浸在他們鍾愛藝術品的魅力之中。雖然他們已經共事了幾十年，卻在危機暴發後才第一次見到面：新來的館長計畫全盤更新館內收藏，這將奪走他們生命中的秘密摯愛，雖然他們不是什麼犯罪天才，但他們的熱情驅使他們計畫並執行史上最大膽的內賊行動——

結局錯誤百出、笑料橫生。」

在電影拍攝過程中，沒有任何一幅林布蘭受到損傷。

第三章　外帶林布蘭

少有博物館竊賊可以宣稱自己成果豐碩又成功。佛羅里安·孟戴的職業目標是成爲一名雅賊，但第一次出手就以跑路、坐牢告終；一九六〇至一九七〇年間，麥爾斯·康納二世在新英格蘭地區搶了至少十幾家博物館，讓他成爲史上最忙碌的藝術竊賊，但康納（見第六章）最後坐牢二十年，現在過著儉樸的退休生活，周圍都是珍奇的動物，而非無價的畫作。在那些偷竊並以林布蘭作品勒索的人當中，幾乎全都是「一次犯案」的類型——他們不是被捕就是無法靠著戰利品發財，最後只能黯然歸還，竊盜幾乎從未帶給他們財富或快樂的生活。

近來的歷史顯示只有一位藝術竊賊算得上成果豐碩又成功，儘管他的成功很短暫，而這些竊賊也對他的戰利品造成災難性的後果；史帝芬·布萊特威瑟（Stephanie Breitwieser）是在瑞士工作的一名法國侍者，一九五五年至二〇〇一年底，他在歐洲一百七十二座博物館偷過價值超過十億美元的藝術品，他說他是起因於對這二百三十九件藝術品的「愛」。他偷來的東西大多塞在他母親位於法瑞邊境城市默路斯的房子裡，他甚至把燈光調暗並拉下窗簾避免畫作褪色，他在回憶錄《一名藝術竊賊的自白》（*Confessions of the Art Thief*）中寫道，他的第一次犯罪是偷了一幅荷蘭少婦的肖像，因爲這件作品和林布蘭的作品相似，早期他都偷名家的作品，包括布雪（François Boucher）（譯注1）、華鐸（Antoine Watteau）（譯注2）以及布勒哲爾（Pieter Brueghel），到了後期，他像是有收藏癖一樣，偷了羅馬軍號、希臘陶器以及中世紀的十字弓。

布萊特威瑟在二〇〇一年十一月被捕時，所收藏的寶物多數面臨可憎的命運，他的媽媽米瑞爾剪破或切碎十幾件十九世紀前繪畫大師的作品，將破裂的畫框和垃圾放在一起好幾週，並且將許多破碎的油畫塞進垃圾桶，她也將包括花瓶、珠寶以及小雕像等工藝品扔進羅納河－萊茵河運河；警察突擊她家時，一開始沒有找到太多的贓物證據，直到部分藝術品被沖上萊茵河岸，她才承認自己狂暴的行爲，接著在審判時聲稱自己對藝術品的價值一無所知。全球最大的失蹤及失竊藝術品、古董、珍藏品私營數據庫「失竊藝術品登錄機構」的亞歷山卓·史密斯（Alexandra Smith）在當時表示：「我們從未聽說過這麼大規模的藝術品損毀，法國警方估計價值十五億歐元，當你處理的是六、七十件博物館等級的作品，差不多就是這個數目。」（原注3）。布萊特威瑟的瘋狂偷竊時期在他二十多歲的時候，在服完三年刑期的三分之二後，現在自由且清白地在西歐巡迴推銷他的書。

但除了康納、布萊特威瑟及另外一、兩個人之外，博物館搶匪鮮少犯案超過一次，更

譯注1：一七〇三－一七七〇年，法國洛可可時期重要畫家。
譯注2：一六八四－一七二一年，法國洛可可時期重要畫家。
原注3：亞倫·萊丁（Alan Riding），〈你偷的藝術品呢？親愛的，我扔了〉，《紐約時報》，2002.5.17,C1。

少有畫作被偷第二次，當中最有名的也許是孟克的〈吶喊〉，不過這些犯罪得稍加解釋一下：孟克畫了五種版本的中性吶喊人像，其中人物並無性別之分，而背景則是駭人、騷亂的天空。挪威奧斯陸（Oslo）的孟克博物館收藏了兩個畫在硬紙板上的其中一個版本以及一幅粉臘筆版本，第四個粉臘筆版本為一名挪威商人所擁有，孟克也創作了黑白平板印刷版本。那兩幅硬紙板版本各被偷過一次；一九九四年二月，意在嘲弄挪威國家美術館保安鬆散的竊賊，在利勒哈麥（Lillehammer）冬季奧運前夕闖入，拿走了國家美術館擁有的這幅經典畫作的版本，這幅價值約八千萬美元的畫作在三個月後尋回。二〇〇四年八月，孟克的另一幅彩色版本在光天化日之下被持槍匪徒從孟克博物館的牆上扯下來，搶匪開著黑色掀背車而去，畫作在兩年後尋回，這幅脆弱的作品因為潮濕、疏於照顧以及極端溫度，造成無可修復的水漬及剝落。

這讓我們回到林布蘭，他不只是大師當中最多產的肖像畫家（及自畫像畫家），他還有一項更不光彩的紀錄，他是唯一一位讓自己的一幅肖像畫〈雅各三世肖像〉（1632）被詭異地盜走四次的大師，這些竊案發生在一九六六至一九八三年間，而且都是在倫敦的同一家博物館失竊，這件命運多舛的作品現在被稱為「外帶林布蘭」。

＊　＊　＊

〈雅各三世肖像〉的近代歷險從一九六六年十二月三十一日午夜剛過不久開始，幾名竊賊用鑽機和曲柄鑽敲掉倫敦南部達利奇美術館（Dulwich Picture Gallery）一扇不常用的橡木門上一塊二英尺乘一英尺的嵌板，這個狹小的洞口讓他們得以不觸動警鈴進入美術館，不過也僅容運走館內一些較小的藝術品而已。在這起竊案中和〈雅各三世肖像〉一起被拿走的還有另外兩幅林布蘭的作品：〈窗邊的女孩〉（*A Girl at the Window*）和〈提多肖像〉，前者是一位面頰如蘋果的女孩，後者則是林布蘭的獨子，一六六八年死於瘟疫，得年二十七歲，在他父親死前一年過世。搶匪不只拿走林布蘭，還帶走了三幅法蘭德斯偉大畫家魯本斯的畫作〈希臘三女神〉（*The Three Graces*）、〈聖芭芭拉〉（*St. Barbara*）以及〈三個拿著豐饒角的女神〉（*Three Nymphs with Cornucopia*），以及一幅林布蘭弟子傑瑞特．道（Gerrit Dou）的作品〈彈古鍵琴的女士〉（*A Lady Playing with the Virginals*），和具重大影響力的十七世紀德國藝術家亞當．葉勒斯海莫（Adam Elsheimer）的〈蘇珊娜與長者〉（*Susannah and the Elders*）。雖然警方報告列出這些作品的價值達一百五十萬英鎊（當時爲四百二十萬美元），但藝術專家估計八幅作品價值在五百萬至七百萬美元之間，使得達利奇夜盜成爲當時損失最慘重的博物館竊案（原注4）。

竊案在當天清晨被發現，正值除夕破曉，蘇格蘭場的警探以及尾隨其後的警犬成群而至，開始搜查現場（在騷動之中，博物館在早上十點重新對大眾開放），主導調查的偵查警司查爾斯．海威特（Charles Hewett）在親自探尋線索時，要他的手下將失竊作品的描述傳給全英國執法人員，他們也聯絡國際刑警組織通知世界各地當局，以防這些作品運出國外，海威特也要求媒體提醒大眾留意這起犯罪，這讓他得以廣泛公佈這些遭劫畫作的圖像，同時向竊賊發出訊息，這起案件已經投入大量資源並引起熱切關注。

監管達利奇美術館收藏品的倫敦皇家藝術學會秘書杭福瑞．布魯克（Humphrey Brooke）不久就接到電話，一名男子威脅如果沒有收到十萬英鎊就要燒了那些畫，儘管布魯克通知了警方，但他並沒有受到驚嚇，「老實說我認爲那是惡作劇。」他說道（原注5）。總之，達利奇美術館付不出這筆贖金，這些失竊的作品——事實上，館內豐富的收藏——全部沒有保險，因爲他們認爲保費過高，美術館僅負擔得起一千英鎊（原注6）的贖金。布魯克稱這起犯罪是「令人震驚的事件」也是「一場大災難」。

一開始的表面證據讓蘇格蘭場推論這起竊案是頂尖職業竊賊所爲，因爲八幅失竊作品中有六幅在油畫板上的畫作小到恰恰可以通過門洞，這一點正足以暗示這是精明的預謀，而兩幅畫在油畫布上的林布蘭作品被以尖利的剃刀自畫框上割下，因此也可以通過門洞。由於時值除夕，沒有目擊證人、錄影帶，看來似乎缺乏有利證據，這一切都指向是行家所為。但叼著菸、目光銳利的警司海威特並非全然沒有線索，就像藝術史家從分析林布蘭畫作中呈現（或缺少）的東西深入瞭解林布蘭的思想一樣，聰明的藝術警探從研究看似不明顯的犯罪現場獲得蛛絲馬跡。

海威特從橡木門洞的大小約略推測出入侵者的體型——矮小——其中一名調查人員笑稱這些罪犯「一定都有橡皮骨頭，才能進出那個洞口」（原注7）。現場留下一支長兩英寸、小直徑的鑽機，這是竊賊用來在那片被敲開的鑲板周圍鑽了超過一百個洞，根據調查人員觀察到的線索，竊賊接下來使用切割工具挖通洞與洞之間的間隔將嵌板拆卸下來。鑽機並非日常工具，因此是條有利的線索，警察可以向當地店家詢問，希望有人正好在近日賣出一件。警方也在被棄置的兩個林布蘭畫框上發現新的工具痕跡，那是在從牆上撬下來時造成的，如

原注4：格林傑．布萊爾（W. Granger Blair），〈蘇格蘭場尋獲失竊藝術品〉，《紐約時報》，1967.1.4；格林傑．布萊爾，〈倫敦失竊藝術品價值五百萬美元〉，《紐約時報》，1966.12.31。

原注5：格林傑．布萊爾，〈倫敦失竊藝術品價值五百萬美元〉。

原注6：格林傑．布萊爾，〈蘇格蘭場尋獲失竊藝術品〉。

原注7：修．麥克里夫（Hugh McLeave），《美術館裡的惡徒》（*Rogues in the Gallery*），（勞利，北卡：Boson Books, 2003），P104。

果他們能找到持有吻合工具的嫌疑犯，鑑識小組便可以將持有此工具的人與這起犯罪做連結（原注8）。

案發前一晚下過雨，警方在破門地點附近的泥濘裡發現一些腳印，並且在博物館內發現泥腳印，檢視美術館內的腳印後，海威特推斷竊賊們是以蹲伏的姿勢進入館內，也許是爲了避開入侵偵測儀器。遵循福爾摩斯優良的傳統，海威特專心研究腳印，讓他得出其他有用的推論。

從迅速發送公報到機場和港口不難看出當局一開始顯然很擔心這些藝術品正被送出英國，理由就在泥濘裡，海威特注意到，儘管天候一直很潮濕，但一路踩進博物館的泥腳印卻乾了，他要求鑑識團隊估計這類泥土乾燥所需的時間，以判斷竊案——以及之後逃跑——大約在何時發生，初步的發現是在十二月的天候裡泥腳印的乾燥時間爲十二小時，這表示距離歹徒闖入的時間已約莫過了半天，足夠讓竊賊逃離倫敦甚至英國，這對調查很不利，更不利於追回藝術品，因爲歹徒領先這麼長一段時間，很難追得上了。不過海威特沒多久就得知博物館採用了一套地下暖氣裝置控溫及除濕，泥土乾燥時間由十二小時縮短爲四小時（原注9），因此現在畫作可能還在英國境內，這不只是條線索，也重振調查士氣，這條顯示畫作未必已出英吉利海峽的線索，促使海威特和他的團隊集中人力調查本地嫌疑犯。海威特是偵辦這起案件的理想英國鬥牛犬，他穿著典型的倫敦警探制服——灰色的男性軟呢帽以及厚重的粗花呢外套——辦起案來可以四十八小時不睡覺，他給下屬的指令簡潔明瞭，追尋線索就像獵犬嗅著氣味一樣。

案發三天後，海威特的手下在博物館幾英里外找到一輛贓車，從後車廂找到一把鐵撬，這把鐵橇的鑑識證據顯示它就在竊案現場：它的邊緣吻合在原本畫作所掛牆面上發現的鑿痕，鐵撬上也殘留來自棄置畫框的鍍金漆，海威特和媒體同一陣線的關係現在看到好處了，報紙刊出找到的車輛照片、廣播以及電視台播出畫面和旁白，罪犯恐慌了，沒多久，兩名住在倫敦西肯辛頓的男子和當局聯絡，說他們收到一個朋友的包裹，要他們暫時保管一陣子，他們將包裹藏在床底下，由於按捺不住好奇，他們打開包裹看到雅各三世的臉盯著他們，另外還有其他兩幅畫。這兩名男子供出他們「朋友」的身分。但海威特按兵不動沒有馬上逮捕嫌犯，他有信心其餘的畫作也會現身，他說服媒體先不要披露已經找回部分作品。海威特的耐心得到回報，不到一天，一通匿名電話指引警方到斯特里塔姆公園（Streatham Common）一處叫洛克里（Rockery）的緩坡草地，警方在那裡找到用報紙包覆的其他五幅畫被扔在茂

原注8：同注7，P105。

原注9：同注7，P105-106。

密的冬青樹叢裡（原注10）。

從報紙上取得的一枚指紋領著警方找到他們要追的人：三十二歲的麥克．豪爾（Michael Hall），他是杜威治近郊諾塢的失業救護車司機，同時也是一名輕罪犯。身材結實的豪爾可以扭動身體通過博物館門上鑽出的洞口，他坦承犯案，（向持懷疑態度的海威特）宣稱他單獨行動（原注11）。海威特和他的團隊四天內就找回在當時價值高達七百萬美元的八幅畫作，作品歸還美術館接受評估並且重返溫控環境，達利奇美術館館長瑞克．蕭（Rex Shaw）表示畫作的損害程度「相對輕微」（原注12）。這起當時的當代最大搶案之一結案了，豪爾（之後還會再提及）認罪，這位「主謀」被判五年徒刑，沒有其他人和這起案件有關聯，而〈雅各三世肖像〉則等著再次成爲犯罪目標的宿命。

＊＊＊

雅各三世本人在林布蘭生命中有過短暫卻重要的存在，這起源於雅各和十七世紀荷蘭貴族之間的關係。遠在他的肖像因爲一再成爲藝術竊賊的目標而更加聲名遠播之前，這幅畫就蘊含了一段重要的歷史，它的存在有助於解釋許多關於林布蘭的事情，否則這些事也許仍是個謎。

這個故事始於一六三一年，就在林布蘭離開家鄉來登到較為富庶的阿姆斯特丹之前不久，年方二十五歲的林布蘭引起荷蘭宮廷一名重要人士康世坦丁．海更斯（Constantijn Huygens）的注意。林布蘭早期職業生涯都證明他可以創作出完美的歷史和聖經作品，這項技能對當時有志的藝術家來說相當重要，他也研究自己的臉，讓他在畫裡描繪動態表情——笑、生氣、震驚——以及情緒細微轉變的傳奇能力更臻完美。海更斯是荷蘭奧蘭治王子的秘書，也是海牙藝術資助的重要推手，他召見林布蘭，那年是一六二九年，正是林布蘭的朋友兼同僚利文斯（Jan Lievens）為海更斯完成肖像之後。三十三歲的海更斯是個詩人、作曲家、外交官，並且通曉多種語言，他傾慕林布蘭的天分，稱他「在判斷力以及情緒感染力上都優於利文斯」，海更斯將這位就要嶄露頭角的天才畫家納入麾下，在一份以拉丁文撰寫的自傳中，海更斯寫道：林布蘭「喜歡在小幅作品上製造效果，以及透過縮寫溝通，這是你在其他人所畫的大幅作品中看不到的」，海更斯進一步將林布蘭那幅描繪羞愧的猶大退還三十枚銀幣的〈猶大的懺悔〉（*Judas Repentant*, 1629）和「所有義大利甚或從最久遠的古代流

原注10：同注7，P107；美聯社〈藝術品在竊賊巢穴尋獲〉，《紐約時報》，1967.1.4。
原注11：麥克里夫，《美術館裡的惡徒》；格林傑．布萊爾，〈蘇格蘭場尋獲失竊藝術品〉。
原注12：格林傑．布萊爾，〈蘇格蘭場尋獲失竊藝術品〉。

傳下來的優秀作品相比」（原注13），〈猶大的懺悔〉是一幅嚴謹精鍊的版畫，高二‧五英尺寬三‧五英尺，相較之下，魯本斯的〈賢士來朝〉（*Adoration of the Magi*, 1609）高逾八英尺、寬一〇‧五英尺，對林布蘭而言，小幅畫作可以表現得更多，海更斯盛讚林布蘭雖然是「平民之子」，但會超越偉人，他寫道：「眞誠地，我的朋友林布蘭，所有榮耀予你。」林布蘭知道他已經得到有權勢又出身高貴的海更斯大力贊助，他爲這位宮廷秘書畫了好幾幅作品，並且稱他自己是海更斯「親切且虔誠的僕人」（原注14）。

但海更斯遲早會對林布蘭不滿，兩人的關係在一六三〇年代大半都相當緊張。海更斯居中爲腓特烈亨利王子向林布蘭訂購五幅畫，上十字架、下十字架、基督入墓、基督復活以及升天，這些畫全都進了王子的畫廊（林布蘭寫給海更斯討論這些委託案的信件是唯一留存至今的林布蘭親筆信，海更斯的回信已經遺失）。但沒多久海更斯就對林布蘭失去耐心，林布蘭延遲交畫，而且似乎只有在最需要錢的時候才會匆匆動筆，到了一六三九年，林布蘭失寵了，宮廷將他們的委託交付給更可靠的畫家，不過最後是另一幅畫徹底毀了荷蘭首席畫家和宮廷品味主宰者之間這段令人看好的關係。而今日，他們共同的朋友雅各三世的小幅肖像將林布蘭（和海更斯）與二十世紀一座博物館獨特的犯罪浪潮連結在一起。

林布蘭在一六三二年從來登搬到較爲擁擠且充滿活力的城市阿姆斯特丹，那一年，海更斯的哥哥莫里茲（Maurits）和他接洽，要求他爲莫里茲和雅各畫「友誼」肖像。雅各三世是一名雕刻師，也是另一名宮廷畫家雅各二世之子，而莫里茲．海更斯是社會上的聞人，也是國務院秘書，這對朋友決定他們各自的肖像——從同一塊木頭畫板切下——將在其中一人死後重新接合，由在世的那位保留紀念。

康世坦丁．海更斯不喜歡雅各的畫像，他在一首憤怒的詩中斥責這件他視爲失敗的作品，他寫道：「詫異著，喔，讀者啊／這是誰的畫像／不是雅各的。」海更斯寫了八首關於雅各三世畫像的諷刺短詩，並且在詩集裡發表其中七首（唯一指名林布蘭就是畫家的第八首被剔除了），在《林布蘭之眼》（*Rembrandt's Eyes*）一書中，藝術史家西蒙．夏瑪（Simon Schama）合理地推測海更斯之所以憤怒是因爲他的門徒「賺外快」，完成了他兄弟的委託案而不是他的委託（原注15）。

海更斯認爲林布蘭應該在海牙發展事業，全心投入歷史和宗教創作，並且和魯本斯並駕

原注13：康世坦丁．海更斯，〈康世坦丁海更斯評林布蘭〉，《林布蘭創造林布蘭：來登時期的藝術與野心，一六二九—一六三一》（*Rembrandt Creates Rembrandt: Art and Ambition in Leiden, 1629-1631*），鐘亞倫（Alan Chong）編輯（茲窩勒：Waanders出版社，2000），P135。

原注14：麥克．澤爾（Michael Zell），〈朋友之間的禮物：林布蘭在贊助人與社會關係網絡中的藝術〉，《重新思考林布蘭》（*Rethinking Rembrandt*），鐘亞倫、麥克．澤爾編輯（茲窩勒：Waanders出版社，2002）。

原注15：西蒙．夏瑪，《林布蘭之眼》，（紐約：Alfred A. Knopf出版社，1999），P29。

齊驅地競逐國際地位，魯本斯爲荷蘭在法蘭德斯的敵對公國帶來了名望以及大筆的酬金，但林布蘭知道自己的市場，在荷蘭的黃金年代時期，肖像銷路很好（原注16）。

林布蘭在精明的阿姆斯特丹藝術商、也是他太太薩斯琪亞（Saskia）的堂哥漢德瑞克·凡·尤倫伯格（Hendrick van Uylenburgh）的指引下，在一六三〇年代拓展客戶。可以傳世的精美肖像需求在當時橫掃中產階級，荷蘭逐漸發展成精英領導社會，勞力和社會貢獻比血統和教會的紐帶關係更受重視，人們希望被描繪成具有良好道德身分的勤奮市民，而林布蘭以及和他志同道合的人提供他們這種新奇的體驗；他的畫室變成一個生氣勃勃、忙亂的場所，有模特兒、瘋狂的舞台背景，任何時刻都有人熱烈地討論。林布蘭並不恥於擁有一個裝滿道具——帽子、披風、東方服飾、軍用盔甲、羽毛、花環以及頭飾——的箱子，他用這些行頭裝扮他的朋友、同僚以及他自己，並且畫「人像畫」——這是一種描繪出誇大的特徵與特色的生動特寫，例如一名紈袴子弟吐著煙圈，象徵他的懶散，斜視的男子拿著半滿的啤酒杯以示他是個醉漢（原注17）。林布蘭接受地位卑微的人、中產階級以及貴族的委託；一六四〇年，他爲一名可敬的家具製造者赫曼·鐸梅爾（Herman Doomer）作畫，畫中展現出一絲不苟的準確度以及充滿感情的深刻觀察，藝術史家克里斯多福·懷特（Christopher White）對此畫的看法是：「再也沒有比這幅畫更能動人地表達出這名男子的眞誠率直。」（原注18），（這幅畫現在掛在曼哈頓大都會藝術博物館裡）。

林布蘭也欣然接受品牌和行銷的好處，他的許多自畫像和蝕刻像爲他帶來實質效益，讓他在一個經濟蓬勃發展的十一萬人城市裡擁有辨識度和知名度。在林布蘭的職涯前半期，他成了有錢人，他的錢從付費的學生、政府委託還有爲人畫全家福滾滾而來，他也可以靠著販售金屬蝕刻畫的印刷品快速賺錢，偉大如他，他也是早期的安迪．沃荷式的藝術經理人，「林布蘭」這三個字在他自己的時代裡是個品牌名稱。

〈雅各三世肖像〉在林布蘭研究裡一直相當重要，因爲有海更斯的尖刻批評以及畫作喚起的主人翁和他朋友之間忠誠的誓約。

在肖像中，髮色淺淡的雅各三世在中性背景前，從腰部以上畫起，他的身體稍微轉向左邊，黑色披風罩在黑色緊身上衣之上，還有寬大的蕾絲皺褶衣領，這幅畫畫在橡木畫板上，大小約爲十二英寸乘十英寸，這個尺寸成了林布蘭作品中的特例，因爲他的多數委託肖像都稍微大些。今日，〈雅各三世肖像〉成了學者和學生們研究林布蘭的無價作品，畫作的簽名也很有意思，「RH van Ryn/1632」簽在左上角，背面還有拉丁文的題詞，指明畫中主人

原注16：西蒙．夏瑪，《林布蘭之眼》以及蓋瑞．史瓦茲的《林布蘭研究》（*The Rembrandt Book*, Gary Schwartz）。蓋瑞史瓦茲是住在荷蘭馬爾森的美國學者，這兩本書都是關於這位偉大畫家的傑出研究。

原注17：蓋瑞．史瓦茲，《林布蘭研究》，以及其他。

原注18：克里斯多福．懷特，《林布蘭》（*Rembrandt*）（泰晤士與哈德遜出版社，1984），P24。

翁是雅各三世，並且稱這幅畫是他「死時最後的禮物」。十九世紀前繪畫大師的作品上有這麼清楚又可靠的出處，不但提供了很多訊息，也相當罕見（原注19），更別說這是一幅林布蘭了。

雅各三世在一六四一年過世，時年四十五歲，他的肖像在海牙與在世的莫里茲．海更斯的肖像重聚，但隔年莫里茲死亡之後，〈雅各三世肖像〉就下落不明長達一百二十二年，一七六四年，它被發現成了猶翠特（Utrecht）的荷蘭商人亞拉．魯道夫．凡．威（Allard Rudolph van Waay）的收藏之一——和莫里茲的肖像還相伴左右，到了一七八六年，兩幅畫都到了法國，幾年後又到了倫敦，這時候它們已經分屬不同收藏；一八〇七年，一名藝術收藏家諾爾．約瑟夫．帝森凡（Noel Joseph Desenfans）將〈雅各三世肖像〉贈與他的朋友同時也是藝術商的法蘭希斯．布爾喬亞爵士（Sir Francis Bourgeois），四年後，法蘭希斯爵士過世，將這幅畫遺贈倫敦南部的達利奇美術館（原注20），成了美術館廣泛的十九世紀前繪畫大師作品收藏的一部分，目的就是要「供大眾審視」，一八一七年，〈雅各三世肖像〉掛在達利奇美術館的主要位置上（莫里茲．海更斯的畫像最後落腳德國漢堡美術館）。

近一百五十年來，〈雅各三世肖像〉不受干擾地掛在寧靜的倫敦藝術殿堂裡供大眾觀賞，但一九六六年之後，它的歷史重要性被不受歡迎的新惡名所掩蓋——世上最常被盜的藝術傑作。

* * *

一九七三年，也就第一次竊案之後七年，〈雅各三世肖像〉再度從達利奇的牆上被奪了下來；這次是一名二十四歲的失業年輕人諾曼．魯特（Norman Rutter）參觀美術館時目不轉睛地盯著這幅小畫像，他看起來深受感動，最後他把畫取下來塞進塑膠袋裡，然後帶著畫離開博物館到他的腳踏車上。這一切都在光天化日之下進行，然而他只短暫地擁有這幅珍貴作品，幾分鐘後他就被快腳程的當地警察逮捕。魯特告訴警察他拿這幅作品——如今價值上百萬美元——是因爲他「喜歡這幅畫的樣子，他想素描」（原注21），如果這是眞的，魯特的動

原注19：斯地廷基金會林布蘭研究計畫，《林布蘭畫作全集：卷II：1631-1634》（*A Corpus of Rembrandt Paintings: Volume: 1631-1634*）布魯恩、哈克、李維、凡．泰爾（J. Bruyn, B. Haak, S. H. Levie, P. J. J. van Thiel）編輯（紐約：施普林格出版社，1986）。

原注20：同上。

原注21：泰瑞．楚柯（Terry Trucco），〈畫廊：達利奇失蹤的林布蘭〉，《華爾街日報》，1987.7.17；傑若汀．諾曼（Geraldine Norman），〈外帶林布蘭保持隱密／達利奇美術館將近日尋回的畫作置於秘密場所〉，《泰晤士報》，1986.10.10；〈三萬英鎊外帶林布蘭在置物櫃尋獲／西德警方在慕尼黑尋回失竊畫作〉，《泰晤士報》，1986.10.9。

機可就比多數林布蘭盜賊都來得純淨。

同一幅林布蘭二度遭竊雖然罕見，但並非史無前例。波士頓伊莎貝拉史都華加納博物館內一幅郵票大小的林布蘭蝕刻畫，在不光彩的一九九〇年三月竊案中被偷之前，也曾一度短暫失竊；一九七〇年，一夥青少年進入館藏豐富的荷蘭廳準備惡作劇，他們其中一人走到展示那幅蝕刻畫的對面角落，將燈泡丟在磁磚地板上發出砰的聲響，引起了美術館警衛注意，就在警衛走向這名罪犯時，其他青少年從木頭櫃邊拿走這幅自畫像蝕刻畫——那是加納夫人幾年前親自掛上去的——接著從正門離開，由於知道這位扔燈泡的青少年身分，沒多久就將蝕刻畫找了回來。

一九八一年，達利奇美術館的竊賊同樣採用引開警衛注意的攻略法竊取林布蘭；兩名男子在八月十四日的正常開放時間進入館內，一位向警衛攀談，另一個開始拆卸目標畫作，倒楣的〈雅各三世肖像〉再度成爲獵物，這是第三次失竊，罪犯是「一幫英國和歐洲竊賊組成的烏合之眾」（原注22），但他們還是成功得手並且要求贖金。在經過令人坐立難安的十一天後，歹徒和美術館聯絡，他們勒索十萬英鎊（約十六．五萬美元），這對達利奇的高層主管來說是個壞消息，達利奇美術館就和世界各地的小型文化機構一樣，付不出這筆錢。館方高層照章辦事，再度向蘇格蘭場報案，而警方也再一次展露他們尋回〈雅各三世肖像〉的本領（此時查爾斯．海威特已經退休了），他們指示館方同意支付十萬英鎊取回畫作。警方估計如果畫作已經離開英國的話，賞金會誘使竊賊將畫再度運回本土，這對拿回畫作有利，否則可能會產生邊境問題。沒多久，依線報行動的荷蘭阿姆斯特丹史基浦機場警察告訴蘇格蘭場，幾名嫌犯正要出境，英國當局准許他們回國，並且開始監視他們，這是尋回藝術品常見的手法，調查人員不能假設目標人物帶著藝術品一起行動，時機未成熟就突擊搜捕可能導致藝術品回歸行動失敗，同時也將失竊的作品置於極大的危險中，因爲持有作品的人行動可能會變得更加隱密。藝術品回復小組向來都把藝術擺第一，他們的口頭禪是耐心，在這個案件中，他們成功了，一九八一年九月二日，警方在倫敦柏克萊廣場的一輛計程車上逮捕四名衣衫襤褸的嫌犯，在他們身上找到的黑色公事包裡就裝著受難已久的林布蘭畫作，雖然畫已經從畫框上移除，但這幅畫並沒有受損，在訊問中警方研判儘管部分共犯曾出國，但這幅畫從未離開過英國。被捕的人包括來自西德瓦勞的藝術商克勞斯・艾曲特霍夫（Klaus Echterhoff），他被控在「知道或相信該畫作是贓物」的情況下接收畫作，荷蘭艾瑟爾斯泰恩的李奧那多・斯密特（Leonardo Smit）被控在這起密謀中擔任銷贓，另外則是一開始行竊的兩名英國人，他們其中三人進了監牢。蘇格蘭場的總督察柯林・伊凡斯（Collin Evans）

原注22：泰瑞・楚柯，〈畫廊：達利奇失蹤的林布蘭〉。

簡短地向記者表示：「我認為他們只是想從中撈一點錢。」（原注23）。

＊＊＊

一般人大概會認為經過三次竊盜後，達利奇美術館尷尬的館長們會徹頭徹尾地翻新保全系統，現在已經不再是一九六六年了，當時暮氣沈沈、人跡罕至的博物館鮮少為宵小青睞，也許是因為還有一點殘餘的公民敬重。在接下來的十五年間，歐洲及美國的大大小小博物館都被搶過，大型的機構如波士頓藝術博物館以及蒙特婁美術館都遺失過林布蘭，擁有豐富收藏但捐款窘迫的小型博物館，如俄亥俄州辛辛那提的塔夫特博物館以及愛爾蘭的羅斯伯拉別墅，也都曾被持槍行兇的強盜搶走林布蘭和其他荷蘭與歐洲的作品。林布蘭和其他古典大師作品的價格在天花亂墜的宣傳、建立收藏以及瘋狂競標中飆漲，現在是藝術品的狩獵季節，博物館圈深知其中的危險。

達利奇美術館的確花了近二萬美元強化其保全科技，他們也將雅各三世栓到牆上，這是可以被接受的，因為這幅畫是畫在堅固的橡木板上（在油畫布上栓的話，要是竊賊只扯下部分，就可能造成嚴重損害，博物館花了很多心思思考如何將畫作固定在牆面上，現今的博物館必須預期罪犯可能用力拉扯脆弱的作品），達利奇也將畫作裝配上中央警報系統（原注

24）。但正如博物館常見的情形，額外的保安措施，例如聘請夜間警衛總是比不上其他的優先事項——更多的維護、更好的宣傳、設備維修以及盡可能讓大眾接近藝術等。話雖如此，到了一九八一年，達利奇的古老珍寶總算多了幾層新的保護。

達利奇美術館翻新的系統很快就面臨了考驗。一九八三年五月，竊賊們採用另一種方法帶走「外帶林布蘭」，他們使用三層的梯子，在夜色掩護下爬了近六十英尺高，來到達利奇美術館的屋頂，他們從那裡強行打開肖像畫廊頂上的天窗，由此降落到館內。他們知道現在畫作已經栓到牆上，因此竊賊帶了鐵撬，新的保全系統一如預期地發揮作用，向當地警方通報有人動了畫作，執法人員迅速反應，三分鐘就抵達現場，但太遲了，〈雅各三世肖像〉又不見了，竊賊敏捷地逃脫，只留下一把梯子，調查警員向美術館館長吉爾斯·瓦特菲爾德（Giles Waterfield）通報失竊，簡潔地說道：「我們有個壞消息要通知您，先生，林布蘭又

原注23：泰瑞·楚柯，〈畫廊：達利奇失蹤的林布蘭〉；傑若汀·諾曼，〈外帶林布蘭保持隱密／達利奇美術館將近日尋回的畫作置於秘密場所〉；〈三萬英鎊外帶林布蘭在置物櫃尋獲／西德警方在慕尼黑尋回失竊畫作〉；合眾國際社，〈林布蘭畫作於倫敦尋獲〉，《紐約時報》，1981.9.3；〈偷畫案面臨指控〉，《環球郵報》（路透社），1981.9.7。

原注24：泰瑞·楚柯，〈畫廊：達利奇失蹤的林布蘭〉。

不見了。」（原注25）。瓦特菲爾德在第三度竊案時也是館長，他之後表示：「我們董事長開玩笑地說：『你又有了一場成功的宣傳戰。』」（原注26）。大家都很沈著，不過這一次，幾乎三年後才有林布蘭的消息。〈雅各三世肖像〉成了金氏世界紀錄上最常被偷的一幅畫。

直到一九八六年達利奇美術館才接獲通知，新一波的追尋〈雅各三世肖像〉行動正在進行；英格蘭東南部的瑞丁第五區域犯罪小組接獲線報，並且已經飛往西德杜塞爾多夫追回畫作，幾小時內，德國警方伴隨著探員在蒙斯特英國軍隊駐防地內的一個火車站找到畫作——它被包在紙裡放在三層箱中，就和一九六六年一樣被棄置，等著再度被尋獲。英國調查人員在德國待不到兩天就帶著畫作回倫敦，他們針對畫作和包裝做鑑識，沒有發現任何和竊賊相關的線索，接著就把畫作歸還美術館（原注27），沒有傳出逮捕任何人。

吃了四次虧，又被媒體圈取了「達利奇笨蛋」（原注28）的綽號，達利奇美術館的高層不確定接下來該怎麼辦。館方判定畫作狀況良好，但是此畫的名聲讓它成為一件相當誘人的戰利品，它不只吸引罪犯，也吸引那些想追求光榮事蹟或惡作劇的人，因此館方高層繼續將畫作藏起來，沒有將這幅受詛咒的畫重新展示，只告訴大眾原始的十七世紀荷蘭畫框失蹤了（原注29）。美術館館長瓦特菲爾德對於保護這幅畫避免再度遭竊的挑戰並不熱中，他說：「我傾向將這幅不幸的畫作藏起來，換成一張彩色照片掛上。」（原注30），然而這個想法沒有被接受，幾週內這幅畫又悄悄地回到原本的位置上，「我不認為它能拉抬進館人數，」瓦特菲爾德說道，「想看的人已經看過了。」（原注31）。也許想偷的人也偷過了。

現今價值超過一千萬美元的〈雅各三世肖像〉已經有二十五年未受驚擾，但外帶林布蘭的傳奇可能會引起某些新的密謀者計畫挑戰金氏世界紀錄。當一名惡名昭彰的罪犯在媒體上自吹自擂地說：「我可以戴上假髮和假鬍子，在明天走進美術館偷走畫作……不會遇上任何麻煩。」（原注31）。這對達利奇美術館來說是難堪的一刻，而這個人就是麥克．豪爾——最初偷〈雅各三世肖像〉的賊。到目前爲止，我們都還可以參觀達利奇美術館看到林布蘭這位不朽的朋友：年輕、睜大眼睛、樂觀的雅各三世，並且抱持著最樂觀的希望。

原注25、26：同注24。
原注27：傑若汀．諾曼，〈外帶林布蘭保持隱密／達利奇美術館將近日尋回的畫作置於秘密場所〉。
原注28：同上。
原注29：泰瑞．楚柯，〈畫廊：達利奇失蹤的林布蘭〉。
原注30、31：同上。

第四章　辛辛那提鬧劇：一九七三

前言

儘管林布蘭竊案是很嚴肅的事情，但有時候犯罪的喜劇成分和悲劇一樣多，我們一再地看到非法入侵的竊賊一開始被認定爲是「老練的行家」，最後證實只是拙劣的外行生手。一件鮮爲人知的竊案，因其荒謬而引人注目：一九七三年俄亥俄州辛辛那提塔夫特博物館的夜間持槍搶案，這起搶案的鬧劇成分包括：歹徒成功闖入，卻放過了兩幅價値數百萬美元的林布蘭，而拿走了另外兩幅較不値錢的林布蘭作品、一幅失竊的傑作在電視實況轉播中物歸原主、十萬美元贖金放在一個擠滿耶誕節尋歡人潮的小酒館外的製冰機裡。我們以下所述爲包括訪談策畫並執行這起竊案的男子卡爾·侯斯利（Carl E. Horsley），這是他唯一接受過的一次訪談。

犯罪經過

在四十九歲的吉恩·赫布爾（Gene Hebel）擔任中等規模大小的塔夫特博物館夜間警衛四年間，他完成他的例行工作不下上百次，從未有過意外（原注1）；這個地方令人昏昏欲睡，也從不指望警衛必須佩槍。這份工作很單調，在完成館內的例行公事後，赫布爾該去巡視館外圍起的區域，在各個公用電話箱前停下來插入重型鑰匙，這麼做會留下紀錄，表示在他夜班值勤期間確實在適當的時間點進行必要的巡邏。指派警衛在博物館關門之後視察周邊也許聽起來很安全，事實上卻正好相反——警衛永遠不該離開室內，成為伺機在外的歹徒容易下手的目標，重要的是室內的收藏，而非外圍的灌木和草坪裝飾。今日博物館保全警衛遵照兩大基本規則：聽到任何騷動都不要到外面去，而是要請求協助，此外，不管在任何情況下，都不要讓任何不屬於館內的人進入博物館。

一九七三年十二月十八日星期二的凌晨，赫布爾在一點五十七分停在一座戶外電話箱前，他轉動鑰匙，然後往後退，接著兩名蒙面男子擋住他的去路，其中一個赫布爾稱為「大個子」，「拿著槍指著我的胸膛，看起來由他主導。」

侵入者告訴赫布爾：「不要出聲，你就不會受到傷害。」警衛注意到他的聲音聽起來很年輕，但他還是認眞看待他的威脅，「如果我稍有差池，就會中槍，」赫布爾告訴警察，

原注1：關於本案及案發後續的描述取材自多份當時的報紙、廣播及外電報導，輔以作者訪談文中提及的主要消息來源，新聞來源包括：辛辛那提WCPO-TV（第九頻道）；《辛辛那提詢問報》、《辛辛那提郵報》以及美聯社，此外還有辛辛那提警察博物館和俄亥俄州南區聯邦地方法院的書面紀錄，以及約翰·華靈頓（John. W. Warrington）〈向辛辛那提文學社提出的報告〉，1978.10.2。

「他們一再警告我，只要我不出聲就不會受傷。」雖然在赫布爾看來搶匪「既緊張又興奮」，不過當他們強行推著赫布爾回博物館的北入口時，他服從搶匪的命令。他們很有計畫，強迫看守人讓他們進入博物館，並且直接帶赫布爾上一段階梯到這棟兩層樓建築物的主要展廳，他們讓赫布爾坐在椅子上，用一大卷強力膠帶將他的手腳綁在椅子上，兩分鐘內，塔夫特唯一的警衛被擺平了，整座博物館和其珍藏成了兩名持槍歹徒的天下。

竊賊捨棄館內的金銀珠寶，直接走向塔夫特的馬爾他灰廳奪取兩幅林布蘭——〈老婦人畫像〉（*Portrait of an Elderly Woman*, 1642）及〈靠在窗台上的男人〉（*Man Leaning on the Sill*, c.1636）——這兩幅畫並肩掛在兩面牆的交接處，從底座上被猛取下來，留下四個粗糙、平行的螺栓孔。根據赫布爾的估計，這兩人在博物館待了十五分鐘，大半時間都在鬆脫畫作，他們沒拿別的就離開了塔夫特宅第及其庭園，外面沒有人察覺到他們。博物館很走運的是，這兩名竊賊搞砸了他們的大好機會，他們放過了兩幅林布蘭的天價作品——那是名列林布蘭最傑出作品的其中兩幅——而拿走了價值八萬美元（〈靠在窗台上的男人〉）以及二十五萬美元（〈老婦人肖像〉）的作品。

被制伏後半小時內，赫布爾終於掙脫膠帶，和他的上司摩根・華納（Morgan Warner）以及辛辛那提警方聯絡，在破曉之際，警察和聯邦調查人員來到現場，仔細搜查博物館及庭院尋找線索，他們仔細在鄰近地區盤問尋找目擊者，並且使用吸塵器收集蛛絲馬跡提供給俄亥俄州鑑識局的技術人員，他們成立專案小組並且要求在全球散播失竊藝術品訊息的國際刑警組織發佈國際警報。辛辛那提的晚報在頭版報導這起竊案，新聞通訊社也發了好幾條快訊，在美國國家廣播公司當天的晚間新聞中，主播約翰．錢斯樂（John Chancellor）也以三十秒的時間向全國上百萬觀眾報導這起竊案。

自星期一晚間開始値勤的赫布爾被帶去問訊，直到星期二下午才結束，他能提供的訊息只有竊賊的「聲音很年輕」、蒙面以及戴手套、看起來似乎「很不安」。他描述竊賊是白人，高約六英尺重一百七十磅（「大個子」），另一名大約五英尺八英寸重一百五十五磅（「小個子」），他另外提到他們「動作很快，似乎想盡快離開」。

赫布爾同意測謊，而且通過了，儘管官方在媒體上說明爲了徹底挖掘赫布爾的記憶訊問十一小時有其必要，但在調查人員的心中很自然地會懷疑他是共謀。今日，聯邦調查局估計至少有百分之八十的藝術竊盜有內鬼協助——這爲徹底調查赫布爾提供了正當的理由，但他隨即被排除嫌疑，並且准許回家。警方甚至不能確定竊賊如何進到博物館的庭院——他們懷疑竊賊攀爬過周邊的鐵柵欄，但沒有找到有助於案情的足跡，同樣地，他們也沒有掃視外部的監視錄影機，警方公佈的唯一小線索是有目擊者看到一名穿外套的白人男子開著新款的棕色雪佛蘭在案發時間出現在附近。

儘管合理地推測偷這些畫作是爲了勒索——又是一起藝術品綁架事件，敲詐賞金或保險金——但案發後並沒有立即接到要求贖金的電話。雖然小規模的藝術竊盜在私人宅第、拍賣行以及藝廊還算常見，但塔夫特這種規模的竊案對市警局調查人員來說並不常見，辛辛那提市竊盜小組組長稱這次的竊案為「專業之作」，在某種程度上來說的確如此。博物館的保安措施不夠周延，讓兩名緊張的二十多歲竊賊得以智取，但他們沒有造成流血事件也沒有被捕成功地偷走了畫，顯示出其技巧，並且匆匆地帶走兩幅林布蘭，顯示出有備而來。博物館董事長約翰・華靈頓在案發幾小時後發表了最精闢的見解，儘管他知道這起竊案幹得很俐落，但由於作品的名氣，他說這些失竊作品「在西方世界銷不出去」。

過去幾年，大辛辛那提地區也曾有過藝術竊盜，但都不到這等規模。一九七〇年末，俄亥俄州上世紀初的現實主義畫家法蘭克・杜韋內克（Frank Duveneck）有六幅畫在肯塔基州交界處的科文頓鎮（Covington）卡內基圖書館失竊，竊賊在新年的週末從二樓窗戶進入，根據媒體報導，到了一九七一年一月三日，警方接到線報「畫作被堆在一個垃圾桶旁」，所有畫作全部尋回，其中兩幅輕微受損。同年另一幅杜韋內克的油畫〈約瑟夫杜韋內克肖像〉（*Portrait of Joseph Duveneck*）（他父親）在科文頓鎮瑪莉安蒙根肯頓郡立圖書館（Mary Ann Mongan Kenton County Public Library）被竊，這幅九英寸乘七又八分之三英寸的小作品掛在圖書館的兒童室裡，在開館期間被從畫框取下，至今尚未追回。

辛辛那提警察局局長卡爾・古丁（Carl Goodin）表示：「就我所知，塔夫特竊案是皇后城（辛辛那提舊時暱稱）史上最大的持槍搶案。」他的專案小組衡量了三種可能性：

一、竊賊會試著從塔夫特或其保險公司勒索錢財以換回藝術品（這是博物館所能期待的最好結果之一）。

二、他們透過國際銷贓犯將作品運出國（這不容易，而且也會引發恐慌的局面，因爲藝術品一旦被秘密帶出國就很難追回）。

三、藝術品賣給邪惡的藝術收藏家（這種情節在上個世紀末被證實發生過）。

塔夫特博物館雖然蒙受損失，不過那晚也極其幸運；該博物館強力宣傳的「荷蘭夫婦」畫展中主要的兩幅林布蘭作品，其中一幅還是從紐約暫借來的，而且宣傳中不忘提及這畫的吸引人之處以及八位數的價格，展覽至今已進入第三天，而竊賊也已經進出過這棟宅第卻錯過了極爲貴重的目標。搶案那天早上，博物館爲了安置大排長龍的隊伍，只遲了一小時開門，民眾都迫切地要進館看嫌犯沒帶走的作品。

相關藝術作品

塔夫特的展覽是爲了頌揚林布蘭所擅長的十七世紀繪畫風格，在他那個年代的荷蘭，富有的夫婦開始付費請人爲他們畫肖像，兩幅畫一起掛在起居室的展示櫃上，那些夫婦和他們的子孫讓這些「掛飾」相伴左右，當作傳家寶。但隨著時間的推移，許多畫作最後落入不同的收藏家手裡，看似永遠分離了。只有極少數分開的畫作重聚，部分原因是它們的主人對於出借相當謹慎，但也是因爲專家缺乏科技能夠肯定地將先前的配對組合起來，現今的微量分析和數位透視照相法讓配對工作變得容易許多。

十八、十九世紀時，沒有人對於分開林布蘭成對的肖像有疑慮，當時他的聲望黯然失色，但如今情勢已經有了劇烈的轉變，許多的宣傳都樂見林布蘭的成對畫作「重聚」，阿姆斯特丹的林布蘭故居博物館在二〇〇六年時，爲了增添林布蘭四百歲冥誕慶賀的光彩，努力地安排成對畫作的團圓活動。一六四一年，這位大師爲他的一對鄰居夫婦尼可拉斯．凡．班比克（Nicolas van Bambeeck）以及阿加莎．巴斯（Agatha Bas）各自作畫，這兩幅肖像一直掛在一起直到十九世紀初，當時這兩幅畫分開出售導致長達一百八十七年的分離，阿加莎的肖像在一八一九年賣給英國皇室，掛在倫敦白金漢宮裡，尼可拉斯的肖像則在一九八四年由比利時的皇家藝術博物館取得，從此一直掛在布魯塞爾。這兩幅畫在持有人同意短暫出借後，於二〇〇六年林布蘭四百歲冥誕時在阿姆斯特丹團聚，林布蘭故居發言人芬克·海特瑪（Femke Haijtema）當時表示：「看到這對夫婦再度團圓眞是令人激動。」她提到運送這些遠道而來的珍寶並且爲它們保險「相當昂貴，但非常値得」。

一九七二年，曼哈頓大都會藝術博物館歐洲繪畫館館長約翰·沃爾許（John Walsh）參訪塔夫特博物館，他特別關注館內的荷蘭畫作，在研究館內最傑出的畫作之一、林布蘭的〈男子從椅子起身肖像〉（*Partrait of a Man Rising from His Chari*, 1633）時，他感到一陣悸動，他認出這是他的博物館內另一幅傑出林布蘭畫作〈拿扇子的年輕女子肖像〉（*Portrait of a Young Woman with a Fan*）的伴侶，這兩幅畫的大小（約四英尺乘三又四分之一英尺）、日期、構圖以及技巧都很一致，接下來用顯微鏡檢驗各自畫布的織物密度和織法，顯示這兩幅畫布是從同一匹亞麻布上裁下的。

沃爾許開始著手讓這對荷蘭夫婦在兩階段的展覽中團圓，第一階段在紐約，接著到辛辛那提。由於大都會藝術博物館已經擁有不少出自不同畫家的荷蘭夫婦「配對畫作」，因此沃爾許安排了這類作品的全面展覽，他安排向塔夫特出借〈男子從椅子起身肖像〉，並且從辛辛那提運到紐約。

沃爾許所在乎的不只是情感上的重聚，他也想讓看展人知道十七世紀富裕的荷蘭人如何看待已婚夫婦，這個民族敬重婚姻，但對於男女舉止仍謹守著嚴苛的沙文主義觀點。在這對分離的肖像案例中，丈夫展示出充滿活力的起身形象，是個活躍的商人，他的左手殷勤地伸向太太，她則端莊地坐著，維持著女人被期望扮演的被動家庭角色。然而林布蘭以他一貫不受限的敏銳天分，他想調整這種傳統，這位太太的臉閃耀著愉悅和生命力的光彩，她的身體稍微扭轉，暗示著行動，她不是家庭的道具。這對夫婦很富裕，身穿黑色的緞子衣服以及精緻的蕾絲，太太拿著鴕鳥羽毛扇，先生佩帶玫瑰花型飾物以及裝飾用的黃金針夾。荷蘭人在當時是歐洲的一股龐大勢力，他們是曼哈頓島的買主、哈德遜河以及南太平洋的探險家、卓越的水利工程師、東印度和亞洲的貿易商，以及全球的銀行家，錢財湧進荷蘭，將他們濱海的倉庫裝滿茶葉、起司、香料、紡織品、陶器、家具、穀物和酒。相較於英格蘭的四百五十萬人，一六二〇年約有六十七萬人住在荷蘭，然而荷蘭是個經濟強權，它最大的城市阿姆斯特丹是西方文明的焦點，有時候這種沖昏頭的繁榮會產生瘋狂的一窩蜂時尚與熱潮，一六三〇年代，荷蘭向全歐陸散播「鬱金香狂熱」，造成鬱金香價格過度膨脹，這種投機泡沫至今仍令經濟學家感興趣。畫作中這對夫婦可能付給林布蘭八百荷蘭盾（約今日的八萬美元）畫兩幅畫，相較之下，一朵頂級鬱金香球莖——總督鬱金香——價值可達三千荷蘭盾，正如近期經典的澳洲鴕鳥、豆豆公仔和網路泡沫一樣（但非林布蘭泡沫），在市場逐漸飽和買家瞭解情勢之後，鬱金香泡沫破滅，有人也許會說今日的華爾街——由荷蘭人建造首度入主——

其金融根基就是由鬱金香狂熱所滋養。

專家們一致認同這兩幅獨特林布蘭掛畫的技巧與歷史價值。這對夫婦的身分已經不可考，太太的畫像有時候也被稱爲〈坐在扶手椅上的女子肖像〉，林布蘭以近乎崇拜的態度雕琢這幅畫的細節，畫中主人翁戴著珠寶的左手放在椅邊的桌上，她穿戴著雙層的蕾絲衣領還有澎大的荷葉邊袖口，她的頭髮是棕色帶點琥珀色，並且戴著珍珠飾品。林布蘭研究計畫在一九六九年檢視過這幅畫，認爲「作者的身分應無疑異」，並且進一步說明這幅畫符合「他早期在阿姆斯特丹的作品特色」（原注2），這幅畫唯一可疑的部分是簽名，儘管創作時間一六三三年被認爲是無誤的，但簽名的作者名字的誤拼（「Rembrand」）以及「缺乏信心的筆跡」被認爲是後來才加上去的證據（原注3）。

〈男子從椅子起身肖像〉的時間同樣也可確定是一六三三年，他被形容成是那位年輕女子「易激動的先生」（原注4），他留著張狂的小鬍子，戴著寬邊的帽子，雙眼圓睜炯炯有

原注2：斯地廷基金會林布蘭研究計畫，《林布蘭畫作全集：卷II：一六三一——一六三四》，布魯恩、哈克、李維、凡．泰爾編輯（紐約：施普林格出版社，1986），P390。

原注3：同上。

原注4：大都會藝術博物館，藝術收藏資料庫，可見於http://www.metmuseum.org/works_of_art/collection_database/european_paintings/portrait_0f_a_young_woman_with_a_fan_rembrandt_rembrandt_van_rijn/objectview.aspx?collID=11&OID=110001841

神，林布蘭同樣地全神貫注在這幅畫的細節，描繪男子寬大的衣領，就好像畫家親自製造這些蕾絲一般，上面的簽名「林布蘭，一六三三」被認爲是眞跡。儘管不確定這兩幅畫在何時首度分開，〈男子從椅子起身肖像〉經由巴黎到了美國，在一八五〇年代由一名法國伯爵買下，十九世紀的一篇專題論文將這幅畫評點爲林布蘭早期在阿姆斯特丹創作最重要也最吸引人的作品（原注5）。這兩幅畫都是在他和摯愛的妻子薩斯琪亞·凡·尤倫伯格結婚、過著幸福時光時完成的，當時她二十一歲，而他二十七歲，他的名聲傳遍整個歐洲，其同僚和學徒也備受矚目，享受著來自許多新富傾慕者的豐厚委託。

〈男子從椅子起身肖像〉在一九〇九年來到塔夫特博物館宅第，獲得很高的評價，一封自倫敦發給《紐約時報》的特別電報指出「查爾斯·塔夫特（Charles P. Taft）（美國總統威廉·塔夫特〔William Taft〕的哥哥）在辛辛那提的畫作收藏即將多一幅史上有名的林布蘭作品」（原注6），文章中稱〈男子從椅子起身肖像〉爲「所有已知的林布蘭畫作中最知名的一幅」，預先警告總統的哥哥「有責任爲美國增添藝術財富，不因祝融蒙受損失風險，因此他應該建立特殊的建築來保存這些稀世珍寶」（原注7）。

一九二七年，查爾斯·塔夫特將他的六百九十件收藏以及具有歷史意義的宅第捐給辛辛那提市民，他的弟弟威廉·塔夫特就是在那棟宅第接受一九〇八年共和黨的總統候選人提名，經過重新翻修之後，這座宅第在一九三二年重新開幕，成了塔夫特博物館（原注8），在一九三二年、一九七三年以及今日，塔夫特都是美國最傑出的小型博物館之一。這座宅第在一八二〇年建立，名列國家歷史地標，館藏有歐洲及美洲的大師作品、中國瓷器、歐洲裝飾藝術以及知名的哥德式象牙雕像，知名的藝術家包括哈爾斯（Hals）、哥雅、根茲巴羅、雷諾茲（Reynolds）、透納、安格爾（Ingres）、惠斯勒、沙金特（Sargent），當然還有林布蘭。塔夫特博物館不只以傑出的〈男子從椅子起身肖像〉做爲號召，它也展示了另外兩幅較不知名的林布蘭畫作〈老婦人肖像〉以及〈靠在窗台上的男人〉。

〈老婦人肖像〉是在一六四二年完成的，這一年林布蘭摯愛、經常入畫的太太薩斯琪亞過世了，得年二十九歲，他們的兒子提多才九個月大，林布蘭不得已只好請了一位奶媽海兒巧．迪爾希克斯（Geertje Dircx），這名女子在林布蘭晚年潦倒時讓他很不好過。沒有人知道〈老婦人肖像〉的模特兒是誰，不過部分學者認爲林布蘭在繪畫或素描老婦人時，心裡經常會浮現他那筋疲力盡又憔悴的母親妮爾金．凡．朱布洛克（Neeltgen Willems van

原注5：威爾漢馮．伯德（Wilhelm Bode），《林布蘭作品大全》（*The Complete Work of Rembrandt*），八卷（卷II：巴黎：Charles Sedelmeyer, 1987），P80。

原注6：〈塔夫特取得著名林布蘭作品〉，致《紐約時報》特別電報，1909.8.8。

原注7：同上。

原注8：塔夫特博物館網站，http://www.taftmuseum.org/pages/museumstory.php

Zuytbroeck），她在一六四〇年過世，享年七十三歲，至少生過十二個小孩，其中有九位長至成人。

但林布蘭也是個很傑出的日常活動紀錄者，因此畫中人物也有可能是一名吸引他注意的老婦人，就像乞丐、製桶工人以及屠宰場的工人吸引他的目光一樣，畫中的老婦人戴著金耳環，和她黑色、帶毛邊斗篷上的黃金扣環相稱，在中性背景之前的半身像長度幾近眞人大小，這名婦人穿著深棕色的連身裙以及帶有白色方巾的兜帽，同一時期幾幅病中的薩斯琪亞畫像，也都戴著類似的頭飾。

一九〇三年這幅畫在倫敦展出時，獲得鑑賞家的好評。一九一六年，林布蘭專家柯內利·德·古魯特（Cornelis Hofstede de Groot）在其林布蘭作品的《分類目錄》（*Catalogue Raisonn'e*）中寫道，老婦人畫像中「憂鬱的氛圍」反映出畫家失去愛妻的哀傷，他還寫道：「你不禁也會感受到這幅畫是在孤絕的家中所作。」（原注9）。

塔夫特擁有的另一幅林布蘭更令人難解，〈靠在窗台上的男人〉（竊案當時的名稱）也被稱爲〈靠在窗台上的林布蘭〉（*Rembrant Leaning on a Sill*），但包括林布蘭研究計畫中的學者在近幾年都斷定這幅畫可能不是林布蘭所作，大都會藝術博物館歐洲繪畫館館長華特·李特克（Walter Liedtke）表示：「可以說光是色調就讓人想到德·傑爾德（De Gelder）（譯注10）（一七二七年逝世）而非林布蘭，這種流暢的技巧就像這類花稍的肖像一樣，看似屬於十八世紀，先行於福拉歌那（Fragonard）（譯注11）的幻想畫。」（原注12）（這項說法可視爲一個有力的「否決」）。一九八六年，林布蘭研究計畫提出詳細且有力的研究反對〈靠在窗台上的男人〉是林布蘭眞跡，但一九七三年的辛辛那提塔夫特博物館認爲它是那兩幅次要的林布蘭畫作中較重要的一幅，和〈男子從椅子起身肖像〉在這個小博物館的偉大收藏裡同處一室。

由大都會藝術博物館的約翰・沃爾許策畫的「夫婦」展於一九七三年一月至三月在紐約舉行，來自俄亥俄州的訪客〈男子從椅子起身肖像〉和他的新娘〈拿扇子的年輕女子肖像〉並排在一起是號召重點，沃爾許擔心他的展覽「荷蘭夫婦：林布蘭及其同時代畫家的成對肖像」可能乏人問津，但有了那對重逢的夫婦作爲額外賣點，在情人節引發一些媒體宣傳，這個展覽吸引了六到八萬人觀展，對這種展覽來說是不錯的人數。

原注9：莫里斯・布洛克威爾，《查爾斯塔夫特夫婦畫作收藏目錄》（*A Catalogue of Paintings in the Collection of Mr. and Mrs. Charles P. Taft*, Maurice W. Brockwell），（紐約：私人印刷，1920），P55-56。

譯注10：林布蘭的一名弟子。

譯注11：十八世紀法國洛可可派代表畫家。

原注12：斯地廷基金會林布蘭研究計畫，《林布蘭畫作全集：卷IV：自畫像》（*A Corpus of Rembrandt Paintings, Vol. IV: Self Portraits*），衛特林（Ernst van de Wetering）編輯（紐約：施普林格出版社，2005），P406。

同年底這個展覽的姊妹展在辛辛那提展開，名爲「荷蘭夫婦：林布蘭及其同時代畫家」，展覽期間爲一九七三年十二月十五日至一九七四年三月三日，讓俄亥俄州民眾得以見到來自大都會博物館的訪客〈拿扇子的年輕女子肖像〉和她分離的愛人浪漫重逢，展出的消息自然成爲辛辛那提的重大藝文新聞，並引起一名二十九歲男子的注意——雖然荷蘭夫婦的歷史重要性對他沒有意義——唐納・李・強森（Donald Lee Johnson）被畫作上百萬美元的價值所吸引。日後被當地警察視爲「三流銷贓犯」的強森夢想著幹一票大勾當，他聯絡一名當地竊賊卡爾・侯斯利，向他提出偷畫的想法，侯斯利一開始並不熱中，二十一歲的他是個經驗老到的持槍搶匪，搶過加油站和藥妝店，有時候也在郊區住宅搶珠寶。侯斯利和另外兩名年輕的重罪犯亨利・唐恩（Henry C. Dawn）、雷蒙・麥當諾（Raymond E. McDonough）合作，強森則處理棘手的銷贓問題。這幫人沒有藝術經驗，但侯斯利越想就越喜歡提升犯罪等級這種想法，「即使我過著我自己選擇的人生，我還是可以欣賞藝術，我的確知道林布蘭是誰，我決定要去勘查。」他回憶道，「我到博物館去仔細查看目標畫作。」（原注13）。

「主謀」

依照卡爾·侯斯利的自白，他在十八歲時是個青少年罪犯和毒蟲，他並不以用槍指著別人的臉要錢為恥，「任何好槍都行。」他這麼說道。但談到策畫博物館搶案，他決定要更有條理，一九七三年十二月初，他開始在夜間刺探塔夫特博物館，在寒風中躲在路面不平的後巷裡，紀錄博物館隻身警衛吉恩·赫布爾的巡邏時間，到了十二月十八日，他認為準備就緒，找來唐恩和麥當諾，準備將搶案付諸行動。

這三人開著深色的雪佛蘭蒙地卡羅轎車在塔夫特博物館外停了下來，把車停在七十五號州際公路北上匝道附近，由麥當諾留守車子，侯斯利和唐恩穿上「常見的竊盜裝束，滑雪面罩和手套」，跳過距離吉恩·赫布爾兩點巡邏時最近的圍網。

「我們在他打卡之後走上前去，」侯斯利回憶道，「我們把他轉過來，我把槍（點二二左輪手槍）舉到他的下巴下方頸子處。」我們告訴他：「解除警報，否則就殺了你。」我們押著他走回博物館，把他按在椅子上，我告訴他：「如果你發出任何聲音，就看不到今年耶

原注13：侯斯利為本書獻出第一次也是為一一次關於本案的訪談。

誕節了。」我們用膠帶把他綁在椅子上。

「我們可以拿走任何東西——眞的是任何東西——黃金、手表，各種値錢的東西，亨利想拿一點，但我說：『不，我們拿走目標物就好，不要貪心，貪心會致命。』因此我們去拿畫，接著回到大門，越過圍牆，把畫丟進後車廂，開車離開。」幾天後侯斯利才知道車廂裡的那兩幅林布蘭遠比他留在博物館牆上的那兩幅次要，「我拿了我看到的。」他說。

一小時後這夥人回到安全屋，打開電晶體收音機，早上八點過後，他們聽到第一則新聞報導，「我不喜歡吹噓，」侯斯利說，「但當那人說『很明顯是行家幹的』——你會爲自己的傑作感到驕傲，老實說，眞的很爽。」

侯斯利打給他的銷贓犯強森，要他看新聞，侯斯利記得強森非常驚訝，他開始支支吾吾地說可以賣掉這些畫。

「結果證實他是個白痴，」侯斯利回憶道，「他完全不知道該怎麼處理這些畫，他要我們開去這裡、開到那裡，上上下下高速公路，他說已經安排好買家，全是狗屁。」

隨著侯斯利和他的同夥怒氣逐漸升高，絕望的強森打給當地一名地產經紀兼自我行銷專家詹姆士·霍克（James L. Hough）。這時距發現搶案已經整整一天了。

三十歲的霍克在辛辛那提有一家酒吧，店名叫「輕鬆說」，他是個圓滑的經營者，總是不斷尋找新的經商角度。退休警察以及其他涉及塔夫特案的相關人士形容他是「浮誇」且

「討人厭」的騙子，迫切渴望成為大眾焦點。

「他出名的舉動是開著敞篷車載著一隻寵物獅在他家附近閒晃，」深入調查此案的辛辛那提退休警官湯馬士．奧伯史密特（Thomas Obershmidt）說道，「他有那種自以為萬事通的態度，但他沒有自己想的聰明。」

霍克立刻告訴強森他會試著扮演匿名竊賊與博物館間的中間人，霍克直接找上最高層——和塔夫特的董事會主席、資深律師約翰．華靈頓聯繫。

華靈頓是個蒼白、不裝腔作勢的人，頭髮很稀少，有副鷹勾鼻，喜歡花呢套裝和彩格呢領帶，他的態度鎮定且受人敬重，在騷亂、沮喪的遭劫博物館待了兩天後，他回家吃晚餐，傍晚六點左右霍克打電話給他。

「他沒說他是誰，」華靈頓回憶道，「他告訴我他有一些〔畫作的〕線索，要我和他見面。」（原注14）。

一小時內，華靈頓來到辛辛那提三郡購物中心，他試著讓自己看起來夠顯眼，好讓霍克能看到他，而那三名不知道霍克計畫的竊賊還開著車在俄亥俄州與印第安納州交界處來來回

原注14：華靈頓的回憶包含在給辛辛那提文學社的短篇專題著作裡〈給辛辛那提文學社的報告〉，1978.10.2。他的兒子提供了一份影本以及華靈頓討論此事件的一段私人影片給筆者。

回，偷來的畫在後車廂裡碰撞作響（原注15）。

謹慎的霍克終於走向華靈頓，華靈頓十九歲的兒子喬治載著父親到此，霍克比這對父子高出許多，他帶著老華靈頓到咖啡廳討論交易，霍克隨即感覺到有便衣警察在附近，的確如此，因爲華靈頓憂心忡忡的太太通知當局有這場談判。華靈頓的兒子回憶道：「聯邦調查局的人員現身，我從他們的耳塞認出他們，因此我告訴他們父親在哪談判。」華靈頓表示霍克要求在兩造之間奔走的「中間人佣金」，以及正式准許他擔任「我們協商歸還畫作的仲介人」，華靈頓初步答應了，霍克之後則宣稱是華靈頓先提出佣金，但根據華靈頓的說詞，這項說法已被戳破。「我們喝完他請的咖啡，我回家和聯邦調查局人員會面。」華靈頓回憶道。

隔天早上，華靈頓說服董事會批准十萬美元的贖金，接著霍克去電表示他和竊賊聯絡過，他們要求的價碼是二十萬美元，但華靈頓立場堅定——董事會不會同意追加任何預算——並堅持要霍克證明他的同夥確實握有那些藝術品，他們電話往返了一個早上，最後霍克告訴華靈頓先歸還〈老婦人肖像〉（霍克誤以爲這幅畫價格較低）作爲證明並表示誠信。

侯斯利說選擇歸還〈老婦人肖像〉而非〈靠在窗台上的男人〉理由很簡單：他以爲尺寸較大的比較小的畫作值錢，而〈靠在窗台上的男人〉是較大的一幅。

華靈頓在警方的陪同下和霍克在與印第安納州交界處的酒吧見面，得到指示後前往交貨地點。但當華靈頓和警察抵達時，卻沒有看到畫作，只在薄薄的積雪上看到淺淺的畫框痕跡，他們打給霍克，霍克告訴他們，竊賊打來說沒有看到霍克單獨在車上，感到很驚慌，便帶著畫作離開了。

華靈頓又回到酒吧找霍克，但在聊天等候歹徒消息的一個小時後，華靈頓告訴他：「我等夠了，我要回家了。」這名律師和他太太在一位鄰居家裡會合，喝著雞尾酒，此時夜色降臨辛辛那提。

然而霍克這廂還沒結束，在華靈頓離開後不久，竊賊指示霍克到俄亥俄州史普林戴爾（Springdale）的一個穀倉——位於辛辛那提市外二十五英里——他說他在那裡看到〈老婦人肖像〉正等著他，接著就把畫帶到附近的瑞吉斯雞尾酒吧。華靈頓談判的消息尚未透露給媒體，霍克希望創造出一個公共議題以免落入警方的圈套，在打給華靈頓之前，他先打給一名辛辛那提家喻戶曉也信任的人——夏托寇特（Al Schottelkotte）。

主播

在一九七三年時，夏托寇特是辛辛那提的電視傳奇人物，他是WCPO的記者和主播，

原注15：同注14。

記者生涯由一九五九年開始持續到一九八六年，他是全州頭號的新聞人，有點像是俄亥俄州版的華特・克朗凱（Walter Cronkite）（譯注16），在他擔任主播時，電視台的晨間、中午及晚間新聞收視率皆領先各台長達二十二年。但他不是只靠外表而已，他的英勇事蹟包括有一次在新聞現場，一名狂熱分子闖進攝影棚，他按下靜音鈕一拳擊退這名入侵者。現在這名有荷蘭血統的嚴肅主播接到電話請他處理一個更詭異的狀況：歸還失竊的林布蘭作品。

夏托寇特在電話的另一頭，霍克竭盡所能地虛張聲勢，力促這名記者到酒吧拿取全俄亥俄州都在找的東西：遭竊的傑作。霍克也抛出華靈頓的名字，半信半疑的夏托寇特打給這位博物館高層，問他是否有位名叫霍克的怪人握有失竊作品，華靈頓告訴記者「他可能有」，於是夏托寇特和攝影記者開車到裝飾著耶誕燈飾的路旁酒吧瑞吉斯，有三百四十年歷史的林布蘭畫作就靠在霍克座位附近的背牆上，畫上面蓋著一件白色與粉紅色花朵圖案相間的被子。

在攝影機全程拍攝下，夏托寇特在酒吧後方檢視著膝上的畫作，而酒吧裡醉醺醺的客人被頭頂上的電視燈光所吸引，手上還拿著啤酒。

從影片畫面可以看到夏托寇特和霍克使勁地搬著林布蘭畫作從酒吧裡走出來，就像兩個大學生在搬書櫃一樣，那件被子勉強蓋住畫作上方，霍克負責主要的搬運工作，全程嘴上都叼著菸，兩人將畫作塞進夏托寇特的別克雙色雙門轎車後座，急駛前往電視台。

「我想我的車以後再也不會載比這還了不起的東西。」夏托寇特會這麼告訴他的觀眾。

夏托寇特知道這會是一條很棒的新聞，他飛快地把霍克和畫作送回WCPO電視台，並且請華靈頓到位於市中心的攝影棚，華靈頓急衝出門，要他太太打電話給警察。那天晚間十一點新聞開始時，現場沒有稿子、怪異且不真實，在俄亥俄州、肯塔基州及印第安納州上百萬在臥室或客廳看電視的觀眾前，夏托寇特站在藍色攝影棚裡，背後有灰色佈景，三台攝影機架在移動攝影車上錄下他的每句話和每個表情，第四台攝影機則架在前三台之後，紀錄整個場景以傳世。夏托寇特熟悉、可靠的臉注視著觀眾，開始他的現場轉播：「我從事新聞工作已經三十年，見過許多奇怪、意想不到的事，但今晚發生的事可能是最意想不到的。」

夏托寇特轉身，鏡頭畫面跟著移動，在他的右手邊有兩名男子，一位是身形矮小枯瘦、缺乏睡眠的律師，穿著粗花呢西裝雙手緊握著一幅平穩地擺在他面前的古老畫作；另一位是相當高大、留著鬍髭的夜店老闆，穿著鮮艷的襯衫。夏托寇特彎身靠近外框裝飾華麗的畫作，畫中是個穿著有帽兜斗篷的老婦人，夏托寇特指向一小塊附加在畫框底部附近的金色浮雕板。

譯注16：記者、冷戰時期美國最負盛名的電視新聞節目主持人，CBS的明星主持人。克朗凱被稱爲最可信任的美國人。

「你們都聽過至今仍失蹤的林布蘭畫作報導，」夏托寇特說道，「正如你們所看到的，其中一幅已經找到了，透過這塊飾板驗明這是林布蘭的〈老婦人肖像〉。」攝影機在夏托寇特觸摸著上面的字體時向他推進，接著他站起來，老婦人佈滿皺紋的臉一時佔滿全螢幕。

「我們在這裡證實畫作現在已經在塔夫特博物館董事長約翰．華靈頓的手上。」主播說著，此時鏡頭推向律師嚴肅的臉，他接著說道：「這幅畫是由地產經紀詹姆士．霍克先生交還給華靈頓先生，是他今晚稍早在一個穀倉裡發現的。」現在攝影機對準霍克，他的金髮凌亂地散在前額；霍克一定早就瞭解到歸還畫作會讓自己沾上竊賊的嫌疑——甚至是竊案的籌畫者——他警覺到自己微妙的處境，以及警察在攝影棚兩側緊盯著他，於是開口說：「我想說一件事，並且公開講出來，是華靈頓先生要求我協助這件可能尋回的畫作歸還行動，這是為什麼我們想確認這就是那幅畫。」

華靈頓接著以律師的口吻說出眾所等待（包括犯下搶案的竊賊）的說詞：「就我所知，這是從塔夫特博物館拿走的林布蘭眞跡。」夏托寇特接著說：「這是我們此刻所掌握到的所有消息，不要轉台。」節目在此進了一段咖啡廣告。這是藝術竊盜史上媒體首度被用來做為交還失竊藝術傑作的媒介。

在接下來的兩天，第二幅失竊畫作〈靠在窗台上的男人〉被贖了回來，但現在要留給觀眾去思考電視做為解決藝術綁架案件平台的新用途。

華靈頓接收了這幅林布蘭，由警察送回塔夫特，現在它甚至沒有用被子覆蓋，自從吉恩·赫布爾被捆縛後，已將近三天，現在〈老婦人肖像〉回到家了。和許多藝術竊案一樣，它以金箔上漆的畫框因爲粗魯的推撞受損，被判定無可挽救了，但儘管經歷粗魯的搬運，畫作本身除了有些修復師所稱的「小」刮傷之外，沒有受到損傷，更進一步的檢視發現「刮傷」其實是鳥糞。

華靈頓被問到對於這種奇特的電視轉播交易的看法，他不動聲色地說：「我很高興有一幅畫作回來了。」

夏托寇特對於取得畫作的更完整報導並沒有在現場轉播時播出，因爲他還沒有時間剪輯，這則新聞在第二天的六點新聞播出十分鐘。這時候霍克已經成爲媒體追逐的焦點，他們一整天塞在他狹小的辦公室裡，接二連三地問他問題，老菸槍霍克穿著紅色格子花紋的喇叭褲，腳踩高跟馬靴，將煙灰彈進科爾特點四五煙灰缸，盡可能給記者好用的引述話語。

問：竊賊是否向你表示如果沒有拿到贖金會怎麼做？

答：他們告訴我要燒了畫。

問：可以透露更多你如何遇上這兩個人的嗎？

答：我搜尋得夠徹底……嘿，我知道我會被懷疑，首先我知道我是清白的，我不認爲我有那麼蠢，我幹得很好。

辛辛那提鬧劇

對於本案的警察來說，看著霍克和夏托寇特獲得畫作歸還的功勞令他們相當難堪，就在談判已經轉移到第二幅林布蘭以及贖金要求之時，一齣熱鬧大戲正要上演；侯斯利和他的同夥依舊堅持以二十萬美金無記號的鈔票換取第二幅畫，而且要求在第二天下午兩點以前拿到贖金。那天華靈頓巧妙地回覆好幾通霍克打來的施壓電話，但仍堅持只付十萬美金，竊賊斷然拒絕並且下最後通牒，霍克警告華靈頓歹徒威脅如果沒有依照他們要求的二十萬美金就要燒毀〈靠在窗台上的男人〉（侯斯利說：「當新聞報出燒畫威脅時，我爸正和我哥在一起，我爸爸看著他說：「我敢說你弟和這起案件有關。」」），華靈頓態度堅定，解釋博物館挪不出更多錢了，到了傍晚，歹徒降低贖金到十六萬，華靈頓仍表示無法成交，在一陣電話往返之後，竊賊終於接受十萬贖金並且同意不燒畫。霍克再度成爲鎂光燈的焦點，他告訴包圍的記者和攝影師：「我們已經達成協議，我現在就要試著去拿錢。」華靈頓被告知歹徒要求不連號的十元和二十元鈔票，隔天早上他花了點時間湊齊這些笨重難搬的贖金，「我必須準備好，」他說，「我把錢藏在可以很快拿到的地方。」

競爭激烈的當地媒體開始不斷騷擾警方、博物館高層以及能言善道的霍克。在夏托寇特贏得一戰後，其他媒體也想加入畫作歸還的新聞戰。警方盡可能不使用他們的無線電以免被監聽，「媒體非常積極地報導這起案件，」奧伯史密特警官回憶道，「他們很難應付。但因爲和聯邦調查局有合作，所以我們使用他們的無線電，媒體因而無法監聽，這在某種程度上幫了我們。」

儘管有媒體盯梢，華靈頓和霍克還是悄悄地溜到一個隱密地點，針對如何交換錢和畫作談判了一整晚。當霍克宣稱歹徒威脅要取他性命時，華靈頓並不相信，但當華靈頓和歹徒通上話時，「我太太也受到威脅。」他說。

華靈頓不再堅持他原本提出的一手交錢一手交貨的方式，「我開始感到有點緊張，我可以想像我的計畫可能會引發槍戰的場面。」到了晚上，備受壓力的竊賊似乎又準備採取激進的行動，因此華靈頓決定讓霍克先去確定贖金與數目，以示誠信。

到如今，華靈頓和霍克之間形成了一種虛幻的關係，就像華靈頓的兒子喬治所說的：「我父親覺得他很有吸引力，因爲他來自我父親從未接觸過的社會階層。」當霍克提議把錢放在指定地點讓竊賊來取，之後再等待竊賊指示取畫地點時，華靈頓決定放手一搏。華靈頓知道如果這個計畫出錯，霍克也脫不了身，因此他把錢塞進一個「他特別喜歡的黑色公事包裡」，接著要霍克去進行。這個放贖金計畫和勒索計畫一樣輕率；霍克和華靈頓依照指示到辛辛那提的羅蕾萊酒吧，將公事包放進前廊的製冰機裡，依照指示他們應該把製冰機上ＩＣＥ的Ｅ字用膠帶遮住，做爲錢已經放進去的暗號，但他們沒有膠帶，而且製冰機也因爲水汽凝結太過潮濕，因此他們用黏性紙盡可能貼住Ｅ，然後離開，幾分鐘後就接到竊賊從酒吧怒氣沖沖打來的電話，他們咆哮著Ｅ上面沒有貼膠帶。

霍克要他們查看機器裡面，他們終於找到那袋錢，當時是晚間十一點半，竊賊回電說需要二十分鐘數錢。

「那是一段坐立難安的等待時間，」華靈頓回憶道，「我抽了兩包菸，到了凌晨一點，我認爲這是個騙局，我畫、財兩失了，只想回家。」

就在凌晨一點零五分，電話響了，竊賊告訴霍克放第二幅畫的地點，華靈頓通知警察，警方派出一個小隊，到了兩點，警方在俄亥俄州佛斯特一間房子的階梯下找回〈靠在窗台上的男人〉，霍克甚至誇耀竊賊的信用，他在畫作尋回後告訴記者：「不能因爲對方是賊，就代表他沒有自尊心。」

華靈頓的任務到此結束，他說：「我開了一瓶威士忌，我們都喝了一點。」他甚至和霍克碰杯。

警察直接將畫作帶回塔夫特，博物館立即辨眞僞，僅僅五天，兩幅畫就都安全回家了，但表面上塔夫特博物館損失了十萬美金。其實警方接獲許多關於卡爾·侯斯利的地下情報，並且在他取贖款以及放畫作時監視他，到了早上，警方逮捕他和兩名同夥麥當諾、唐恩，取回贖金，錢全在那兒，奧伯史密特說：「除了他們到速食店吃掉十四美元之外。」

這些搶匪立刻將矛頭指向首先提出偷畫想法的唐納．強森，而強森隨之將霍克拖下水。

這時由地產經紀轉行的藝術談判者開始緊張了，霍克知道強森開始告密，不過他還是在搶案三週後到華靈頓的法律事務所領取他的仲介費一萬五千美元。

「他向我父親尋求法律協助，」喬治．華靈頓回憶道，「他說：『警察正盯著我，如果我拿了這筆錢，會不會讓我的處境更糟？』我父親說會，父親接著說：『我告訴你：簽字讓與〔辛辛那提〕藝術基金，這樣你就算捐出去了。』」

霍克立即照辦。

但還是太遲了，警方和檢察官對霍克心存不滿，強森告訴他們霍克是勒索計畫的「主謀」（他並沒有將霍克牽連至搶案當中），強森與三名竊賊和檢察官達成協議，他們指證這位愛慕虛榮的中間人，以換取較輕的刑責，這個策略奏效了。儘管他們的下場都是坐牢，但對霍克的指控最為嚴重，勒索以及重大竊盜罪，一九七四年十月他被判刑三到二十年。

三十八年後回顧此一事件，喬治．華靈頓說整起搶案就是一場「失誤連連的滑稽劇」，畫作不僅在一週內平安歸來，當局還找回了塔夫特博物館支付的九萬九千九百八十六美元，但他還是對已故父親處理這團混亂的方法感到驕傲，「我父親最惋惜的是他們把他的公事包扔到河裡，他眞的很喜歡那個公事包。」

後記

對詹姆士．霍克而言，林布蘭事件之後的日子多災多難，他一再爭取審判無效，聲稱判決讓他成爲其他共同被告所策畫罪行的代罪羔羊。他在俄亥俄州倫敦市監獄的榮譽房裡待了大半刑期，並成爲該監獄青商會分會會長後，在一九七八年獲得假釋，但司法體系已經鎖定他，一九七九年四月，三十六歲的霍克被控違反假釋再度入獄，他被發現參與印第安納州梅塔莫拉鎭的一棟歷史建築地產交易當中，他的保釋條件禁止參與這類活動，因而又服刑一年，在這期間他再度嘗試撤銷原本的判決，並且一度宣稱他的案子「就要掀起一陣騷動」。

在這期間，霍克有個忠實的支持者——喬治．華靈頓。「我不懂他怎麼會捲入其中，」一九七八年華靈頓在爲辛辛那提文學社所寫的該事件回顧中提到：「他看來很聰明不至於會爲了這類越軌行爲在辛辛那提冒這種風險，不過霍克仍然辦到了！如果我偷了一幅畫，需要中間人談判，他是不二人選。」

霍克在印第安納州經營一家名爲「陷阱獵人集結」烤肉店幾年，小有成就後，於一九八六年出馬競選印第安納州富蘭克林郡的郡長。他的競選傳單做成通緝告示的樣子，上面的霍克帶著有邊的帽子、留著鬍髭，兜售著「正義，不只為我們」以及「不騷擾當地人士」，在傳單背後他「列出自己所有不可告人的秘密」，包括「前重罪犯，三項集團犯罪，一項違反假釋」，並且「對法律有全面通盤的瞭解！」

當時的富蘭克林郡共和黨副主席諾瑪・霍伯（Norma Hooper）並不支持這位可能的候選人，「這會是政壇的笑話，」她說，「如果他當選了，必須採取某些法律程序讓他下台，尤其是彈劾。」

霍克並沒有當選，但他和林布蘭有了最後一項共同點：他在一九八〇年代末申請破產。

自從搶案發生後，塔夫特博物館已經大大不同，館長琳恩・安博席尼（Lynn D. Ambrosini）表示，塔夫特博物館在二〇〇一至二〇〇四年間進行重大翻修，包括安裝最先進的保全系統，「現在要是再發生這類竊案，不可能沒有立即察覺並通報警方。」她說道。

卡爾・侯斯利在竊案之後的發展也同樣起起伏伏，現年五十九歲的他表示很高興終於扭轉人生，開始經營地產事業並且照顧孫子和兩隻貓。

侯斯利在獄中的三年日子並不會特別難過，因為他享有成功犯下博物館竊案的地位，「我進去時已經認識很多人，因為涉入這類案件，他們會喊你『林布蘭』之類的稱呼，這是一種犯罪名聲，我並沒有到處去吹噓。見鬼了，我在獄中接受大學教育，當我出獄後，甚至有人邀請我擔任藝術委員會委員。」

這位前林布蘭大盜也有想淡忘的事蹟，他說，他在肯塔基州慶祝獲釋時，因爲在店裡偷牙膏和糖果被捕，「辛辛那提那邊聽到風聲，媒體有了大作文章的機會——『林布蘭大盜因爲輕罪被捕』，我覺得很丟臉——這是一定的。」

他甚至回去過塔夫特博物館，「我回去過博物館一次，他們有很多保安人員，感覺有點瘋狂，到處都有保安——和我們行竊之前已經大不相同——我想我們在這方面造成了很大的改變。」

第五章

狼到家門口：民宅竊盜

前言

一六三八年秋天，林布蘭和他的妻子薩斯琪亞看上了位於阿姆斯特丹時尚地段的布里街（**Breestraat**）四號一棟以磚、石、木頭及鉛條鑲嵌窗玻璃打造的四層樓大房子，這棟房子和林布蘭一樣都是三十二歲，薩斯琪亞則小六歲，這對夫妻很喜歡，在一六三九年初簽約以一萬三千荷蘭盾（大約是今天在一個時尚之都的高級地段買下獨棟住宅的價格）分期付款買下。

林布蘭當時已經功成名就——他剛接到一件具威望的委託，畫〈守夜人〉（*The Night Watch*）——他希望他的房子夠大、夠分量才配得上他的聲望，他在頂樓設立畫室，高處的窗戶能照進最多的日光，在此開始了二十年的藝術創作。助理爲他製作以白堊爲基底的顏料以及準備畫布，管家和僕人張羅餐點、招呼客人，畫家們的隨身用具散佈，特殊的武器、大型貝殼以及填充玩具動物則置於環牆的架上，做爲林布蘭和學徒的模特兒或道具，畫室一邊的櫥櫃裡收納了畫家從世界各地收集而來的大型、昂貴服裝和珍奇。

林布蘭在有著大理石壁爐、裝飾著荷蘭經典青白相間德夫特磁磚的一樓高雅沙龍進行藝術買賣，他從酒藏豐富的冰櫃裡拿出冰涼的酒招待客戶，牆上掛了十幾幅待售的畫作。林布蘭不只銷售他自己和學徒的作品，也經銷其他畫家的作品，他手上有法蘭德斯和義大利畫家的作品，但大多數還是來自荷蘭畫家。由於「黃金年代」的荷蘭家庭都喜愛在牆上掛滿畫作，而且一次可能擁有三十至四十幅作品，因此藝術產業是很不錯的一門職業。

林布蘭也在那棟宅子裡印製並銷售他極其多樣的蝕刻畫，繪有聖經故事、日常生活場景、人物、肖像、風景、裸體畫、外國人以及勞動者，他在一樓擺了一台大型的蝕刻和印製設備，他的臥房有個小客廳，以及一張狹窄厚重的橡木床。

雖然他賺了很多錢，享有盛名，在布里街生活的時期擁有高檔家具，但他卻無法或不願即時支付他的龐大貸款，到了一六五六年他瀕臨破產，那棟房子和裡面的物品，包括羅馬半身像、日本盔甲、家具、罐子、水壺等都被債權人清查，而他的個人財產、藝術和珍品收藏被廉售（當時登出折扣出售的荷蘭報紙廣告留存至今）。那棟房子在一六五八年以一萬一千荷蘭盾拍出，羞愧的林布蘭避開人群搬到一棟出租的小屋裡，在那裡生活直到一六六九年過世。

幾世紀以來，這幢位於布里街的宅第幾度面臨拆除。一九〇六年，阿姆斯特丹市政府買下這棟破敗的建築交給一個基金會，基金會一方面盡全力保留其古老特色，一方面也讓它成爲當代展示所，展出其最知名屋主所繪製的油畫和蝕刻畫；今日，林布蘭故居博物館也可出借做爲婚禮及宴會場所（在相鄰的側廳舉行）。基於林布蘭的魅力以及竊賊的想像，林布蘭故居這些年來毫無意外地也曾遭竊，用它來象徵經常被林布蘭竊賊偷襲的宅第、公寓、商業畫廊以及其他小型住宅再適當不過了。

一九九四年十月十日，一名拿著大鎚的竊賊敲破林布蘭故居的窗戶，偷走了〈留鬍子的男子〉（*Man With a Beard*, 1647）。這幅畫一度被認爲是林布蘭的作品，但現在已經被認爲是林布蘭一名不知名的學徒所畫，無可避免地《國際先鋒論壇報》爲這起竊案下了這樣的標題：「林布蘭需要守夜人」（原注1）。這幅畫在四年後經由阿姆斯特丹的一名律師取回，他以擔任見不得光的藝術品歸還中間人著稱，也曾涉入一起梵谷案，這名律師私下受到譴責，但以荷蘭歷史標準來說，算是相當輕微的懲罰。在林布蘭的時代，司法制度在懲罰竊賊、入侵民宅以及銷贓犯時更加殘忍，刑責包括截去一隻手臂、鼻子或耳朵、在臉上烙印，累犯甚至會被送上絞刑台（原注2）。

不幸的是，許多偷取林布蘭作品的住宅及博物館竊案，這些不朽作品最後卻無法欣喜歸還。在爲這本書作研究時，我們無意間發現先前未被報導的黑暗歷史，一九三八年，肯特一戶英國貴族的豪宅被盜走五幅名作，之後你將會讀到其中三幅（包括一幅林布蘭）面臨悲慘的命運。就像擁有一座昂貴的宅第對林布蘭而言是幸事也是詛咒一樣，家裡或博物館擁有一幅林布蘭的畫對收藏者來說也同樣可能喜悲參半。

聯邦調查局角色擴張

由於藝術竊盜案件急遽成長且日漸複雜，促使聯邦調查局在二〇〇四年成立藝術犯罪小組，這個小組隸屬於局內主要竊案單位，由全國十三名特別探員組成，提供處理複雜藝術竊案的第一線同仁指引和快速部署，儘管他們的工作並非全職任務，但沒多久小組成員就捲入一起美國藝術調查。藝術犯罪小組處理古董、珍藏品及畫作竊案，且成為熱門新聞案件的前線和中心，例如尋回賽珍珠的《大地》（*The Good Earth*, Pearl Buck）一書的原始手稿、一七八九年由華盛頓批准的人權法案副本以及屬於前美國總統羅斯福的一把古董手槍，小組成員當然也在尋回多幅出自名家之手的無價畫作上幫了大忙，包括林布蘭、馬克．羅斯科（Mark Rothko）（譯注3）以及諾曼．洛克威爾（Norman Rockwell）（譯注4）。

原注1：《國際先鋒論壇報》，1994.10.11, 2。

原注2：保羅．贊索，《林布蘭時代的荷蘭日常生活》（*Daily Life in Rembrandt's Holland*, Paul Zamthor）（紐約：麥克米蘭出版社），P246。

譯注3：一九一〇—一九七〇年，抽象表現主義畫家，生於俄國的猶太人，一九一〇年移民美國。

譯注4：一八九四—一九七八年，美國二十世紀早期的重要畫家及插畫家。

羅伯特・威特曼（Robert K. Wittman）——二〇〇〇年尋回斯德哥爾摩林布蘭自畫像（見第七章）的英雄之一——是催生這個小組的推手；調查世上最大藝術竊案——一九九〇年伊莎貝拉史都華加納博物館竊案——的調查局主要探員傑佛瑞・凱利（Geoffrey Kelly）則是這個小組的重要成員，凱利在二十八年間找回七幅失竊畫作，包括表現主義畫家夏伊・蘇丁（Chaim Soutine）以及法國現代主義畫家烏拉曼克（Maurice de Vlaminck）的作品。可能會令人感到意外的是，藝術犯罪小組並不是由典型的聯邦調查局探員所領導，而是由總部的一名非探員身分的學者所指揮。

波妮・麥格尼斯－加迪那（Bonnie Magness-Gardiner）博士並沒有在寬提科的聯邦調查局傳奇訓練場地霍根巷練習逮捕技巧，她在亞利桑那大學獲得近東考古學博士學位，並且在國會圖書館和國務院工作，這些經驗讓她成爲藝術犯罪小組的計畫負責人；她出身學界，是考古及古董專家而非執法人員，這個位置非常適合她的身分。聯邦調查局傳統上以經驗老到的第一線探員爲骨幹，監視所謂的專業計畫，但當涉及藝術竊案時，這些探員在犯罪層面的調查大致上並不需要指引，但他們需要有人在複雜的藝術世界中爲他們指點方向。

麥格尼斯－加迪那博士協助將有關藝術竊案的基本資訊帶給一般大眾；在二〇〇〇年的一次訪談中，她談到最容易被藝術竊賊盯上的地方，「住家很容易成爲目標，」她說道，「藝術品失竊通常是由可以進出該宅第的人所犯，例如幫傭或承包工。」（原注5）。二〇〇六年林布蘭的〈病人復甦〉（*The Rising of Lazarus*）畫作竊案就是這種案例；四十九歲的雜工詹姆士・丹罕（James Otis Denham）從奧克拉荷馬州斷箭城的雇主家偷走了這幅蝕刻畫，丹罕並沒有爲這件藝術品設定任何底價，在偷走這件價值六千美元的藝術品後，他試圖以一千五百美元將這幅畫從他的後車廂出清，賣給一名在附近酒吧認識的女子。這名女子注意到畫作眞正主人的名字還在鑑定證明書上，她影印了這份出處，並且在打電話給畫作主人芭芭拉・朵妮（Barbara Dorney）再度確認眞實性時，得知這幅蝕刻畫是贓物。警方在丹罕交畫換錢時將他逮捕，「至少他笨，所以我能取回畫作。」朵妮說道。

出入宅第只是個開端，更重要的是內應在宅第裡取得的情報。一個只是偶爾進出房宅的人很快就能辨認出自己是否進入藝術收藏者的家，如果這棟房子是在高級住宅區，竊賊就算對藝術一無所知，也可以假設他所看到的是件有價值的藝術品，而非印刷或複製品。收藏家買藝術品是爲了展示，因此很自然地會將珍貴的藝術品擺在客人看得到的地方，很少人會將花了上萬美元買來的作品放在陰暗的走道或保險箱裡，何況收藏家也喜歡吹噓他們精緻的收藏。投機的幫傭或承包工就是判斷這戶人家是否設有警報系統，以及住戶是否眞的啓動該系

原注5：梅蘭妮・卡普蘭（Melaine D. G. Kaplan），〈聯邦調查局藝術犯罪小組表示住家是最大的目標〉,2010.3.2, 可見於http://www.smartplanet.com/people/blog/pure-genius/fbi-art-crime-team-says-residences-are-biggest-target/2156/

統（許多人有了複雜的保全系統便心生滿足，而沒有設定甚至啓動系統）的理想人選，他會觀察主人如何懸掛畫作、如何將藝術品安置於地面或高起的平台上，他有很多機會單獨在宅第裡自由勘查。

這類的機會使得民宅或私人藝廊的藝術竊案不像大型博物館竊案那麼令人望而生畏，而林布蘭的作品早在二十世紀的前幾十年就成爲內賊的首要目標；一九三三年十一月十三日，斯德哥爾摩藝術收藏家赫曼．拉許（M. Herman Rasch）的家裡被竊賊闖入搶走好幾件作品，當中最重要的就是拉許最爲珍視的林布蘭作品〈耶利米哀悼耶路撒冷的陷落〉（*Jeremiah Mourning for the Destruction of Jerusalem*, 1630），這幅畫是個傳奇，它描繪老邁的先知耶利米坐著，疲倦的頭用左手撐住。在竊案發生當時，這幅畫名列林布蘭最傑出的二十五件作品之一，這還是在有非常多的作品被誤認爲林布蘭所繪的年代（原注6），知名的德國藝術史家威爾漢．馮．伯德（Wilhelm von Bode）形容這幅畫是林布蘭早年作品中最珍貴的寶石，和晚期多數作品相比毫不遜色（原注7）。這幅林布蘭早期的宗教作品，在第一次世界大戰之前由俄國史卓加諾夫（S. A. Stroganoff）伯爵擁有的期間，消失在大眾眼前多年。擔心拉許竊案可能意味著〈耶利米哀悼耶路撒冷的陷落〉要消失多年的疑慮在隔天畫作找到時隨即煙消雲散，一名整修拉許宅第的德國工人坦承犯案，並且咬出一名波蘭同事，他帶領調查人員到他藏畫的斯德哥爾摩鄰近樹林（原注8），那幅畫當時價值十萬美元，現在被安全地收藏在阿姆斯特丹國立博物館，價值一億美元。

五年後，一九三八年九月九日，林布蘭另一幅一六三〇年完成的作品〈戴毛帽的老人〉（*Old Man with a Furcap*），在藝術評論家喬治·考布罕（George R. Cobham）位於皇后區貝塞丘的家中被偷走，考布罕是曼哈頓第五大道上知名的杜芬兄弟藝術公司的經理，在藝術界系出名門（原注9）；杜芬兄弟不只是他們那個年代最重要的藝術商之一，也是史上重要的藝術商，他們出生於荷蘭，並將事業版圖拓展到英國、法國，接著來到美國，從歐洲出口無數的珍寶，他們在第五大道和巴黎協和廣場開設店面，首次以炫目的舞臺技巧展示藝術品，說服二十世紀初的富豪揮霍地買下畫作和古董，他們的影響力造就了許多美國最知名的私人或公共收藏，包括今日在華盛頓國家美術館的作品以及曼哈頓的弗立克美術館（譯注10）。

原注6：〈林布蘭作品在斯德哥爾摩失竊〉，《紐約時報》，1933.11.15。

原注7：鐘亞倫，〈少年天才的迷思：瞭解林布蘭的早期事業〉，《林布蘭創造林布蘭：來登時期的藝術與野心，一六二九—一六三一》（*Rembrandt Creates Rembrandt: Art and Ambition in Leiden, 1629-1631*），鐘亞倫編輯（茲窩勒：Waanders,2000），P79。

原注8：〈失竊林布蘭尋獲〉，《紐約時報》，1933.11.16。

原注9：〈評論家住宅失竊損失二·六五萬美元藝術品：林布蘭畫作也在洗劫之列〉，《紐約時報》，1938.9.10。

譯注10：美國鋼鐵大王亨利·弗立克所建，展出其四十年的收藏。

麥格尼斯—加迪那博士對於幫傭或承包工可能是林布蘭竊案嫌疑犯的警告，再次在考布罕竊案中印證，這起竊案是在考布罕夫婦出國時犯下的，竊賊很有可能知道他們遠行。考布罕夫婦回家時，發現大門微啓才知悉竊案，他們受到驚嚇也擔心自己的安全，於是報警並且在一旁等候，直到紐約市警探約翰．麥克德默特（John McDermott）抵達，考布罕重返家中才發現損失程度；入侵者除了從底下的樓層偷走兩幅畫之外，還深入修繕過的閣樓偷走其他四幅畫。竊賊偷取每一幅畫的手法都非常類似，他們將畫框轉向牆壁，從背後取走畫作。如果歹徒在翻新的閣樓裡可以找到高價值的畫作，並且花時間分離畫布與畫框，便能合理假設竊賊對這棟房子很熟悉。調查人員表示，案發現場顯示竊賊熟知考布罕的樓層格局，而且可能是使用密碼鎖進入，因爲前門的鎖沒有破壞的痕跡，竊賊也知道考布罕的收藏，拿走了六幅最值錢的作品，包括雷諾瓦和哈爾斯的作品，失竊的作品總價值二萬六千五百美元，〈戴毛帽的老人〉估計就佔了二萬美元（原注11）。這幅畫也被稱爲〈林布蘭的父親〉（*Rembrandt's Father*）（儘管沒有證據顯示畫中坐著的老人就是他父親哈曼（Harmen）），這幅畫描繪一名戴著高毛帽身穿有毛領披風的老人，他佈滿皺紋、留著鬍鬚的臉稍微偏向左邊，眼睛則看向右邊，色調和〈耶利米哀悼耶路撒冷的陷落〉並無相異之處，所幸這幅老人肖像尋獲了，現今放在奧地利印斯布魯克（Innsbruck）的提洛省立博物館（Tiroler Landesmuseum Ferdinandeum）。

和許多當時發生的林布蘭竊案相同，這起犯罪和尋獲過程的多數細節已經不可考，這些秘密要不隨著相關人士而逝，要不就是執法人員沒有紀錄也沒有建檔。

就算不考慮二戰期間納粹爲國家發起的藝術劫掠行動所訂下的可鄙標準，一九二〇、一九三〇及一九四〇年代仍是覬覦林布蘭作品的闖空門盜賊的活躍期，如搶拉許和考布罕宅第之流。一九三〇年，三幅當時被認定是林布蘭眞跡的畫作〈老乞丐〉（*An Old Beggar*）、〈達文西〉（*Leonardo Da Vinci*）以及〈改革者〉（*The Reformer*）也在倫敦下攝政街卡爾頓藝廊（Charleston House Galleries）的十八幅被盜畫作之列。這些作品都是私人收藏家的展示，有些被從畫框上割下來，有些則從畫框上移除但仍保留木頭框架，蘇格蘭場表示竊賊複製了藝廊的鑰匙，只拿走最昂貴的作品，沒有留下指紋，他們從未被圍捕，作品至今也仍下落不明。一九三六年四月十日，林布蘭的一幅蝕刻畫〈基督下十字架〉（*Christ' Descent from the Cross*）在西班牙塞哥維亞省立博物館遭竊，那天是耶穌受難日。一九四二年，當時荷蘭在德國的佔領之下，一名獨行賊從阿姆斯特丹的一戶人家偷了一幅林布蘭描繪一名男子削鵝毛筆的畫作，荷蘭警方獲准以地方犯罪偵辦此案並且尋回畫作，幸好那幅畫從未離開荷蘭。一九三七年一月，兩幅林布蘭的墨水畫〈抱著小孩的婦女〉（*Woman Carrying a*

注11：同注9。

Child）、〈小孩玩摩擦鼓輪〉（*Children Playing Rummel-Pot*）（荷蘭小孩在耶誕節玩的嘈雜遊戲，用蘆葦和動物薄膜在陶罐發出響亮的轆轆聲）在哈佛大學福格美術館遭竊，這些作品後來都被尋獲，但這起案件留下的不確定推測是：這是學生的惡作劇。

正如先前提過的，林布蘭竊案有麻州淵源並不是什麼值得驚訝的事。一九二〇年，早在福格美術館、波士頓藝術博物館和伊莎貝拉史都華加納博物館被搶之前，十幾件私人收藏的失竊藝術品，包括林布蘭的〈基督醫治病人〉（*Christ Healing the Sick*），都在波士頓的一處藏匿地點尋獲，這起搶案是最早關於林布蘭失竊的報紙和通訊社報導之一，但關於竊案所知不多。那個年代的歐洲竊案包括一九二一年在德國漢堡民宅被盜的林布蘭畫作〈戴無沿便帽的男子〉（*Man Wearing a Skull Cap*, 1643），警方從波蘭一路追尋到英國，四幅畫中的一幅被從畫框上割下來，從未尋獲。一九二二年，一幅備受珍視的林布蘭油畫〈監獄裡的聖保羅〉（*St. Paul in Prison*）在德國司徒加的一家小型藝廊遭竊，所幸尋回。一九二七年在莫斯科，一度屬於俄羅斯皇室奧洛夫－大衛杜夫（Orloff-Davidoff）家族的林布蘭、提香以及柯雷吉歐（Correggio）的宗教作品，在他們家裡被拙劣的手法盜取，美聯社報導竊賊打破一小片窗戶，打開通風口取得「便利通道」進入該宅第，「他們如此摧殘這些畫作，除非他們完全不知道畫作的價值，否則一定是在尋求某種神秘的報復，」新聞這麼寫道，「他們更有可能是宗教狂熱分子，因爲所有的畫作都是宗教人物肖像，在林布蘭的畫作中央，人物的部分被挖掉一塊鋸齒狀不對稱的橢圓缺口，畫作其他部分也有割痕，即使尋回中央的部分，也幾乎不太可能復原。提香的畫作被切割得更悽慘，基督的頭部幾乎完全損毀，其他四幅較小的畫作也被從框架上笨拙地扯下來。雖然這些作品在戰前〔第一次世界大戰〕的總價值估計爲三十三萬美元，但現在價值顯然翻了好幾倍。」幸好，這些罪犯還不算徹底地俗不可耐，四年後這幅林布蘭和其他畫作被發現放在錫盒裡，分別埋在莫斯科的兩個地點，根據美聯社一九三一年的報導：「錫盒密封，畫作上覆蓋著特殊組成物以避免受損。」報導中並提到儘管受到粗暴對待，專家還是看到復原的希望（原注12），其中林布蘭的畫作〈雙臂交叉的基督像〉（*Christ with Folded Arms*）現今收藏在紐約州格倫斯福爾斯的海德美術館（Hyde Collection）。

一九二〇年代林布蘭竊盜活躍期開啓的同時，重大藝術竊案在十九、二十世紀之交也急遽增加，文藝復興時期及之前的義大利大師作品最爲危險。許多人認爲一九一一年的羅浮宮〈蒙娜麗莎〉竊案是歷史轉捩點，但在一九〇四年到一九二〇年間，提香、卡拉瓦喬（Caravaggio）和安基利軻（Fra Angelico）的作品竊案也讓英國警探疲於奔命，在聯邦調查

原注12：美聯社，〈無價畫作被發現埋在莫斯科；一九二七年失竊的林布蘭、提香及其他三幅畫〉，《紐約時報》，1931.11.18,1。

局藝術犯罪小組成立之前的一百年，英國警方必須指派專家協助蘇格蘭場調查藝術犯罪，一九二三年《紐約時報》，一篇關於此問題的兩千字報導，讀起來就像今天的新聞一樣，筆調有點古雅：「藝術竊賊大膽挑戰、交易不斷：『藝術竊案蓬勃發展』——追蹤身懷無價畫作之竊賊無望。」（《紐約時報》，1923.11.4.第四版），但這和以下幾篇報導類似：「藝術竊案指向跨國集團」（《紐約時報》，1979.1.8, A14版）、「藝術竊案快速成長，採取因應行動」（《紐約時報》，1995.11.20.A11版）、「地下藝術竊案之謎令法國受挫」（《紐約時報》，2010.8.26.A1版）。一九二九年十二月初的馬西莫宮（Massimo Palace）（一幢位於羅馬的祖傳宅第）林布蘭竊案，爲一九二〇年代畫下句點，雖然這幅〈老者畫像〉（*The Head of an Old Man*）在新年之前就找回，但時至今日仍有許多失竊已久的林布蘭畫作下落不明，而許多是從私人宅第偷走的。

一段犯罪破壞的故事

儘管拉許和考布罕宅第竊案都涉及了重要的林布蘭作品，但這兩起案件都比不上一九三八年在英國金融家愛德蒙．戴維斯爵士（Sir Edmund Davis）家中發生的宅第竊案，被偷走的五件作品中，有兩件在六天後就迅速追回，至於其他三件，當時的報導只說「依舊下落不明」。在研究本書時，我們得知這三幅畫——其中一幅是林布蘭——全被罪犯毀了，他們從未被捕，身分也不詳，當時的媒體報導以及警方報告寫道，失竊的林布蘭畫作名為〈梳妝檯前的薩斯琪亞〉（*Saskia at Her Toilet*, 1641）。林布蘭專家蓋瑞．史瓦茲（Gary Schwartz）告訴筆者，這幅在肯特失竊的畫作出現在克特．鮑許（Kurt Bauch）的一九六五年林布蘭畫作目錄中，名為「〈拔士巴（?）〉」（*Bathsheba*（?））（譯注13），畫作地點則寫著：「倫敦，戴維斯爵士收藏（一九三八年損毀）」。

將戴維斯爵士的住所稱為「住宅」對它是種貶抑，因為他的住所其實是英格蘭肯特的契罕城堡（Chiham Castle），這座雄偉的建築建於一六一六年，但可追溯至七〇九年；當時肯特國王在契罕蓋了座木造堡壘，這座中世紀城堡擴張到佔地八英畝，主人向來是英國最富有的家族。一八九二年，戴維斯爵士從哈迪家族手中買下這座城堡，哈迪家族對城堡做了一些變更，但並非全都獲得好評；由於這位澳洲出生的英國貴族和他的夫人（也是表妹）瑪莉都是古蹟保護專家也是鑑賞家，因此毫無意外地戴維斯爵士不惜重資重新美化這座城堡。戴維斯爵士也是有造詣的藝術家，並且在城堡裡累積了豐富的收藏，包括林布蘭和根茲巴羅

譯注13：烏利亞之妻，後成為國王大衛的妻子，所羅門的母親。

（原注14），除了其他藝術精品之外，他也購置了委拉斯奎茲（Velazquez）（譯注15）、荷加斯以及羅塞蒂（Rossetti）（譯注16）等人的作品，他的游泳池畔則圍繞著羅丹的雕塑品。

一九三八年四月二十三日，當二十名賓客（以及五條狗）在這些鉅作之中沈睡時，竊賊靜悄悄地移除一片玻璃，從有豎框的窗戶潛入屋內，我們只能想像當戴維斯爵士隔天早上起床下樓時，發現五個空畫框躺在大廳地板上的枕墊有多麼驚恐。《時代雜誌》稱這些竊賊是「帶刀的流氓」，因爲據報導這些畫「很整齊」地從畫框上割下來（原注17），估計共有五十萬美元的藝術品遭竊，讓這位貴族蒙受金錢損失、情緒遭受打擊，失竊的畫作包括兩幅根茲巴羅（〈克拉吉斯女士〉〔*Lady Clarges*〕以及〈彼特〉〔*Pitt*〕）、范．戴克（Van Dyck）的〈人與狗〉（*Man with Dog*）以及約書亞．雷諾茲（Joshua Reynolds）爵士的〈蘇佛克伯爵〉（*The Earl of Sufolk*）。然而最大的損失是那幅林布蘭，那是戴維斯爵士在一九〇〇年以約五萬英鎊購得的（相當於現在的五百九十萬美元）（原注18），巧的是，荷蘭政府官員最近才向戴維斯爵士要求出借這幅畫到阿姆斯特丹展覽，慶祝茱莉安娜王妃生下第一個孩子，也就是未來的碧翠絲女王，但因爲這幅畫作太過珍貴，他拒絕了，如果當時他答應了，那麼這幅畫自然就不會在城堡裡被竊賊偷走（原注19）。

這起竊案震驚全英國，記者將它比作一九一一年的〈蒙娜麗莎〉竊案以及一八七六年倫敦一家畫廊的〈德文郡公爵夫人〉（*Duchess of Devonshire*）竊案（後者同樣從畫框上切割下來——由惡名昭彰的藝術竊賊亞當．沃斯〔Adam Worth〕所犯，他被稱爲犯罪拿破崙，在二十五年後以二萬五千美元贖金交還畫作）。大西洋兩岸的政府當局都得到通報，英國官員開始搜查寄往美國的包裹，當局也密切留意機場和港口離境的旅客與貨物，希望能阻止這些傑作離開英國。

大量關於動機和畫作去向的理論繪聲繪影地傳了出來，先前提到的杜芬兄弟之一約翰．杜芬就說，竊賊要賣出辨識度這麼高的作品「幾乎不可能」，《紐約時報》斷定這起竊案事前規畫了數個月，目的是要製造僞畫，戴維斯爵士也提出他對竊賊的看法，「他們顯然是經驗老到的藝術竊盜集團成員，」但他也隨即補充和上述推測相牴觸的說詞：「他們洗劫了幾個房間，帶走其他相對較沒有價值的東西。」（原注20），儘管竊賊選中的作品已經相當珍

原注14：關於契罕城堡的資訊請見http://www.chilham-castle.co.uk/history.aspx?id=8

譯注15：一五九九—一六六〇年，西班牙巴洛克藝術家。

譯注16：一八二八—一八八二年，英國畫家、詩人，前拉斐爾派創始人之一。

原注17：〈藝術：帶刀的流氓〉，《時代雜誌》，1938.5.2。可見於：http://www.time.com/time/magazine/article/0,9171,848914,00.html#ixzz14FuvAzpk

原注18：《藝術雜誌》，卷十二（也許被《藝術文摘》（*Art Digest*）誤列爲一九三七年文件）。

原注19：〈百萬英鎊畫作於英格蘭失竊〉，《紐約時報》，1938.4.24。

原注20：〈百萬英鎊畫作於英格蘭失竊〉，《紐約時報》，1938.4.24,1。

貴，值回票價，但是他們還是放過了高價的作品；在洗劫城堡的過程中，他們錯過了一尊十二英寸的黃金偶像，也留下另一幅就掛在他們偷走畫作附近的委拉斯奎茲（Velazquez）（原注21）。儘管沒有充分利用機會得到最大收穫，竊賊們還是謹慎地不留下任何證據，戴維斯爵士告訴媒體，犯罪現場發現使用手套的痕跡，使得蘇格蘭場無法找到指紋。

幸好調查人員不需要指紋就能破案，竊案發生後不到一星期就有重大突破。一名平凡的倫敦人喬治·歐文（George Owens）聯絡祭出懸賞的當地保險經紀公司，警方接獲通報，這起案件隨著歐文被捕宣告破案。歐文的舉動說明了他是個相當平凡的幕後主謀，笨拙地想將戰利品兌現以至於被捕，這又是一起在莊嚴的城堡中犯下的戲劇性竊案，有著令人聯想到《福爾摩斯》小說中莫里亞蒂博士的邪惡氛圍，但最後結果看來卻平凡無奇。不過這起案件有個黑暗的後續，在當時被掩蓋了，那兩幅根茲巴羅的確找回來了，但契罕城堡的長期志工麥克·彼得（Michael H. Peters）確實告知筆者，林布蘭和「其他兩幅畫被燒毀了，永遠遺失了」。

雖然契罕城堡案證實了在上世紀中期以前藝術品搶匪不太可能遠走高飛或致富，但這類搶案在歐美幾乎不曾減緩。契罕並不是唯一遇襲的城堡，一九五九年，德國最後一位漢諾威國王的府第——馬連堡城堡（Marienburg Castle）——掉了一件被認爲「可能出自林布蘭之手」的未命名畫作（結果並不是），以及一幅德國宮廷畫家盧卡斯·克拉納赫（Lucas

Cranach）的作品（原注22）。同年，西柏林的達勒姆博物館（Dahlem Museum）被搶了一幅十英寸乘十二英寸的林布蘭基督頭像習作木板油畫，兩年後，一通電話線報，這幅畫在西柏林的布藍什維車站置物櫃中尋獲。一九六二年七月，竊賊再度鎖定藝術收藏家的宅第，這次是在荷蘭，竊賊從荷蘭皇家石油總裁路頓（Jonkheer John H. Loudon）家裡偷走價值十一萬美元的林布蘭畫作（原注23），該畫作在一個月後尋獲。

這三起竊案都發生在名家作品價格開始飆漲的熱潮開端並非巧合，其引爆點是一九五八年蘇富比在倫敦舉辦的知名歌爾史密特拍賣會，歌爾史密特收藏包含七件最令人矚目的印象派和現代繪畫等著拍賣官定鎚，一份後來的報導是這麼說的：「他們決定舉行晚間拍賣會——這是蘇富比自十八世紀以來的第一次，所有參加者必須著晚禮服，約有一千四百人到場，包括小說家毛姆、演員安東尼·昆、寇克·道格拉斯和邱吉爾夫人，還有來自世界各地的上百名藝術經銷商，七幅畫在二十一分鐘內就賣出，成交總金額高達七萬八千一百英鎊，相當於二百二十萬美元，創下當時藝術拍賣的最高金額。金融家保羅·美隆（Paul Mellon）

原注21：同注20。
原注22：〈四幅畫遭竊〉，《紐約時報》，1959.10.12。
原注23：〈尋獲失竊林布蘭〉，《紐約時報》，1962.8.10。

以二萬二千英鎊奪得塞尚的〈穿紅色背心的男孩〉（*Garçon au Gilet Rouge*），成交價高於當時畫作拍賣紀錄的五倍之多。」（原注24）。這場拍賣晚會是「那年的社交盛事」，也可能是「本世紀最令人興奮的藝術拍賣會」，每個細節都寫進了令人期待的大西洋兩岸快報中，美聯社報導：「畫作前往倫敦的安排全交由紐約藝術商喬治・凱勒處理，可能採用空運，客戶希望運送的時間和方式完全保密，一名蘇富比的發言人表示：『我們會很高興看見它們啓程。』」（原注25）。

到了一九六一年，林布蘭的〈亞里斯多德對著荷馬的半身像沈思〉（*Aristotle Contemplating the Bust of Homer*）在拍賣會上由大都會藝術博物館以二百三十萬美元買下，超越上述的七幅畫。一九六三年，熱愛藝術的第一夫人賈桂琳・甘迺迪在紐約和華府策畫〈蒙娜麗莎〉展，更爲藝術傑作世界增添了聲望——以及抬高價格。

全球的罪犯肯定都注意到這些全新的評價，他們在一九五九至一九七九年間開始一連串林布蘭竊案，至少搶走了二十五幅林布蘭作品。沒有地方看似安全，連平靜的加拿大也無法倖免，一九五九年九月中，多倫多的安大略省美術館（Art Gallery of Ontario）被搶走了兩幅林布蘭、兩幅哈爾斯（Halses）、一幅雷諾瓦以及一幅魯本斯，這些畫全被從畫框上割下來。這起竊案當時被稱爲是加拿大史上最大的藝術竊案，竊賊躲在美術館裡直到館方閉館，然後扯下這些畫作，接著打破美術館二樓沒有警報的窗戶，往下跳到空蕩、被雨淋得濕漉漉的街道逃逸，美術館當時只有一樓有警報系統。

「竊賊很擅於勘查，」安大略省美術館館長馬丁．鮑德溫（Martin Baldwin）告訴記者，「他們拿走了我們最棒的作品，但他們顯然不知道該如何處理這些畫，他們貪多嚼不爛。」（原注26）。三週後，六幅畫全數找回來了，用厚紙包著放在多倫多的一處住宅車庫裡，畫作受到了損傷但並非「無法挽救」。警方接獲匿名線報後監視這個車庫，但判定車庫主人沒有涉案，一直沒有逮到竊賊。鮑德溫表示，林布蘭的〈抱著小狗的女子〉（*Portrait of a Lady with a Dog*, 1662）以及〈拿著手絹的女子〉（*Portrait of a Lady with a Hand Kerchief*, 1644）有「刮痕和磨損，但這些損傷造成多大的損失取決於和保險公司之間的仲裁而定」（原注27）。

一九六四年十月，林布蘭的素描〈雅各之死〉（*The Death of Jacob*, 1641）在蒙特婁美術館遭竊，這幅價值三萬美元、十英寸乘十四又二分之一英寸大小的舊約聖經故事，從它位

原注24：羅伯特．萊西（Robert Lacey）於蘇富比拍賣行（紐約：Little Brown & Co, 1998）一書中引用，原始出處爲蘇富比公司歷史。

原注25：《紐約先鋒論壇報》，1958.10.17, 11。

原注26：〈六十萬美元藝術品在多倫多失竊〉，《紐約時報》，1959.9.16, 1。

原注27：〈多倫多失竊藝術品尋回：投保六十四萬美元的藝術品遭受輕微損傷〉，《紐約時報》，1959.10.6,1。

於二樓展覽廳夾在另外兩幅林布蘭之間的位置上被拿走，警方懷疑歹徒拿著螺絲起子在畫作附近徘徊，一點一點地把螺絲從牆上鬆下來，如果有警衛或其他參觀者經過，竊賊就把工具藏在手裡。一名目擊者後來表示，他看見一個身高六英尺、體重二百磅的男子離開美術館，腋下挾著的東西看來就是那幅畫。美術館沒有提供任何懸賞，那幅素描似乎就此亡佚。五年後，案情有了突破，三名男子麥克・斯柯罕、西摩爾・雅各布森以及哈維・柯罕在佛州巴港島被控「密謀收買、隱匿、銷售和處理價值超過五千美元的贓物」，這件贓物就是蒙特婁美術館失竊的林布蘭。

這些算是圓滿的加拿大竊案結局在一九七二年蒙上了陰影，蒙特婁美術館再度遭竊，這次就像一九九〇年的伊莎貝拉史都華加納博物館搶案一樣，至今仍未破案，十八幅畫作，包括林布蘭的木板油畫〈農舍風光〉（1664）以及其他三十九件藝術品都被盜走，這是加拿大史上最大竊案，被偷走的作品目前總價值約五千萬美元（這兩起未破的蒙特婁與加納慘案將在本書後記中討論）。

目標豐富的場所

一九六〇至一九七〇年代冗長的林布蘭竊案清單顯示竊賊利用了私人宅第、小型博物館、藝廊和其他場所的保全缺陷，這些場所的特色就是擁有一幅到十幾幅的林布蘭，但我們也可以說在畫作主人及管理人之間也普遍瀰漫著一種錯誤的想像，在當時藝術收藏大體上是種附庸風雅的愛好，即使時至今日，科技讓守衛工作不再那麼笨拙、具侵入性，但要同時兼顧保安工作與管理職務也不是件易事。在當時，保全不但較爲鬆散，也被所在地點的慣例所囿，伊莎貝拉．史都華．加納在她的遺囑上寫道：「警衛必須是年輕人，他們的工作是引導，夜警必須面對嚴峻的考驗。」（原注28）。少有博物館、私人住宅以及大學以保全專業的角度來思考這件事，在當時和今日的許多案例中，都是大學生和領取最低薪資的工人承擔此重責大任。

細看這一連串令人氣惱的林布蘭竊案清單，都可以歸因於小型機構缺乏保全、保全設計不周或過於古老：

- 一九六五年四月三十日：費城維拉諾瓦大學佛爾維紀念圖書館（*Falvey Memorial Library*）內的林布蘭〈聖母之死〉（*Death of a Virgin*）遭竊。

原注28：伊莎貝拉．史都華．加納遺囑與附錄，一九二四年七月二十三日於麻薩諸塞聯邦蘇佛克郡遺囑驗證與遺產管理法庭驗證。

• 一九六六年一月十一日：包括一幅未指名的林布蘭在內的五十四件作品，夜裡在法國貝桑松省立美術館遭竊；五月，一名三十九歲的法國男子卡米爾·加希爾（Camille Gahier）在竊案發生地點附近被捕，他曾寄勒索信給文化部，他帶領警方找到另一名瑞士同謀，十九歲的尚—馬利·布里（Jean-Marie Boury），他和他的父母住在法瑞邊境上，所有的藝術品都以亞麻布墊褥整齊地包裹放在布里家的閣樓。

• 一九六八年十一月二十三日：一幅價值十萬美元的小件林布蘭木板油畫在瑞士日內瓦藝術與歷史博物館（Museum of Art and History）被盜，這幅畫描繪林布蘭長期受苦的母親，享年七十二歲。

• 一九六九年二月十八日：一幅價值二十萬美元的林布蘭作品在英國朴次茅斯的昆布蘭博物館（Cumberland House）藝術展被盜。

• 一九七一年九月十九日：包括一幅林布蘭在內的七幅畫作在南斯拉夫札格拉布（Zagreb）的一家藝廊遭竊，被稱爲該共產國家史上最大藝術竊案。

• 一九七一年十二月二十一日：一名二十三歲的捷克斯拉夫藝術學生從法國土爾美術館（Museum of Fine Arts in Tours）偷走林布蘭的〈聖家庭逃往埃及〉（*Flight of the Holy Family to Egypt*）。一九七二年十一月，一名中間人試圖以三萬五千美元將此畫賣給當地警探喬裝的秘密藝術買家後，這幅畫在西柏林尋獲，這是國際刑警組織依據線報所設下的陷阱。

•一九七六年十一月六日：竊賊在芝加哥北部的一家私人畫廊的後牆鑿洞，偷走林布蘭、雷諾瓦和達文西的作品，這些畫作在竊賊找不到有意願的買家之後歸還。

在這段竊盜橫行的年代裡，有幾件案例凸顯了口風不緊在林布蘭作品失竊與尋獲中扮演的角色，太過隨意地談論自己是林布蘭作品的合法主人，會引起歹徒注意並試圖非法闖入；同樣地，盜匪輕率地討論他們得手的戰利品則讓線民毫不費力就得到情報，在他們需要交換不起訴或坐牢刑期時交給執法人員。

一九六八年，竊賊潛入紐約洛契斯特的伊斯特曼故居（Eastman House），偷走一幅林布蘭的〈年輕男子肖像〉（*Portrait of a Young Man*, 1660）。林布蘭竊賊選擇伊斯特曼故居下手相當有趣，因爲該宅第儘管是博物館，但展覽重點是攝影而非畫作。事實上，這幅遭竊的三十英寸乘四十英寸油畫是洛契斯特大學的財產。柯達創始人喬治·伊斯特曼（George Eustman）買下這幅畫作，在一九三二年過世時，遺囑上寫明將畫贈與洛契斯特大學。一九四〇年代伊斯特曼故居開放成爲博物館時，大學出借這幅作品給博物館展出。

一九六八年一月三十一日清晨七點左右，伊斯特曼博物館警衛進行例行巡視時發現林布蘭畫作失蹤了，其中一名警衛查爾·斯朗披克（Charle Rampick）檢查博物館入口發現前門沒有上栓，警方來到現場但沒有發現任何可以指認嫌犯的線索，不過倒是有個新發現，另一幅亞瑟．戴維斯（Athur Davies）所作，名為〈小屋內——下雨天〉（*Cabin Interior-Rainy Day*）的畫也不見了，這幅畫訂價四百美元，和林布蘭的二十五萬美元天差地別。

那幅〈年輕男子肖像〉非常重，就在幾個月前才從博物館的牆上移下來拍照，由於那幅畫將近二百磅重，必須由三個人一起才搬得動，這可能是調查人員發現竊賊將畫框遺棄在附近圍籬上的原因（原注29），除此之外，沒有留下太多調查人員可以利用的線索。

大約十個月後，一輛不起眼的小貨車載了十八名執法人員，在暮色籠罩夏普倫湖畔小鎮之際，駛進八十七號州際公路東邊的紐約州普拉茨堡機場（Plattsburgh），另外還有六名警察守候在機場附近，警方在接獲一則加拿大線民提供的情報後展開行動，到機場監視三名坐在旅行車裡等待一架小型包機抵達的男子，晚間六點半左右，飛機抵達，警方等著這三名男子和機上乘客交易，其中一名自稱為「進出口顧問」的三十九歲男子湯馬士．高登（Thomas Gordon）走向飛機，從一名飛行員手中接過號稱裝有五萬美元的公事包，這就是警方發動逮捕所需的證據，在高登走回車子時，警方抓住他和同夥，指控他們非法持有贓物。然而機上的飛行員並沒有被捕，警方判定他們對此案毫無所悉，只是不知情的信差。警方發現〈年輕男子肖像〉藏在旅行車裡用薄紙包裝放在膠合板箱裡，這整起行動取決於有線人願意告發高登一夥人的非法交易。

高登的同夥羅素・迪西考（Russell Decicco）和卡門・波那諾（Carmen Bonnano）都是洛契斯特人，是有盜竊和搶劫前科的職業罪犯，儘管他們熟練的犯罪技巧足以犯下此案，但也許是因爲三人意圖將畫送到線人口中的「一名身分不明的蒙特婁人士」，致使紐約州警察懷疑其中有更大的陰謀。最後〈年輕男子肖像〉歸還伊斯特曼故居，此畫受到相對輕微的損傷，只有畫作的背景有兩個細小、可以修補的刮痕（原注30）。

不出幾天，州警懷疑有更大陰謀的直覺證實是正確的，一九六八年十月二十四日，迪西考的太太芮妮以及另外三人被控與這起案件有關，他們試圖跨州運送價值一萬五千美元的藝術品，這些歹徒的目標不只是伊斯特曼故居的林布蘭而已，他們也闖入其他有藝術品收藏的民宅，包括水牛城銀行家希摩爾・納克斯（Seymour H. Knox）的住所。他們被逮捕時，並未尋獲納克斯的藝術收藏（原注31）。

犯罪小道消息在十年後麻州科黑瑟（Cohasset）的林布蘭住宅竊盜案中扮演關鍵角色，科黑瑟是在波士頓前往科德角途中的一個高級近郊住宅區，這個小鎮是典型的新英格蘭上流社會，成爲電影《紫屋魔戀》（*The Witches of Eastwick*）的場景，有一部分波士頓富豪都住

原注29：〈林布蘭畫作於洛契斯特遭竊〉，《紐約時報》，1968.2.1。
原注30：〈警方設陷阱，失竊林布蘭紐約州北部尋獲〉，《紐約時報》，1968.10.17。
原注31：〈水牛城藝術竊案密謀，監禁五人〉，《紐約時報》，1968.10.25。

在這裡。但科黑瑟也坐落於諾福克郡（Norfolk County），是部分波士頓更為聲名狼藉的罪犯活動的場域，其中一名這類人物就是麥爾斯·康納二世，他是二十世紀一些鼎鼎有名的藝術竊案幕後主使者，包括波士頓藝術博物館竊案（當中也有一幅林布蘭肖像）、塞勒姆的皮博迪博物館（現為皮博迪艾塞克斯博物館）、緬因州伍爾沃思公館、波士頓兒童博物館以及其他數不清的地點。康納今日的名聲是因為宣稱他啓發了一九九〇年的伊沙貝拉史都華加納博物館竊案，這個聲明尚未被證實，但也不能置之不理，不過，他在林布蘭竊盜世界的名聲主要來自於他在一九七五年於波士頓藝術博物館偷了一幅林布蘭的〈年輕女子肖像〉，之後為了討好檢察官並減輕即將宣判的刑期（還用問嗎，也是藝術竊盜案）將畫作歸還，康納偷畫作為和司法體系談判籌碼的先例，為藝術竊盜立下了一個不祥的新動機，但一九七五年的竊案並不是康納唯一一次涉及歸還林布蘭畫作。

一九七八年，一名年輕女子參加在科黑瑟舉辦的夏日泳池派對，她和朋友聊到她當保姆的豪華住家，那是富有的醫師亞瑟·赫靈頓（Arthurt Herrington）在附近的宅第，裡面充滿珍貴的畫作，這名極受震撼的女孩這麼說道。她在派對分享的八卦並無意要傷害赫靈頓家或引誘犯罪。赫靈頓的收藏簡直令人驚嘆，她說道。這名保姆閒嗑牙的話題立刻在一名急著想弄點錢的初出茅廬的小賊心理埋下種子；泳池派對過後沒幾天，一九七八年八月十七日，波士頓一名蘇佛克大學的前哲學系學生大衛·湯瑪斯（David Thomas）潛入赫靈頓家，當時那家人在樓上睡覺，在很短的時間內，湯瑪斯（和一名同夥，其身分從未公開曝光）就從赫靈頓家拿走了六幅畫以及兩個明朝花瓶，總價值至少二百萬美元。

一年後，波士頓警察局長召開記者會宣佈尋獲這些藝術品，局長約瑟夫．喬丹（Joseph M. Jordan）告訴媒體這些「無價」作品在波士頓多徹斯特附近的安全屋裡。儘管警方對於如何找到這個地點三緘其口，但麥爾斯．康納就等同於這個區域的安全屋（這不是警方第一次在康納常出入的多徹斯特藏匿屋裡找到值錢的博物館收藏品），因此當赫靈頓家的法律顧問——擁有豐富藝術法經驗的波士頓傑出律師——韋德．漢蕭（Weld Henshaw）宣佈是康納安排這次藝術品歸還時，並不令人意外。康納從未因赫靈頓竊案遭到指控，但他在接受本書採訪時承認他熟悉內情。但大衛．湯瑪斯就沒這麼好過了，一九七九年耶誕前夕，他因為和科黑瑟相關的入侵及竊盜等指控被判有罪，法官伊迪絲．凡恩（Edith W. Fine）送給湯瑪斯一份比煤塊（譯注32）還糟的禮物，她判他進州立監獄服刑十三年（原注33）。

譯注32：傳說中耶誕老人給調皮孩子的禮物。

原注33：赫靈頓竊案的故事源自以下報導：〈藝術竊案判刑十三年〉，《波士頓環球報》，1980.1.16；威廉．卡利（William M. Carley）〈藝術贓物：無價畫作是這位收藏家的出獄王牌〉，《華爾街日報》，1997.9.29；美聯社，〈波士頓百萬失竊藝術品尋獲〉，《紐約時報》，1979.8.16；史帝芬．謝菲爾德（Stephen M. Shepherd），〈科黑瑟三百萬美元藝術品尋獲〉，《愛國者記事報》，1979.8.16。

後記

如果歷史教了我們任何關於林布蘭竊案的教訓，那就是無論是住家、畫廊或豪華宅第、大型博物館，只要有這位荷蘭大師的作品在牆上，沒有任何地方可以免於盜賊。一九六二年，戲劇《彭戈勳爵》（*Lord Pengo*）（以藝術商杜芬勳爵生平爲概略基礎編寫出的人物）的佈景掉了一幅林布蘭，幸好那只是一幅複製的〈亞里斯多德對著荷馬的半身像沈思〉（原注34），至今仍不清楚這幅畫是被誤以爲是眞跡的人拿走，還是被尋求紀念品的劇迷拿走，總之就是被偷走了。在一九七六年一件頗爲有趣的案件中，竊賊從法國普羅旺斯艾克斯市的格瑞涅美術館（Granet Museum）偷走一幅林布蘭的自畫像，竊賊經由工人搭來安裝全新防盜系統的鷹架下進入美術館（原注35），就算這不是羞辱，諷刺的是這幅畫在阿姆斯特丹的林布蘭故居已經被盜過不只一次。

被偷的作品也不限於林布蘭，看看一九九四年十月十日的大鎚竊案就知道，竊賊臉皮之厚，讓警方懷疑這名侵入者是否就是同年七月以噴燈燒破大門偷走林布蘭的老師拉斯曼（Pieter Lastman）所繪的兩幅畫的人，這些畫——〈耶穌受難像〉（*The Crucifixion*, 1628）和〈哀悼亞伯〉（*The Lamentation of Abel*, 1623）最終都尋獲了。「這兩起非法強行進入事件的第一起非常奇特，因爲他們在許多路人通過的時間點進攻前門，」保險理算員馬丁·寇克（Martin Kok）說道（原注36），「他們不斷採取行動，而且沒有人注意，警報系統正常發揮作用，因爲警察在幾分鐘內就趕到了。然而在第二起案件中，竊賊並沒有強攻前門，因爲前門已經加強戒備，因此他用厚重工具打破窗戶，即使警鈴就在他頭上大作他還是繼續動手。對於這一點博物館非常憂慮，在心理上這是史無前例，很難想像一個眞正的罪犯會做這樣的事，這有點病態。」

一九八九年，世人得知一幅林布蘭親手畫的重要素描在他的故居被偷了；那年六月十六日，一名義大利藝術商走進佳士得位於紐約的拍賣行，拿著一幅三英寸乘四英寸大小的兩面畫作，希望佳士得能爲他的朋友辨認出這幅畫以及其作者，畫作的一面是個女子，眼睛半闔，看來似乎昏昏欲睡，另一面則是個幼兒半身像，眼睛直視前方。佳士得的早期繪畫大師專家比佛莉·雅各比（Beverly Schreiber Jacob）檢視這幅畫，並且被畫的品質深深吸引，「當我看到時，」她說，「我就知道這是一幅極佳的林布蘭風格畫作。」她立刻查閱奧托·

原注34：〈林布蘭複製畫遭竊〉，《紐約時報》，一九六二年十二月十三日。
原注35：〈尋回林布蘭〉，《紐約時報》，一九七六年八月九日。
原注36：貝瑞·詹姆士（Barry James），〈林布蘭需要守夜人〉，《國際先鋒論壇報》，1994.10.11,2。

本內施的《林布蘭的素描》（*The Drawings of Rembrandt*, Otto Benesch），這是林布蘭素描作品的重要目錄，林布蘭的素描就和達文西和米開朗基羅的素描一樣多產、多樣且受到推崇，她很快找到這幅畫及其作者，書上寫著：「阿姆斯特丹林布蘭故居博物館」，林布蘭所畫的女子是他摯愛的薩斯琪亞，是在她病中所畫，這幅畫的名稱是〈薩斯琪亞與榮巴托斯〉（Saskia and Rombartus）。

佳世得估計這幅夾在兩片玻璃當中、有著十七或十八世紀金邊的畫作價值超過十萬美元。在確認畫作之後，雅各比開始調查這幅畫是怎麼從林布蘭故居落入義大利藝術商之手，她聯絡林布蘭故居博物館館長伊娃．歐斯坦．史洛頓（Eva Ornstein-van Slooten），詢問這幅畫是否是出售的館藏或廉價出售，館長興奮地告訴雅各比，這幅畫在十年前，也就是一九七九年被偷了。佳世得的律師開始著手安排歸還事宜，通知義大利藝術商佳世得確定這是一幅被竊的林布蘭，藝術商和畫作主人相當配合，據說很高興歸還這幅作品，但要求身分不要曝光（原注37），就和許多林布蘭地下世界的交易一樣，他們怎麼得到畫作依舊是個謎。

原注37：林布蘭雙面素描尋獲的資料來自莉塔．瑞福（Rita Reif），〈失竊林布蘭素描驗明正身〉，《紐約時報》，1989.7.20。

第六章

魔鬼的交易：波士頓藝術博物館竊案

麥爾斯．康納二世自豪地爲他所犯下的藝術犯罪編目，這就和一名肖像畫家在自己傑出的作品上簽名的誇耀心態是一樣的。康納的犯罪生涯稱得上是他的畢生之作——彙集了傑出或有時堪稱高超的避開警衛技巧，悄悄地進出博物館、宅第以及私人收藏，帶走畫作和其他優美的藝術品。他在我們所做的其中一次訪談中是這麼說的（有些訪談是口述，有些則是文字敘述）：

> 我的一生犯下許多非常有趣的博物館竊案及搶案，這些會令外行的讀者非常入迷——且多數都沒有破案。這些竊案包括林布蘭以及其他大師的傑作，總價值達上億美元。很少人知道，我爲了深入美國一些較大博物館的神聖收藏室而僞裝成文學博士，其中一家博物館甚至要賦予我「亞洲藝術部門部長」的頭銜，不幸的是，我必須拒絕，以免被認出來。

這看起來令人震驚。在一九七〇年代和一九八〇年代初，每次長達數月的時間裡，這位麻州的知名藝術竊賊麥爾斯．康納擁有鑰匙可以長驅直入新英格蘭地區重要博物館的地下室，做爲稀有的犯罪生物，這只是他紛亂且詭異的公共生活的其中一個面向：亡命之徒鑑賞家。

麥爾斯（即使在警察和厭惡他的檢察官之間，也都直呼他的名字）以電影的脈絡來看待他的大半人生，以下關於他如何在一九七五年從波士頓藝術博物館竊取林布蘭畫作的敘述闡明了他的行事方法（原注1），顯示了某些搶案可以幹得比其他搶案更俐落、更熟練，即使這些行為本質既粗俗又具破壞性。

* * *

一九七五年秋天，一個陽光閃耀的星期一早晨，就在十點過後不久，一行看來平凡無奇的六名男女遊客踏進冰冷的大理石裝潢藝術博物館，那是位於波士頓市中心一棟擁有石材與花崗岩建築的雄偉地標，就在幾分鐘前開始了一天的對外開放。

就像一般遊客一樣，這個小團體中的多數人上樓到荷蘭廳，廳內展示林布蘭的主要畫作，這些畫作部分是館藏，其餘的則是荷蘭政府或私人收藏家出借的。他們拖著腳步在寬大

原注1：康納在他的回憶錄中寫下關於這件竊案較長、稍有不同的版本，《偷盜的藝術：一名通天大盜的自白》（*The Art of Heist: Confessions of a Master Thief*）（紐約：柯林斯，2009）。本書中的紀錄則是從多年前幾次一對一訪談中節錄出來的，這些版本中微小的差異並不影響事件的基本脈絡。

的走道上行走，看起來就像隨意逛逛，幾個人站在主樓梯頂附近，其他人則在館內銀髮保安所在的地點晃盪——他們不會靠得太近，但也沒有離得太遠。他們所有人手上的表都對準同一時間——同一分鐘。

早上十點十五分，有兩件事發生了。首先，一輛不起眼的白色小貨車駛進博物館外寬大的半圓形車道，停在路緣旁，引擎還發動著，車內有司機和兩名手持機槍的黑衣男子；第二，一名身穿粗呢西裝、戴男式軟呢帽、留著鬈翹黑鬍子、戴著粗框眼鏡的短小精幹男子走到林布蘭畫作〈伊莉莎白凡萊因肖像〉（*Portrait of Elizabeth Van Rijn*）前，面露些許敬畏。他輕聲地對自己說「放輕鬆」，接著把這幅「意外地輕若無物」的作品從鉤子上扯下來，滿不在乎地夾在右腋下，走下主樓梯往博物館前門而去。

「嘿！」站在畫作附近的警衛大吃一驚地吼道，「你拿那幅畫做什麼？」就在他向那名矮小男子追去時，這名警衛感覺到他的腳不聽使喚，一名一直在觀賞一幅大型風景畫的高大、外表像教授的男子——那種警衛不認爲有需要特別留意的男子——熟練地將他摔到堅硬的地板上，那名男子拿槍指著俯臥的警衛——五十三歲的維多．馬加列塔（Vito Magaletta）——說道：「安靜，否則殺了你。」接著一隻尖頭鞋往警衛的丹田踢去，登時讓他喘不過氣來，痛了好一會兒，這時那位看起來像教授的攻擊者早已消失無蹤。

然而警衛的一聲「嘿」在走道上迴盪，就像合唱一般，有些警衛還是聽到了，他們的叫喊聲從主樓梯間傳下來，引起那名矮小男子的注意，他迅速下樓梯前往一樓，朝著和煦的清晨對外開放的鋼鐵製大門口而去，這時有更多名警衛上前要攔住他。

但出乎這些警衛意料的是他們撞上了幾名看似主婦的遊客，這些遊客似乎沒有注意到眼前的追逐，正漫步上樓，然而身穿粗呢西裝拿著畫的男子在同一樓梯間通行無阻地快跑而下，並且以更快的速度朝向大門，他的女同夥們成功達成任務，阻擋了他身後所有的急速追逐。

博物館當天唯一佩槍的警衛，六十五歲的勇猛退休警察約翰·孟古斯基（John J. Monkouski）在一樓靠近售票亭的地方站崗，他也聽到「嘿」的一聲從樓梯間傳下來，他快速做出判斷，試圖在竊賊挾著看似橢圓形肖像的東西快速通過大廳時攔住這名鬍鬚賊。

孟古斯基並不認爲抓拿一名挾著大型畫作的矮小男子有多困難，他前去逮捕他，但當這個矮個子伸出左手硬生生地擋開他時，孟古斯基感覺就像有根鐵棒朝他重擊，小個子的力量讓他大吃一驚，在他還沒來得及抓住他之前，他早已被推開了。

「不許動！」孟古斯基大叫，但入口通道有太多遊客，當中有老先生、老太太，還有推著嬰兒車的女士。現在竊賊已經狂奔到大門口，警衛也加快腳步緊追那名神秘的小個子。

就快要十點十六分了，竊賊突然開始全力衝刺，他推開十字轉門（幾分鐘前他才在那裡付了二·二五美元的門票）朝停在十五碼外車道上的白色小貨車前進，就在他跑向小貨車時，貨車後門大開，一名高大的黑衣男子跳下車，腰後插著一把槍。

孟古斯基喘著氣衝出博物館外繼續猛追，就在竊賊衝向小貨車後門時，揚起了一陣風，橢圓形的肖像畫像風帆一樣被吹動，減緩了竊賊的速度，孟古斯基更加賣力奔跑，他覺得也許有機會追上搶匪，在他踏上貨車前連人帶畫一起逮住。

帶槍的男子固守在他的位置上，不理會警衛正緊追著他的同夥，他眼睛盯著博物館出入口，正如他所料，幾秒鐘內其他警衛從高聳的前門蜂擁而出，就在其中六人踏上博物館外的頂端階梯時，穿黑衣的槍手沿著階梯底部掃射，子彈打中花崗岩階梯發出砰砰聲響、揚起煙塵也濺起碎石顆粒，驚慌的喊叫聲壓過了砰砰作響的槍聲，六名身穿藍夾克的警衛像卡通一樣誇張地向後轉，以驚人的腳程退回主入口高聳的鋼鐵大門之後。

持槍男子退回貨車裡坐著，槍從乘客座的車窗向外瞄準，但只能看到一些頭頂和幾雙睜大的眼睛在博物館門上溜滴滴地掃視；現在，拿畫的男子已經來到貨車後面準備爬上車，由另一名黑衣同夥掩護，黑衣男子把槍對著貨車開口，矮個子男子爬進車裡時，將橢圓形畫作擺在覆蓋貨車硬地板的被墊上，這個簡單的動作給了緊跟在後的孟古斯基最後的機會，他撲向小貨車，抓住畫作的金框，不過小矮賊也抓著畫作，在搶案的喧鬧混亂中，一場激烈的拔河戰無聲地展開。

第二名同夥急著想給情緒緊繃的司機「出發」的手勢，他拿著槍走上前，看似想要迅速了結這位頑強的警衛。

「不！」鬍鬚男以命令的口吻制止，持槍男子從扳機上移開手指，把槍像棍子一樣提起來，接著用槍管狠狠地往這名頑固的警衛頭上重擊，孟古斯基頭暈目眩地跪落到街上，終於放開了畫框，竊賊將畫作拖回車內，「走！」持槍男子下令，矮個子男抓住兩條綁在貨車後門把手的繩子，以划船的姿勢將門關上。這輛車搖搖晃晃地駛進杭亭頓大道的車流裡，大道上汽車和電車爭道，沒多久小貨車就被棄置，竊賊換成一輛藏匿在附近住宅區空地上的深色蒙地卡羅轎車逃逸。

「那個警衛眞是難纏的老傢伙，」麥爾斯·康納二世在脫掉粗呢外套、僞裝眼鏡以及軟呢帽時這麼告訴他的黑衣同夥，他把林布蘭的作品收進一個木條板箱裡，「還好你沒有對他開槍，不然我們就有大麻煩了。」

＊＊＊

這起攻佔頭條的波士頓藝術博物館持槍搶奪林布蘭作品案，其淵源始於兩年前，起因是另一件在新英格蘭發生的藝術犯罪。

一九七三年，緬因州文士洛普的伍爾沃思公館被搶走古董和藝術品，聯邦調查局設計了圈套抓賊，他們喬裝進入贓物市場，沒多久就發現交易的對方是前科犯麥爾斯・康納二世；麥爾斯僞裝打扮後，領著探員到科德角的一輛卡車上，在那裡他們發現一幅安德魯・魏斯（Andrew Wyeth）（譯注2）的作品以及三幅N.C.魏斯（N.C. Wyeth）的作品——都是來自伍爾沃思公館的贓物——康納因跨州運送贓物遭聯邦指控被捕，同時也面對麻州的控訴。康納透過巧妙的律師運作以及其他拖延技巧，使得他的審判過了將近兩年都還未安排開庭，因此康納（他是麻州警官米爾頓之子）可以交保維持自由之身。康納花時間收集日本古董劍、和他的搖滾樂團「麥爾斯與瘋狂小子」在維瑞爾附近的沙灘遊民夜店彈吉他，他的宣傳海報張貼在入口的篷子上，稱他是「搖滾樂的總統」，他認爲這個名稱是向「搖滾樂之王」貓王幽默的致意；他經常和搖滾樂團Sha Na Na一起演出。

隨著開庭日期接近，康納認爲牢獄生活會嚴重影響他的音樂事業，但該怎麼做呢？當他和他父親討論這個困境時，腦中突然閃過一個大膽的念頭，何不解決一件未破案件以獲得一些司法寬限。他父親認爲這也許可行。這並非不常見，但要解決什麼案件？此外同樣重要的是，如何避免被抹黑成「卑鄙小人」？

用康納的說法，他知道他有「管道」接觸一些警方仍在尋找的物件，在過去五年間，發生了許多博物館搶案以及其他知名的財產竊盜；一間大學博物館掉了幾幅荷蘭畫作，另一間重要的波士頓機構被搶了各式的亞洲古董，包括罕見的十四世紀武士刀，「我知道很多日本武器和中國青銅器在新英格蘭的小型博物館裡遺失了。」康納說道，因此他去找父親的一名老友、麻州警官約翰・雷根（John Regan）警長商量，表示他可以「擔任中間人歸還」一些他聽說過的失蹤物品。能言善道的麥爾斯試著說服雷根，他說雷根和州警會因為破了一兩件重大案件而臉上有光，而檢察官則會同意刪減麥爾斯的刑期做為回報。

一開始，雷根認為這種中等程度的交換不足以打動聯邦警官，在康納的記憶中，這場攸關命運的對話是這樣的：

「我說：『天啊，約翰，要多大代價才能讓我免受處分？一幅林布蘭？』而雷根告訴我：『也許有可能。』」

一切就這樣成定局。康納開始著手安排他生涯中最大膽的竊案：在光天化日之下拿走波士頓藝術博物館借來的林布蘭畫作，他在律師和檢察官為他的審判挑選陪審團的那個早上得手，「我記得我覺得計畫搶藝術博物館就像在卡內基音樂廳表演一樣，」他說道，「我在前一晚有些緊張，我一直很愛那次的行動，就像好萊塢一樣。」

譯注2：美國當代新寫實主義畫家，二〇〇九年過世，N.C.魏斯是他的父親。

＊＊＊

偶爾會被誤認爲是〈伊莉莎白凡萊因〉的〈穿金邊斗篷的女孩〉（*Portrait of a Girl Wearing a Gold-Trimmed Cloak*, 1632）是藝術史家研究林布蘭早期發展的重要作品，當時林布蘭剛離開家鄉來登，到荷蘭繁忙的商業中心阿姆斯特丹尋求發展機會，從這幅畫的簽名可以看出來，離開來登後，他的簽名從字母組合「RHL」（Rembrandt Harmenszoon of Leiden〔來登的林布蘭．哈爾曼松〕）變成在後面加上「van Rijn」（凡．萊因），一六三二年間，林布蘭又改了一次簽名，只簽「Rembrant」（少了d，他在一年後加了回去）。這幅畫被視爲林布蘭早期社會肖像的傑出範例，展現出他卓越的技巧，這件作品被形容具有一種「超然的特徵」——某種讓這件作品與眾不同的氛圍——挑動著作品欣賞者的情緒，此外，它的保存狀況極佳，足以讓學者們用來研究他二十六歲時技巧的範本。

這件畫在單片薄桃花心木的橢圓形畫作是一名年輕女子胸部以上的肖像，她的臉直視觀賞者，然而身體稍稍轉向左側，穿著一件黑色斗篷，上面一件打摺白色襯衫罩著她的頸部，在那件襯衫上，林布蘭著名的作法就是刮擦濕顏料製造摺襉，那件斗篷扣在上方正中央，特色是沿著衣領有一道寬邊金色刺繡。她的頭髮是赭色混著黃棕色及深棕色的陰影，凸顯她的金色鬈髮，一排珍珠穿過髮際，和她的耳環相互輝映。

這幅〈穿金邊斗篷的女孩〉在傳奇的波士頓藝術商羅伯特．沃斯（Robert C. Vose）心中佔有一席之地，這可說是非同小可。沃斯在藝術交易界打滾六十七年，全美主要博物館幾乎都有一幅來自沃斯的畫作，在他漫長職涯中累積的故事裡，一段與林布蘭的〈穿金邊斗篷的女孩〉有關的故事最讓他印象深刻；一九二九年他到洛杉磯拜訪客戶時，有人請他到附近好萊塢的一座修道院評估一些畫作收藏，經驗告訴他，他可能只會看到一些名作的複製品而已。當他瀏覽這些作品時，他對畫作眞實性的懷疑果然得到證實，直到他看到此行的最後一部分——在一個小房間裡，沃斯看到了林布蘭的一幅重要年輕女子肖像，沒多久他就知道〈穿金邊斗篷的女孩〉是十年前瑞士一名主教送到這座修道院的，希望能有富裕的好萊塢藝術愛好者買下它。可惜好萊塢的藝術圈錯過了，最後沃斯的慧眼讓這幅畫落腳波士頓。

當這名主教知悉沃斯對這幅畫有興趣時，他和隨從自瑞士庫爾來到美國和沃斯會面，經過約一個星期的交涉，雙方以十萬美元成交。沃斯立刻以十二萬五千美元賣給波士頓一名貴族兼藝術收藏家羅伯特．崔特．潘恩二世（Robert Treat Paine II）賺了一筆。潘恩的祖先是當年獨立宣言的簽署者之一，他將這幅畫借給波士頓藝術博物館，這幅畫就一直掛在那兒直到一九七五年遭竊。

〈穿金邊斗篷的女孩〉的出處可以追溯到近二百五十年前，一七六七年在巴黎，它在一份出售清單當中，接下來的一百二十二年間，這幅畫在法國至少出售過七次，之後落腳維也納，成爲列支敦斯登大公約翰二世（Prince Johannes II of Liechtenstein）的收藏；到了一九〇八年，它來到庫爾的主教喬治．葛蘭內克（George Schmid von Gruneck）手裡，直到被送往加州尋找買主，最後遇上羅伯特．沃斯。

一九七〇年十月，林布蘭研究計畫檢視這幅畫，判定是出自大師之手，事實上，這幅畫唯一被認爲不是林布蘭原始作品的部分是其形狀——研究人員懷疑這幅二十三又二分之一英寸乘十七英寸大小的畫一開始不是橢圓形。他們認爲畫作背後的木頭斜角讓人懷疑畫作的原始形狀是否是橢圓形，研究團隊推測作品的原始形狀是長方形，舉出該畫作「有著和其他畫作相似的有力畫風，創造出鮮明的空間和深度感，再加上確實可信的簽名」是判斷它爲林布蘭眞跡的主要指標（原注3）。

畫作中模特兒的身分則較不明確，也許這是這幅畫名稱很多的原因，雖然它被稱爲〈穿金邊斗篷的女孩〉，但也常被稱作〈林布蘭的姊姊〉（*Rembrandt's Sister*）及〈伊莉莎白凡萊因〉，後面這兩個名字的由來，是因爲過去以爲畫作模特兒是林布蘭的姊姊伊莉莎白，但後來的學者推斷這名年輕女子身分未明，而可以確定的是在林布蘭的其他著名畫作中可以看到她的影子。林布蘭另一幅同樣在一六三二年完成的〈少女側面肖像〉（*Young Woman in Profile*）就是從側面描繪同一名女子，穿著近似〈穿金邊斗篷的女孩〉畫中的衣服，不過頸上帶著珍珠項鍊、身穿紅色外衣。有趣的是，〈少女側面肖像〉掛在斯德哥爾摩國家藝術博物館，也就是二〇〇〇年十二月惡名遠播的林布蘭〈自畫像〉搶案地點，這群斯德哥爾摩的竊賊顯然也不瞭解〈少女側面肖像〉的重要性。

同一模特兒的特徵也出現在林布蘭的其他作品裡，一六三〇年代許多林布蘭早期畫作中的女主角長相都以她爲靈感，當中最明顯的大概是〈誘拐歐羅巴〉（*The Abduction of Europa*, 1632），〈穿金邊斗篷的女孩〉後來就和〈誘拐歐羅巴〉在蓋帝博物館比鄰而居。林布蘭研究計畫小組也認爲〈穿金邊斗篷的女孩〉是林布蘭畫室一些作品的原型，包括分別掛在米蘭、賓州阿倫鎮（Allentown）以及北卡羅來納大學的三種〈少女半身像〉（*Bust of a Young Woman*）版本（最後一幅被認爲是以薩克克·朱雷維爾〔Isaac Joudreville〕（譯注4）所作）。

原注3：斯地廷基金會林布蘭研究計畫，《林布蘭畫作全集：卷II：一六三一—一六三四》，布魯恩、哈克、李維、凡·泰爾編輯（紐約：施普林格出版社，1986），P166-167。

譯注4：一六一二—一六四五年，荷蘭畫家，林布蘭的早期弟子。

* * *

麥爾斯・康納和多數藝術竊賊不同，他的外表看起來有教養、愉快而自信，並且禁得起玩笑，要不是他長期和慣犯來往，偷了這麼多私人財物，他會是個迷人的反派小說人物。康納是國際高智商俱樂部門撒（Mensa）（譯注5）的成員，在獄中學習日文並且憑著記憶畫出他收藏的劍，他母親的祖先可追溯到隨五月花號到北美殖民地的第一批移民，他比當今世上任何人都懂世界各地的古劍和刀刃類武器，對爬蟲學也有涉獵，尤其對蛇特別感興趣（多年來他在盒子裡養了一尾眼鏡蛇，盒子上寫著：「小心！內有贓物！」他說他很擔心警方查抄他的安全屋時被這條眼鏡蛇咬了，導致他被控謀殺）。今日，康納在麻州的一個小農場過著半退休的生活，他的屋子裡收容了珍奇的鳥類、流浪狗、各種蛇類以及其他兩棲類，還有一隻鱷魚住在浴缸裡，在寒冷的天氣裡，他和女友會讓寵物馬進到客廳取暖。

最類似康納的角色是萊佛士（Arthur J. Raffles），而萊佛士是一八九〇年代由作家洪納（E. W. Hornung）所創造出來的小說人物，洪納本人則是福爾摩斯的作者亞瑟・柯南・道爾（Arthur Conan Doyle）的妹婿。萊佛士是名「紳士竊賊」，住在倫敦頗有名望的奧巴尼公寓大樓裡，他在業餘板球隊打球，靠著精心策畫的竊案維生，人稱「業餘盜賊」，並且把自己和他所稱的「專業人士」——來自較低階層的專業罪犯——區隔。萊佛士是最早的小說人物中以「諾博士」之姿秘密坐擁以詭秘手法取得的藝術品，另一位則是鸚鵡螺號潛艇的尼莫船長，他是一八七〇年作家儒勒·凡爾納（Jules Verne）在小說《海底兩萬里》（*Twenty Leogues Under the Sea*）所創造出來的人物，作者在書中是這麼描述尼莫的：「他有絕佳的藝術品味，擁有好幾件古代和近代歐洲大師的畫作、雕塑品，全都收藏在鸚鵡螺號的大會客室裡，一旁還有他無價的珍珠、珊瑚以及其他海洋寶物，這些都是他親手收集來的。在阿隆納斯教授看來，大會客室的收藏遠勝於羅浮宮，然而尼莫只把它們當作是前世的遺跡，一段他選擇遺忘的人生，但仍保留了部分記憶，根據他的說法，這些不過是他原本收藏的一部分。」

瞭解康納最好的方法就是閱讀和聆聽他自己的說法，他的語調通常很頑皮，只有偶爾才會帶有惡意，說話帶著明顯的麻州口音，但是是那種會在曼徹斯特鎮或海安內斯港（Hyannis Port）聽到的有教養的口音，而不是在南波士頓街上聽到的那種，他也可以裝出愛爾蘭口音或道地的勞工階級口音——這是和波士頓地區罪犯打成一片的有用技能。以下是節錄自與康納數小時訪談的部分文字紀錄，和他討論林布蘭搶案、博物館、犯罪、藝術、刑

譯注5：高智商者的組織，成員的智商高於一百四十八。

事制度以及惡賊變化無常的人生；這是在一九九八年進行的訪談，在康納於獄中中風記憶損失之前，以親身訪談和書寫的方式進行。他現在很健康，可以回憶起過去的許多細節，這些文字紀錄可以反映出康納的思想、聲音以及他在中風前充滿生氣勃勃的生活：

康納：州政府大概有興趣知道，我對博物館內部運作的深刻瞭解要感謝他們。你知道嗎，其實是麻州政府在一九六〇年代把我放進博物館的，在當時以及一九七〇年代初，他們在許多州立監獄推行幫助罪犯重新融入社會的計畫，其中一項計畫包括管控出身赤貧的貧民區孩子，引導他們走向正途，他們怎麼做呢？他們接管了這些初出茅廬的年輕流氓，讓他們在博物館內部以及其他需要搬運重物的地方執行監外就業制度，但實際上這些罪犯都是自我管理，住在中途之家，並且被要求每天要報到上工做爲緩刑的條件之一。沒錯，他們的確確實報到，這是因爲他們很快就瞭解到可以盡情地偷盜而且沒有人會注意，我就是其中之一。由於我對藝術和古董的興趣，我被派到勉強算是監督的工作，而我非常清楚許多儲存在博物館地下室的物品價值有多高。

麥施博格：等等，你的意思是說，你和其他賊被派到博物館和其他類似機構的地下室工作？

康納：沒錯。有時候在名作輪展時，還可以進到名作存放區，像是次要的印象派作家等等，但搬走這麼顯眼的東西會引起太多懷疑，眞正的寶藏是博物館不知道如何處理而堆放在地下室的東西。你知道嗎，許多人沒有子嗣，就算是有子嗣，他們也會把一些好的古董捐給藝術博物館或史密森尼博物館，尤其是一些年紀較長的人——波士頓古老世家的貴婦，活到九十幾歲，他們位於高級住宅區貝肯山（Beacon Hill）的起居室裡滿是傳家寶和貓。這些物品無論在藝術上、本質上或金錢上通常都有極高的價值，但接收的博物館就是無法展出這些收藏或投入人力拍賣，因此將它們收藏在洞穴般的地下室裡，希望有一天某個館長也許能撥出時間來造冊，從一些也許可以廉價出售的物品中挑出較好的作品，保留給早期美國展覽廳。

現在多數人可能很難察覺出這些物品的價值，它們看起來就像醜陋的舊家具，在六〇、七〇年代開始流行冰冷、醜陋的現代家具——大家都想要一把伊姆斯（Eames）（譯注6）的椅子或一些品質低下的家具——因此人們丟棄任何看起來老舊或古板的東西，我的意思是，當時你可以在古董店花五塊、十塊就買到眞正的維多利亞高腳抽屜櫃和夏克（Shaker）（譯注7）長椅，因爲乏人問津。現在那些華爾街和好萊

譯注6：查爾斯．伊姆斯和蕾．伊姆斯夫妻檔設計師。
譯注7：十八世紀末起在北美製作的一種簡單雅緻的家具。

塢的笨蛋花上萬美元買夏克式的家具塡滿他們在蒙大拿的牧場，但如果你像我一樣，用長遠的眼光看待藝術，你可以在書上和重要的拍賣目錄查閱這些作品，你對它們的價值就會有概念，尤其如果你是裝飾藝術的學生的話，就像我一直以來都是。

我清楚地記得，有一天我無意中發現一把一八六〇年代中由約翰．塞登（John Pollard Seddon）設計的華麗檀木扶手椅。塞登是皇家溫莎家具設計家族的後裔，他的作品融合了哥德式的意象與愛德華時期（譯注8）興起的較簡外型，任何一名古董家具界的人都會告訴你，它們是非常、非常重要的作品，在拍賣會上可以輕易地賣到上萬美元。可是現在它就在那裡，擺在倉庫裡的一堆老舊松木櫥櫃和零星物品之間，不過，那張椅子沒有在冰冷的倉庫裡待太久，當然也沒有人注意到它不見了，但這就是你可以在裡面找到的東西。如果我是個外星考古學家，幾百萬年後來到地球，我第一個挖寶的地方就是古老博物館的地底下，不過這又是另一回事了。

麥施博格：確切地說，這些存放區到底長什麼樣子？

康納：我們從波士頓藝術博物館開始吧！它的地下室很像地下墓穴——一直深入黑暗之中，九彎十八拐佔地和博物館一樣廣大，但它的隧道系統連通整個波士頓芬威區地底下的隧道。這個區域多半被塡滿了，他們基本上鑿出好幾英畝的空間，內用石柱或木柱支撐，接著在這些隧道內部塗上水泥，許多隧道都被鋼鐵門或上鎖的老舊木門封鎖了。

如果你進到這些房間就會看到大型的儲存箱，甚至是古老的展示櫃，櫃子裡通常還有許多珍品，許多漂亮的日本藝術品就是這樣收著——就放在它們原本的櫃子裡。

我認爲波士頓藝術博物館的展覽品大約只有他們收藏品的百分之五，那些收藏不只包含了驚人的帝國家具和海普懷特式樣（Hepplewhite）（譯注9）的椅子，也有不少遊客可能觀賞到的畫像和雕塑品，我的意思是，遊客們在早期羅馬展覽區所看見的一件兩千年前的海克力斯（Herculus）（譯注10）大理石雕像，在倉庫裡有更多類似這樣的作品，其中也有一些傑出之作。

現在你肯定不會在那些箱子裡找到林布蘭，林布蘭等人的作品當然會在館內展出，但你會找到許多其他類型的藝術品：亞洲藝術，包括武士刀、象牙鑲嵌的屏幕以及精美的玉製小雕像等；殖民時期的裝飾藝術品，像是桃花心木的矮几或是費城學派的輕便小桌；也有銀器和瓷器，像是一七九〇年代保羅列維爾（Paul Revere）

譯注8：一九〇一—一九一〇年，英王愛德華七世統治時期。
譯注9：十八世紀末，英國中產階級喜歡的堅固優美的家具。
譯注10：希臘神話裡的大力士，半人半神的英雄。

的銀茶壺或是維吉伍德與班特利（Wedgwood & Bentley）的奶油色陶器蓋碗；還有風景畫藝術大師！那裡有幾十幅康斯塔伯（John Constable）（譯注11）或湯瑪斯．寇爾（Thomas Cole）以及其他哈德遜河派（Hudson Valley School）（譯注12）畫家的作品——大概有五、六十件就躺在倉庫裡；如果是說少見的版畫，裡面也有成千上百件來自各個年代的作品——有華鐸（Watteau）、皮耶蒙（Pillement）和納斯特（Nast）的素描和版畫。

＊＊＊

這六年以來，康納在波士頓藝術博物館及麻州其他機構斷斷續續身為緩刑犯、管理員以及顧問期間，他累積了價值數十萬美元的收藏。在那段期間裡，康納戴上假鬍子、操著含糊的德國口音並且使用假名（「約瑟夫博士」），他流連博物館的地下室，在未造冊的寶物間尋找自己的早期收藏，甚至用有玻璃罩的展示櫃來展示這些收藏。他說他的部分動機是要報復其中一家機構，因為這家機構接收了他被警察沒收的一些物品。警察想當然耳地認定他所有的東西都是別人的。

「那些是合法的祖傳遺物，但更糟的是，他們把這些物品公開展示。」康納說道。

當康納需要錢用時，就會賣掉一些以不正當手法取得的博物館古董給合法的拍賣商或藝廊，他帶去的物品通常都附有文件說明出處和來源，因爲文件通常就和物品放在一起。這些讓作品正當化的文件使他不致引起買家的懷疑，康納因而發現了一套理想的系統，他將這些偷來的古董和收藏品變成乾淨的現金，他是一人古董巡展秀。

康納也算是個博物館搶案活百科全書，以下出自罪犯觀點的訪談應該對博物館管理人員及保安人員有所幫助。康納可以輕鬆勝任顧問，即使已經七十歲了，他還是很健康、思路機敏而且惡名在外。儘管他因爲在獄中浪費太多時間而決定金盆洗手，但問題是請他爲充滿誘人林布蘭作品的博物館評估保安系統恐怕還是不太受歡迎。

康納：我想對多數博物館而言，我的名字就像黑武士，我能侵入任何博物館，而且我也進去過很多地方，像是史密森尼博物館的儲藏倉庫，他們可能會很不高興我進去過了。

譯注11：一七七六—一八三七年，英國風景畫家。

譯注12：十九世紀（一八〇〇—一八七〇年）美國的一個風景畫畫派，頌揚美國風景中所見到的大自然奇景。湯瑪斯·寇爾是這一學派的創建者。

大多數的博物館都很容易入侵，你知道的，即使有了今日所謂的「雷射」科技、在護壁板及板條上有紅外線光束等，你也不可能把博物館弄得像武裝軍營，這些系統都需要電力才能運作，而要繞過或切斷電力系統一點都不難，有各種處理方式，就像有各種方法應付警報系統一樣。只有少數博物館有備用發電機供應電力系統，我不能告訴你有多少博物館只仰賴外部供應他們的電力系統。就我所知，在犯罪地下世界裡，有很老練的人，有熟悉各種線路技術、警報及警報備用系統的人，有擅長打造這類系統的人，他們應該善用這些能力，而不是癱瘓這些系統，在夜裡潛入。

接著就是在大白天搶博物館的過程。你大概不時會在報上讀到有人持槍搶銀行，銀行有持槍警衛，錢都在金庫裡，而出納員就坐在各種樹脂玻璃後面，但他們還是被搶了，而博物館通常沒有武裝警衛，好東西就擺在桌上或掛在牆上，因此它們是比銀行還好的目標，只因爲它們防盜的措施較少。

此外博物館通常有許多人潮，他們不能冒武裝對峙——交火——的風險，萬一要是有洛克斐勒（Rockefeller）、卡伯特（Cabot）及洛威爾（Lowell）家族的小姐們突然出現在三樓、身陷火線之中、刮破她們的絲襪等等，可怎麼好。有些博物館的確有持槍警衛，但這些博物館通常位於犯罪率較高的區域，而那些警衛多半是要對付外面的犯罪——有人可能在閉館時等在博物館外準備搶金項鍊或是錢包——而不是要對付帶著林布蘭從前門逃走的人。

但就算有持槍警衛來防堵這類竊盜，博物館依然是不難下手的目標，這對他們來說很不幸，因爲他們要想很多方法來讓我這種人不易成功得手，但我想我要等到出去之後，退休成爲高薪的保安顧問，才會說出這些改善保全的方法。

麥施博格：在你最活躍的時期，是如何進行一般的博物館搶案，很顯然在你作案當時，保全措施還是很「古老」。

康納：沒錯，我們以X博物館爲例，在當時外面少有監視攝影機到處架設，你可以花一整個日夜勘查——甚至爬到博物館外的樹上——在心裡記下警衛的進出往來，他們通常不是什麼傑出的團隊，只是一般大學生和老頭子組成的團隊，穿著藍色西裝外套緩慢地行走，看起來無所事事、意興闌珊，而且眼睛盯著鞋子。

在外面架設監視錄影機可以拍下在竊案前幾天停在館外的所有可能車輛的車牌，當然也會拍到就在竊案後出現在門口的車子，這是保安良好的博物館標準的程序，你會很訝異有多少笨賊犯了這種愚蠢錯誤，把車子停在要行搶或勘查的目標附近。我曾經有一次取消任務就是因爲我的探子回來時擋風玻璃上夾了一張停車票，這很容易被認出在搶案前幾天曾到過該地點。

順帶一提，這類攝影機必須是一套獨立設備，這樣竊賊才無法取得或銷毀監視錄影畫面，這在今日充滿手提攝影機的年代聽起來沒什麼，不過在一九八〇年代，這要發揮一點想像，並且願意投入巨資安排這等程度的保安。

第二個主要缺陷就是守夜人員訓練不良，保安人員在閉館之後讓人進到博物館簡直是荒謬，即使那個人穿著警察制服。你知道弄到警察制服有多容易嗎？你可以透過郵購，或是在軍用品專賣店和扮裝服飾店買到，也可以在任何警察分局的洗衣日當天在警局後面偷到一大包，另外在新奇用品商店也可以買到徽章、警棍以及所有的胸前飾品。不過我想我們在很多方面都很輕易相信別人，我們所受的教養是相信正派的警察就是正直行爲、純潔和眞相的象徵。你要先發制人只需要暫時利用這種單純的心態，然後「痛擊」！我懷疑有多少人能不一時臣服於他們對警察的天眞信仰。

至於搶劫本身，四個人一夥在夜間行事幾乎可以在多數博物館全身而退——兩個人進到博物館；一個是駕車逃脫的司機，謹愼地停好車並且讓引擎持續轉動；最後一個把風，他要使用對講機或手機和逃脫車聯絡，並且守在主要街道上留意警察。

白天的話，絕對需要第五個人開「衝撞車」，因爲追逐的可能性大增，衝撞車可以堵塞某個十字路口造成混亂，讓警方無法繼續緊追在後。你也可能需要第六個人，坐在逃脫車上以槍嚇退可能見義勇爲的路人。

這第六個人大致上就是在雨衣下拿著一把槍管鋸短的獵槍，只要對任何想前來阻擋的見義勇爲人士秀一下槍管，相信我，這樣就夠了——看到雙槍管舉到你面前會讓你停下腳步，因此拿獵槍的人不是來開槍的，只是嚇阻而已，如果必須開槍，也一定打得很低，只打輪胎，沒有必要傷及無辜來升高博物館搶案的騷動——媒體會很激動，警方也會突然更致力於破案。再說，你也不想被大眾認爲是「殺人強盜」，「紳士大盜」聽起來有尊嚴多了。

在夜間進行鬼祟的偷盜行動時，需要衝撞車的可能性較低，所以「把風的人」也可以身兼衝撞車的司機。衝撞車的招數只有在車流量大時才管用，「意外」插進警方追逐車隊裡的司機要讓狀況看起來像他/她是無辜地撞進快速飛馳、不斷闖紅燈的警車路線當中，當然，這個「無辜的人」身上不能帶槍——他們會被問話，因爲警方也知道衝撞車的手法，所以他們必須沒有前科，是個可信的公民，此外也要是個靠得住的人，不會把大家都抖出來。

在夜間沒有車流的情況下，一台衝撞車在警方看來反而相當可疑，就像我說的，他們很清楚會有衝撞車，因此通常會逮捕任何出現在高速追逐衝撞裡的駕駛，甚至連眞正無辜的老太太也逮捕，把她們抓去問話。

多疑的混蛋！總之，在深夜你最好有個槍手在支援車裡，在你逃離時注意後方，這點請相信我，這是夜間逃脫比照日間的模式。

順帶一提，既然他們只要有所行動都會被抓去問話，最好的衝撞車駕駛來自查理鎮（Charlestown），找沒有前科的青少年，警察從他們身上問不到什麼，因爲首先他們沒有前科，第二，這些年輕的孩子基因裡銘刻著「沈默守則」，他們什麼都不會說，這是一種很棒的特質，可惜在現今的囚犯裡已經看不到了。現在就算有人在食堂裡只偷了一顆蘋果，你都會看到幾十個新進囚犯不遺餘力地向典獄長或區段長告密揪出竊賊以換取一卷衛生紙，這些新進的囚犯眞是令人作嘔。

基本上有兩種博物館搶案，一種是閃電式的日間突擊，就像波士頓博物館的林布蘭搶案，另一種比較像是暗中潛入的飛賊手法（康納第一次偷林布蘭時就是採取飛賊手法）。我可以告訴藝術品收藏家及博物館館長一件事，就是要意識到像他們這種長年封閉在博物館內的人，很容易上職業竊賊的當，因爲他們對同類的人很有信心，眞心誠意、根深蒂固地相信文明社會、法律秩序以及所有美好的事物，這就涉及了對「制服」神聖不可侵犯的信任——無論是警察的外套還是一套代表著「銀行家」或「合法公民」的合身名牌西裝。很顯然地，如果你想融入遊艇俱樂部，你就要穿上藍色西裝外套、白長褲和帆船鞋。容我澄清，我並不反對文明社會或誠實的美國人，但這個觀點有助於解釋爲何「約瑟夫博士」得以受邀進入各地的博物館，尤其是當那個人其實是我。

麥施博格：你對「諾博士」概念——就是貪婪的超級富豪下令讓人去偷林布蘭或其

他名作——有何想法？

康納：汶萊的蘇丹（Sultan of Brunei）、比爾．蓋茲、美國實業家裴洛（H. Ross Perot）或日本天皇會想從黑市買藝術品嗎？只爲了想要自私地佔有？私下展示給密友和情婦看？我從不相信這種事，雖然聽起來很吸引人。當這件藝術品變得舉世皆知時，會非常危險，風聲終究會走漏，尤其是犯罪者如果是個國際聞人，他會陷入窘境；這些人都夠有錢，足以合法買藝術品，爲什麼要冒險搶劫或採取其他可能讓他們陷入犯罪夢魘的密謀？

沒有人找過我或我認識的人做這種事，想想看這樣的犯罪要成功，必須封住多少人的嘴？不只是犯罪集團的領袖和他的團隊，還有任何看過這位大亨展示作品的人。就算是透過像律師或仲介等中間人去僱人，當中還是有所連結，接下來還必須相信所僱用的人在未來幾年內不會被捕，也不會受到誘惑而洩密。並不是說我會洩密，而是有很多人在面對刑期時無法期待他們保持沈默，另外隨著年紀漸長，他們也許對保持沈默會有不同的看法，也許會產生良心的譴責！所以你們眞的太過信賴罪犯的品格了。

就算你是在搶案過後在黑市買下作品，人們通常也沒那麼謹言愼行，他們會把藝術品拿給某些人看——太太、朋友或客人——這些人最終會出賣他們，特別在有酬賞的誘因下。

在我看來，可能的買主不是博物館本身透過仲介或掛名負責人出面，就是保險公司的偵探，而價格由這些當事人私下協商。或者是爲了政治或個人因素，想用藝術品來交易的第三方，例如想爲坐牢的同夥換取自由，這種人不會想永遠握有這件藝術品。如你所知，我在波士頓藝術博物館搶案時期，就是爲自己幹下這類的事，這是不錯的陰謀，不時對我有所幫助，然而並不是沒有被捕或起訴的可能，人一輩子的運氣有時盡。

麥施博格：請盡量詳細描述波士頓藝術博物館竊案。

康納：我們對於這次行動以及波士頓藝術博物館各方面的保安做了密集的監視，包括天橋以及二十四小時的觀察。我們原本不排除經由地下通道行搶，但隨著時間逼近，最後決定採用最直接的方法，利用難以辨識的僞裝進行閃電突擊，無論是誰會意外現身我們都不會失敗，我們有兩個備用計畫以及萬全的應變，所有人都能帶著畫作離開。這起案件幹得非常精準，選擇那個時間點是因爲剛過尖峰時間。

* * *

康納表示那起搶案中有兩個畫面深植在他的記憶裡。

第一是他的同夥以機槍掃射尾隨警衛的腳部，他幾乎失笑地說：「當他們整幫人一起逃跑，就像巴斯特．基頓（Buster Keaton）（譯注13）電影裡的吉斯通警察（Keystone Kops）（譯注14），飛奔回到階梯，進入博物館裡，他們拔腿狂奔時，膝蓋幾乎碰到下巴，甚至還從博物館的巨大金屬前門向外窺視，眼珠子都凸出來了。」

另一幕就是和鍥而不捨的警察孟古斯基拔河，「我拿機槍的同夥走上前來以槍管重重敲打他，這時警察才鬆開畫作跌落到人行道上，特別的是他發出了「不」的聲音，就像卡通一樣，我必須說我很尊敬他——他是個典型的波蘭警察，」康納說道，「但我們的目標是不要造成傷亡，尤其是平民百姓，而我們也做到了。」

康納將畫藏在一個音樂經理人朋友多托利位於昆夕家中的床底下，「大家都想當林布蘭畫作的主人，就算是只有一段短暫的時光也好，」他說，「當林布蘭的主人讓我的朋友相當激動，到現在依舊是。」

三個月過去了，警方幾乎沒有頭緒，波士頓博物館的有力贊助者催促著破案，這起案件引發的國際關注令人難堪，荷蘭也擔心其他出借給該博物館的林布蘭畫作，聯邦政府已經準備好交易，只要能尋回這幅畫。

譯注13：一八九五—一九六六年，美國導演、演員。

譯注14：吉斯通公司製作關於一群粗俗警察的電影，內容滑稽。

康納找來雷根警長協助「促成」作品歸還，並且請他優秀的刑事律師馬丁．利普（Martin K. Leppo）將協議以書面形式寫下來，一旦執法人員同意縮短康納刑期的要求，康納立刻安排歸還波士頓藝術博物館的林布蘭；在雷根和一名負責監督州和聯邦刑事案件以及允諾寬大處理的聯邦助理檢察官大衛．圖米（David P. Twomey）的陪同下，康納召來多托利進行交接。多托利策畫了一起謹慎的交易，他把包在被子裡的林布蘭放進圖米太太的車子裡，那輛車停在麻州西南高速公路邊一家複合式餐廳旅館的停車場，多托利全程戴著滑雪面罩——當時是一月——他的身分直到三十五年後才曝光，康納很滿意地提到，所有參與波士頓藝術博物館竊案的十七人——包括內部的誘餌、人行道上把風的人以及衝撞車司機——身分全都沒有暴露，也沒有人透露一個字。

更重要的是，康納完成了一件特殊交易——藝術換自由——成了博物館盜賊的新動機；正是一幅林布蘭讓康納達成這個目的。

後記

儘管竊盜、歸還以及〈穿金邊斗篷的女孩〉背後的故事已經夠驚人了，但這幅林布蘭還有其他引人入勝的故事。一九四三年，一開始將畫作借給波士頓藝術博物館的畫作主人羅伯特．潘恩二世過世了，他將畫留給兒子理查．潘恩（Richard Cushing Paine），理查同意繼續出借。潘恩家族很高興看到畫作在失蹤後重返博物館，直到一張來勢洶洶的一九八七年稅單改變了他們的想法，潘恩家族的後裔因而決定拍賣這幅名作，以避過稅單上增加百分之八的資本收益稅，「現在這幅畫因爲稅務問題出售——我們希望在一九八六年交易。」家族發言人說道。一九八六年十二月十日在蘇富比的倫敦拍賣會上，〈穿金邊斗篷的女孩〉求售，期望非常地高，任職於受人敬重的倫敦藝術經銷商卡爾納菲（Colnaghi）的十九世紀前繪畫大師專家尼可拉斯．豪爾（Nicholas Hall）談到他對該畫作的看法：「它的狀況讓我相當驚豔，非常地美……畫作的表面極其華美，五官的立體感令人難以忘懷，在這個大家都討論著一流作品難尋的時代裡，有這麼一件美好的作品——一件眾所公認而且保存良好的作品——實在是一大盛事。」

拍賣的價格證實了豪爾以及潘恩家族的財務顧問有先見之明，〈穿金邊斗篷的女孩〉以九百三十七萬二千美元賣給了一匿名競標者，破了當時十九世紀前繪畫大師的作品拍賣紀錄，過了近二十五年，這個價格仍名列十九世紀前繪畫大師作品在拍賣會上的前十名。

直到二〇〇九年這幅作品才公開亮相，那位不願透露姓名的畫作主人將畫借給洛杉磯的保羅蓋帝博物館，在一次國際展覽「林布蘭及其弟子的素描：師徒有別」中展出。

＊＊＊

麥爾斯．康納在一九八〇年代末因其惡劣罪行嘗到惡果，他因走私藝術品、古董，據傳還有古柯鹼在聯邦監獄蹲了十幾年。現在他的藝術罪犯名聲是個傳奇，也許有人認爲對他的懲罰太輕了，以十七世紀荷蘭的標準來說的確如此。林布蘭兩幅知名的解剖展示畫作反覆描繪了罪犯在死刑後遭到解剖，在〈杜爾博士的解剖學課〉中，罪犯的身分是亞德利安宗（Adriaan Adriaanszoon），別名亞利斯小子，一六三二年因爲長年偷盜被吊死，他的屍體可供外科醫師公會使用。〈德曼醫師的解剖課〉則描繪了來自迪斯特鎮的罪犯尤里斯．方特任（Joris Fonteijn），他是個竊賊也是攔路強盜，是名聲遠播的黑傑克，一六五六年被吊死，在他被處死之前，法官嚴厲地譴責他的罪行：「文明社會無法忍受這些行爲。」文件記載方特任「被法院轉讓給〔外科醫師公會〕做爲解剖標本」（原注15）。他的腸子、胃部以及頭骨都被取出，連腦漿也被檢查。

職業罪犯麥爾斯．康納也許可以回想，和黑傑克相比他有多輕易過關，一九八九年他在芝加哥站在聯邦法官理查．米爾斯（Richard Mills）前聽候宣判時，米爾斯告訴他：「過去每一次你被逮到……你會提出辯護、討價還價，突然間又會有一件古董跑出來，你所做的不外乎傷害、奪取、偷盜、交易、以贓物達成協議、使用武力、企圖逃脫，你眞是糟糕透頂，我們不需要你，康納先生。」

康納被判了二十年，和他的荷蘭犯罪前輩不同的是，他服刑十年之後過著平靜的退休生活，養珍奇的動物、欣賞一些從他長期犯罪生涯中取得、他依然擁有的物品。康納在獄中的那些年，一名本來應該幫他看守古董的同夥輕罪犯，卻一件件廉售這些物品來供應他的海洛因癮頭（呼應林布蘭本身如何陷入貧窮，他鍾愛的藝術收藏在一六五〇年代拍賣以支付龐大的債務）。康納大師被手下的小卒擺了一道，他氣了很久，但最終變得豁達。

「聽著，我必須承認這是我遭到的因果報應，像我這樣的人，以專業的手法欺騙了博物館，我怎能抱怨別人從我身上奪走財物，尤其是根本不屬於我的贓物？」

原注15：保羅．贊索，《林布蘭時代的荷蘭日常生活》（*Daily Life in Rembrandt's Holland*, Paul Zumthor），（紐約：麥克米蘭出版社，1963），P239。

第七章　二〇〇〇：斯德哥爾摩突襲

前言

臥底陷阱行動——很難想像藝術綁架案會有比這更令人滿意的結局了；過度自信的罪犯期待著豐厚的報償，警方臥底引誘並且出賣這些罪有應得的人，武裝的警察觀察並拍下交易做為審判之用，獨一無二的作品安然無恙地歸來，狼狽的竊賊被繩之以法。

警方設下圈套尋回傑出藝術品的行動並不常見，尤其是林布蘭的作品，它們通常透過中間人送回，或被放置在寒傖的地方——棚子下、酒吧、矮灌木叢裡——讓警方去取。然而還是有少數成功運用臥底尋回林布蘭的案例，其中一件較為知名的案例發生在一九九四年，前英國警探查理．希爾（Charlie Hill）秘密地買回林布蘭的〈閱讀中的母親〉（*Rembrandt's Mother Reading*, 1630），有些人認為這是林布蘭的作品，有些人則認為是林布蘭圈子裡的人所畫（也因此這幅畫的估價介於五十萬美元到一千萬美元之間）。這幅畫是英國的朋布洛克伯爵在亨利八世治下時獲得的，平靜地掛在沙利斯柏立的威爾頓宅第（Wilton House）前廳長達三百〇九年。現在威爾頓宅第開放大眾參觀，一九九四年十一月五日，在英國煙火節的掩護下，煙火喧囂掩蓋了這座戒備鬆弛的宅第發出的警報聲。

三年後，在希爾追捕試圖以二十五萬美元將這幅林布蘭脫手的嫌犯時，他聽到他們稱這幅畫爲「老奶奶」或「老太太」，一名罪犯甚至說：「眞是醜，只有她兒子才會畫。」（原注1）。他們不太尊敬他們的戰利品，當時五十一歲、來自新堡的大衛・杜丁（David Duddin）負責處理黑市交易，他終於掉入了希爾的陷阱，他是個還算討人喜歡的流氓，但和林布蘭憂勞憔悴的母親一樣長得並不好看，體重三百磅。和一般藝術品勒贖交易一樣，這位臥底警察（希爾）說服黑市商人（杜丁）在付款之前他必須「鑑定」作品眞僞，他們在倫敦碰面，檢視過後希爾很滿意，他「同意」買下這幅油畫到「美國市場」轉手，他們安排在倫敦西區的一個火車站停車場交換畫作和錢，易手後幾分鐘內杜丁就被逮捕，身上帶著可以爲證的十萬五千英鎊現鈔，畫作回到平靜的威特夏（Wiltshire），杜丁則進了監牢（原注2）。

出賣杜丁的是個生動但也相當直接的警察圈套故事，杜丁本身愛吹噓自己擁有的藝術品和黑社會門路也有助於誘他入甕。但二〇〇〇年林布蘭的自畫像在斯德哥爾摩國立美術館失竊，五年後在丹麥重新取回的過程則更具挑戰性以及跨國複雜性，這個案件的特色是少見的日間博物館持槍突襲戰，源自於疏於戒備的警衛傳統，最後以精采的跨國誘捕行動告終，成

原注1：愛德華・多尼克，《搶救大師：藝術、竊賊與追尋失竊名作的眞實故事》（*The Rescue Artist: A True Story of Art, Thieves, and the Hunt for a Missing Masterpiece*, Edward Dolnich）（紐約：哈潑柯林斯出版社，2005）。

原注2：同上。

了尋回失竊藝術品以及逮捕藏匿藝術品罪犯的實用教材。

＊＊＊

鮑伯．克雷（Bob Clay）——一個非正派經營的中年藝術專家，有著修過的灰眉毛、手腕上帶著借來的勞力士——坐在哥本哈根的一間旅館房間裡，對著手機低聲說個不停，最後終於聽到敲門聲。

那天是二〇〇五年九月十五日，身穿馬球衫、鞋子擦得發亮的二十七歲伊拉克男子巴哈．喀德罕（Baha Kadhum）在克雷的門前等了老半天。皮膚白皙、有張敦厚圓臉的克雷，看起來就是個有自信的美國藝術鑑賞家，他代表犯罪集團來到丹麥購買喀德罕手上那件獨特的贓物。雖然克雷很擔心，但他隨時都保持從容不迫的神情，掛掉電話前去開門，看到喀德罕獨自一人在門口讓他鬆了一口氣，更高興的是看到喀德罕拿著一個天鵝絨的袋子，他讓這位修長的伊拉克人進到他的小房間，這間房間位在經濟整潔的斯堪迪克飯店大廳兩段階梯之上，房裡有一張雙人床以及一間小盥洗室。

做為這種見不得光的交易據點，這個房間異常地明亮——在這場交易中，二十四萬五千美元和林布蘭自畫像就要易手——但喀德罕一點也不擔心，他覺得很自在，因為一名保加利亞幫派分子波里斯・柯斯托夫（Boris Kostov）正坐在房裡的木椅上對他微笑。喀德罕認識柯斯托夫，知道他在牽線找克雷來買自己手上的失竊藝術品扮演著重要的角色，而且柯斯托夫也是他在這起犯罪中的親密戰友亞歷山大・「沙夏」・林德葛蘭的父親，沒有必要緊張，他們就像一家人一樣。

喀德罕將天鵝絨袋交給克雷，克雷立刻試著要把這件有尖角、大約兩三磅重的物品拿出來，他確信這會是林布蘭眞跡，一幅銅版油畫、有三百七十五年的歷史，穩當地裝在黑色桃花心木框裡，在拍賣會上可以賣得四千萬美元。克雷知道該怎麼無懈可擊地對待這類作品，他不想造成一丁點的顏料剝落，他很清楚畫作表面上有堅硬的凡尼斯，容易造成龜裂縫隙——在老舊畫作中時常產生的小拼圖狀細微裂縫，這些細縫會導致醜陋的裂縫，藝術維護員和修復專家要花好幾個星期才能修補好。

但克雷出了點小問題，他解不開綁著袋子的繩子，他用力地拉，在作品旁扭絞，他甚至求助喀德罕，問這個年輕的歹徒要不要試一試，但喀德罕拒絕了，他怕自己損毀了這件作品。克雷奮戰了四分鐘，還用上牙齒，終於解開繩子，他慢慢地將作品從紅天鵝絨袋裡取出，眼前出現了那張鼻子突出、精明銳利的臉回望著他，這是世界傑出肖像史上具有代表性的臉——林布蘭的臉。

克雷抓著作品的畫框，盯著這位二十四歲的俊俏畫家，林布蘭戴著時髦的貝雷帽，穿著黑色斗篷，露出白色亞麻衣領，這是他二十多歲時的典型穿著。當時這位藝術家非凡的事業正蓬勃發展，那張臉充滿自信、梳理整齊，嘴唇帶著鮮明的紅色調，眼神冷靜尖銳，克雷隨意地問了喀德罕一句：

「你是藝術愛好者嗎？」他問道。

「不是，」伊拉克人回道，「我只想要錢。」

＊＊＊

錢，少有藝術竊賊（也許甚至少有參觀博物館的人）看到精美或知名的畫作時腦海裡不會聽到收銀機的聲響，伴隨著流行迷思以及想像力豐富的媒體而生的幻想，罪犯把藝術品——特別是畫作——當成簡單且有利可圖的戰利品。表面上看來，他們很明智，在那個動輒價值百萬美元的世界裡，最容易看到、摸到甚至有機會拿走的物品就是名畫，埃及黃金、皇家珠寶、玉器以及來自遠東的瓷器，這類物品很少赤裸裸地放在博物館或宮殿裡，但畫作——它就掛在那裡，只受到天花板的金屬線或幾顆螺絲釘保護，又便於攜帶，是誘人的財富。

這是博物館管理者、館長以及保全專業人員必須承受的煩惱，他們必須面對無止境的掙扎，要讓藝術品易於親近又不會有危險，成了保全和可親近性之間兩難的抉擇，這是帶著風險的決定；博物館高層並不是在管理銀行或兵工廠，他們大多排斥嗚嗚響的警鈴和限制民眾接近名作的凸出圍欄，這會干擾博物館想培養的往來人潮。從合成樹脂圍欄到現代的追蹤設備都代表了進退兩難的困境，保全措施絕不能危害藝術或干擾民眾欣賞藝術品，即使是先進的全球定位系統或無線射頻識別系統（又稱RFID標籤）發射衛星可追蹤的訊號都引發疑慮，它們可能很不美觀。多數博物館使用電池發電的發報機，但有滲漏的風險，有些竊賊可能會想扯掉它們因而造成損害。看來簡單或平淡無奇的保全措施通常會有預想不到的風險。

在全球各地有許多名作放在堅不可摧的櫃子裡，並且有警衛不間斷看守的案例，這種策略通常只用在名氣和價值都至高無上的傑作上，或者看來成為標靶的先前失竊作品中，達文西的〈蒙娜麗莎〉就是個極端的例子，它在羅浮宮裡置於朦朧的層層保護之後。一九一一年〈蒙娜麗莎〉曾被羅浮宮的義大利工人文森佐．貝魯吉亞偷走，他想把這幅畫送回達文西的故鄉，但這幅畫太過有名不可能碰運氣。另一個較普通的例子是和林布蘭同時期的知名法蘭德斯派畫家范．戴克（Anthony van Dyck）所畫的一幅傑出肖像，此畫掛在紐約里佛岱爾（Riverdale）一處私人養老院裡，他們很明智地把畫擺在厚玻璃之後，產生的刺眼光線讓人很難看清畫的細節，此外這幅畫也掛得太高因而不易觀賞，不過它也就不是容易得手的目標了。

每當有重大竊案發生，就像二〇〇〇年的斯德哥爾摩美術館突襲一樣，管理階層通常會聳聳肩，提出他們固有的兩難困境。在耶誕節前幾天，林布蘭從牆上被奪走後幾小時，當時的瑞典國家美術館收藏部門主管托斯登・甘納森（Torsten Gunnarsson）強調了博物館的困境。

「如果不展示畫作讓所有人能看到，那麼擁有這件藝術品有什麼意義？」甘納森說道（原注3），「我們採取了正常措施，就我所知瑞典從未有過類似的武裝搶案。」很難不去同情甘納森以及和他處於同樣位置的主管們，但這些「正常措施」顯然不足以保護〈自畫像〉（以及其他兩幅雷諾瓦的作品〈巴黎青年〉（*Young Parisan*）和〈對話〉（*The Conversation*））逃過三名精準演練的歹徒之手，他們成功地幹下了最大膽的博物館搶案：閃電般的武裝侵略。因此，有關單位歷經近五年徒勞無功的搜尋，以及一場精心的橫跨大西洋騙局才將林布蘭帶回家。

＊＊＊

二〇〇〇年十二月二十二日星期五的午後，瑞典首都相當涼爽而且詩情畫意，忙亂的工作週終於告一段落，小雪打在耶誕節的購物人潮身上，汽車駕駛正在回家的路上，準備迎接年度假期；帶著鯡魚、煙燻馴鹿肉、開胃烈酒和越橘水果派，他們的車上裝滿了禮物包裹、酒瓶以及新鮮的佳餚，接著許多人發現他們不知何故陷入了令人窒息的塞車車陣當中，交通完全停滯，兩條通往首都最時髦半島的主要幹道布萊希荷夏南（Södra blasieholmshamnen）和尼波卡（Nybrokajen）都發生嚴重的汽車起火事故。消防局大約在傍晚四點左右接獲第一起報案電話，消防人員趕往現場發現一輛福特汽車在布萊希荷夏南大道上陷入火海，消防人員只得以消防車封鎖大道，以便盡快接近燃燒的汽車，中止車流進出這個海港城市的熱鬧區段。斯德哥爾摩是個不易駕駛的群島，由大大小小的島嶼組成，以河流、海灣及小港爲界，一輛燃燒的轎車已經夠糟了，但沒多久，消防人員又接獲另一起汽車起火事故，這絕不是巧合，這次是一輛馬自達在附近的尼波卡路上被火舌吞噬。嗡鳴的消防車和警車飛快前往第二現場，假期前夕的堵車狀況悲慘地擴大。

就在消防人員奮力撲滅燃燒的車輛時，在不到二百碼外的莊嚴銅製屋頂堡壘——斯德哥爾摩國立美術館裡，警衛正準備關門。這座文藝復興風格的博物館在一般大眾看來受到很好的保護——它的三個前門出入口對著波浪起伏、水流湍急的諾斯特隆河（Norriström River），其兩側和背面是以無法攀登的大理石和岩石建成，而遊客在館員和警衛身上感受

原注3：史帝芬·納斯特隆（Stephan Nasstrom），〈遭竊林布蘭搭快艇而去〉，《倫敦衛報》，2000.12.23,3。

到北歐人嚴肅的氣氛以及自負的規矩。博物館內部相當寬敞、通風良好，但看起來不會有危險；一段寬廣、向人招手的階梯佔據了主要位置，帶領參觀民眾通往展出中世紀到印象派時期輝煌素描和油畫的展廳。館內有一百件左右的十七世紀荷蘭傑作，當中有好幾件林布蘭，以及古老的大理石雕像、羅馬古董、罕見且精緻的瓷器、水晶杯和金杯；在內部，這座博物館是個和諧的北歐式藝術珍寶大雜燴，每天吸引上千人參觀，而其外觀則是個堡壘——沿河而建的石造寶庫——河流可以當作它的護城河。自一八六六年開放參觀以來，一百三十四年間沒有人試圖圍攻過。

就在五點閉館前的幾分鐘，遊客從主要出口魚貫而出，走向向晚的嚴寒之中，三名戴面罩的男子——兩人拿著手槍，一人拿著衝鋒槍——從博物館高聳的玻璃門衝了進來，威嚇地高喊著並且揮舞手上的武器，他們命令所有人趴在地上，一名槍手將槍指著配備無線電警衛的頭，登時把他嚇壞了，「我可以從面罩的狹縫看到他的眼睛，」這名警衛告訴警察，「他是認眞的。」

除了幾聲叫喊之外，看到、聽到槍手的人都順從地安靜趴下，其中一名歹徒以瑞典話多餘地大喊：「保持冷靜！……保持冷靜就不會受到傷害。」（原注4）。拿衝鋒槍的男子讓他們確信稍有妄動或做出有勇無謀的行爲都是不智的（原注5）。

暴發暴力事件「讓許多人相當震驚」，博物館美術廳代理主任漢斯—亨利．布魯莫

（Hens-Henrik Brummer）說，搶案發生當時他也是在辦公室工作的員工之一，不知道到底發生了什麼事，他接著說道，在瑞士這種平和、守法的國家「不會發生這種事」。第一批來到現場的巡官丹．波札（Dan Boija）描述當時的狀況：「就在閉館前幾分鐘，前廳都是要離開的人群，這時有個人拿著槍出現，婦女和青少年開始尖叫，一名三、四歲的小女孩大哭，他們非常地恐懼。」

這三名竊賊沒有時間理會眼淚，拿衝鋒槍的男子留在原地威嚇群眾，另外兩人衝上美術館寬廣的大理石階梯到二樓畫廊，其中一名到法國廳直接走向雷諾瓦的〈巴黎青年〉和〈對話〉，他知道目標在哪，顯然是演練過，另一人則走向收藏林布蘭耀眼〈自畫像〉的荷蘭廳，他們以切割工具迅速剪下固定三幅畫的懸掛細線，抓著畫框將畫帶走。這兩名男子原路返回前門，畫作夾在左腋下，右手拿著槍，在他們快速衝向出口時，拿衝鋒槍的男子一邊掩

原注4：羅伯特．威特曼，約翰．席夫曼，《追緝國家寶藏：FBI首席藝術犯罪探員臥底破案實錄》（*Priceless: How I Went Undercover to Rescue the World's Stolen Treasures*, Robert K. Wittman、John Shiffman），（紐約：皇冠出版社，2010），P219。

原注5：這段關於案發當時以及事後餘波的描述來自多份報紙、廣播及通訊社報導，輔以作者訪談文中提及的主要消息來源；引用資料包括：《倫敦衛報》、美聯社、《斯德哥爾摩新聞》、《倫敦時報》、BBC與失竊藝術品登錄機構聯合攝製的節目《竊盜的藝術：大騙局》（*Art of the Heist: The Big Sting*, 2007）、Aftonbladet每日新聞以及FBI官員和消息來源。

護他們，一邊也隨即跟上，在兩分半鐘內，價值五千到六千萬美元之間的藝術品消失了。

在看來可以安全移動之後，博物館高層立刻通報斯德哥爾摩警方，但因爲那兩場汽車起火案，讓警方花了四十五分鐘才來到案發現場。調查人員立即瞭解那兩起火災並非意外，他們在燃燒的汽車旁發現了俗稱「刺蝟」的路釘，那是用來刺穿輪胎阻止追逐車輛的，他們很快地推論是博物館搶匪設計了這兩起起火案；歹徒潑了液體燃料，接著丟下車釘進一步阻止當局對緊急呼叫做出反應。火災不只壞了耶誕節前的通勤，也確保三名搶匪以手邊更好的交通工具成功脫逃。

離開美術館後，搶匪前往附近陰暗的防波堤，登上他們前來此地的精選交通工具——一艘十五英尺、引擎外掛的橘紅色快艇——引擎立刻啓動，快速駛向河中。這三名突襲者成功脫身沒有引發追逐，當他們在斯德哥爾摩錯綜複雜的水道裡飛馳時，陰鬱的氣氛降臨雄偉的美術館，很快地也籠罩了首都，這些竊賊製造了一場交通堵塞，也引發一場足以傷害瑞典人維京民族驕傲的全國危機。

* * *

當記者打電話給瑞典國家美術館研究主任歌雷爾．卡瓦利—比約克曼（Görel Cavalli-

Björkman）時，她正在家裡烘烤耶誕節糕點，記者問她：「妳對林布蘭作品遭竊有什麼看法？」

「我根本不知道，我非常震驚。」她說。

她迅速趕往犯罪現場，現在已經擠滿警察、媒體、引頸觀看的人群以及博物館員工，她呼吸急促、被記者團團包圍，給了最直接的答案：「沒有人知道這些人到底是誰……這是搶銀行的手法……在博物館使用衝鋒槍看來有點過火了……我們認爲有人僱用他們……當然他們拿了較小的畫，因爲比較容易……手上有槍無法拿大幅畫作……他們不會是藝術愛好者……他們明確知道自己要的畫作……他們精心策畫……他們一定研究過哪些展覽廳可以選到最小的畫……你可以說他們做了很好的選擇，因爲他們拿了一些重要的作品。」

除了一連串的問題之外，在案發幾小時到幾天後，開始有一些事後評論以及批評的聲浪出現，沒有人爲這起被認爲是國家安全大挫敗的案件負起責任，這是自一九八六年瑞典總理帕爾梅（Olof Palme）暗殺事件以來最大的案件，暗殺案至今未破。

「我對美術館的保安有點失望，」接手本案的巡官波札說道，「我以爲貴重的名畫都有警報系統，結果只以細金屬絲懸吊，我們還發現這些畫並沒有受到監視攝影機保護。一開始我們對竊賊的身分毫無頭緒。」

美術館發言人阿格妮塔・卡爾斯特隆（Agneta Karlstrom）反擊道，多年來美術館高層向政府要求更完善的保全，包括攝影機，但被斯德哥爾摩郡當局拒絕，被拒絕並不是因爲瑞典缺乏最先進的監視技術，只是政府官員和大多數瑞典人認爲在公共設施裡加裝攝影機侵犯隱私權。

「我一直無法瞭解——麥當勞有攝影機，而我們卻不能安裝，」卡爾斯特隆表示，「搶案發生後我們才獲准安裝，而關於我們可以做什麼不能做什麼還有很多需要討論。」

＊　＊　＊

對這種一流的文化機構來說，監視攝影機和其他萬全的措施看來很正常，瑞典國家美術館建於一八五〇至一八六六年間，是世界排名頂尖的藝術展場，它隔著諾斯特隆河與瑞典皇宮相對，顯要和壯觀的建築與古老的帝王之家相互輝映。博物館的正面以數十件複雜的浮雕和閃耀的大理石雕像著稱，夜間亮燈時散發柔和的粉紅光芒，光是館內的畫廊就收藏超過一千件作品，整個美術館有五十萬件作品展出或收藏（原注6）。

這座美術館也以其傑出的林布蘭收藏聞名，特色就是擁有林布蘭生涯各個階段的作品，其中最知名的一件收藏是林布蘭在一六六一年所作的〈施維利斯的陰謀〉（*The Conspiracy of Claudius Civilis*），當時林布蘭已經破產五年，一些不滿的債權人仍等著他的錢，畫家本人也是身不由己。這幅畫原本是要掛在阿姆斯特丹市政廳，可以爲林布蘭帶來一筆可觀的收入，但他卻從未收到酬勞，要不是因爲畫的面積過大——約六十五平方英尺——就是林布蘭沒有畫出荷蘭地方士紳們所想像的勝利形象（原注7），於是這幅畫被退貨了，而且還要賠償十八荷蘭盾。後來可能是畫家本人切割了主要敘事場景，並且讓這幅傑作流入市場，到了十七世紀末，這件作品來到了瑞典。今日這幅畫受到全世界景仰，價值高達一億二千萬美元，在林布蘭的畢生之作中佔有重要的地位，因爲這是他最後一幅巨型油畫，瑞典人視之爲國寶。

國家美術館裡還有林布蘭其他重要的作品——〈聖亞納大修〉（*St. Anastasius*, 1631）、

原注6：許多早期歐洲繪畫大師的作品都是在路易莎王后的贊助下購得的（她是一七五一至一七七一年間的瑞典王后），她是瑞典國王阿道夫・腓特烈的妻子，也是普魯士國王腓特烈大帝的姊妹，她的兒子古斯塔夫三世承襲了母親對藝術的熱愛，大量擴充美術館的早期繪畫大師作品收藏（他也在一七八六年創立今日頒發諾貝爾獎的瑞典學院）；國家美術館也收藏世界級的十八世紀法國大師作品，包括布雪（François Boucher）的〈維納斯的誕生〉（一七四〇）。

原注7：這幅畫描繪了一個可笑的單眼、戴皇冠的羅馬時期巴達維亞（Batavian）首領（荷蘭人尊敬巴達維雅人爲他們英勇、有獨立思想的祖先），他要求劍拔弩張的下屬發誓對他忠誠，耶魯的林布蘭學者克里斯多福・懷特（Christopher White）形容他們是「聚集在一個怪異野蠻儀式的殘暴共謀者」（克里斯多福・懷特，《林布蘭》〔倫敦：泰晤士與哈德遜出版社，1984〕，P192）。

〈聖彼得〉（*St. Peter*, 1632）、一幅林布蘭妻子薩斯琪亞的肖像，在她最美的時期所作，以及〈少女肖像〉（1631），一般認爲主角是林布蘭的姊姊之一，這些畫在二〇〇〇年的國家美術館搶案中都沒有受到搶匪驚擾，他們選擇了更好攜帶的〈自畫像〉。但這並不是次等的選擇，肖像中的畫家是個年輕的風雲人物，充滿活力，他的身體稍微朝左，臉則稍稍看向右邊，年僅二十四歲，在家鄉來登已經是個收入豐富的藝術家和教師，也已引起海牙宮廷的注意；他栗色狂亂的頭髮上戴著一頂高級的黑色天鵝絨帽，黑色披風與紅色緊身上衣之下是白色的薄衣領，畫作左上角有林布蘭在那個時期簽名的殘留痕跡：「RHL1630」（代表「來登的林布蘭．哈爾曼松」以及日期）。

林布蘭於一六〇六年生於來登，那是僅次於阿姆斯特丹的荷蘭第二大城，約有四萬五千個居民，是個新興的紡織城，也有越來越多的中產階級。林布蘭在來登受到很好的教育，並且十四歲時就在來登大學註冊入學，他的父親是個受人尊敬的磨房主人，母親則是麵包師的女兒，這些都是值得尊敬但也平凡的行業。林布蘭的父母對他們天資聰穎的第九個小孩有更高的期望，但大學文憑並不是林布蘭的夢想，他在十五歲就離開學校，成爲畫家的學徒，在來登兩年半的期間（一六二一至一六二四年）受教於畫家斯凡楞伯格（Jacob Isaaksz van Swanenburgh，1571-1638）門下，奠定了林布蘭的基礎（原注8）。

但林布蘭接下來的六個月到阿姆斯特丹接受拉斯曼（Pieter Lastman, 1583-1633）的教導，被認爲是對他影響最劇的訓練。拉斯曼專精於戲劇性的歷史和宗教畫作——描繪基督受難或巴蘭與驢子的故事，他在義大利生活過幾年，吸收了義大利大師的技巧，包括著重複雜精細的光與影對比，稱作明暗對照法，林布蘭向拉斯曼學了這項專長，並且發揮到登峰造極的境界。

在與拉斯曼學習之後，年僅十八歲的林布蘭回到來登，在父母家中成立自己的畫室，開始和十七歲的畫家利文斯（Jan Lievens）來往，這兩人描繪了聖人、士兵以及神話和聖經的場景，也畫當地居民。他們迅速成名。一六二八年，林布蘭收了一個學費不斐的學徒傑瑞特·道（Gerrit Dou），到了一六三〇年，林布蘭和利文斯已經成爲大師（也就是在這一年林布蘭失去了他的父親哈曼·凡·萊因〔原注9〕），到了二十四歲，林布蘭已經完成了部分他最充滿感情的年輕自畫像，其中一幅畫在銅版和金箔上的作品，近四百年後在光天化日之下從斯德哥爾摩美術館被偷走。

在這段期間林布蘭讓自己的才能更臻完美，針對他的筆觸長、寬、厚度的細節研究讓學

原注8：馬里特·威斯特曼，〈標記林布蘭的來登時期〉，出自《林布蘭創造林布蘭：來登時期的藝術與野心，一六二九—一六三一》，鐘亞倫編輯（茲窩勒：Waanders出版社，2000），P25。

原注9：鐘亞倫編輯，《林布蘭創造林布蘭：來登時期的藝術與野心，一六二九—一六三一》，（茲窩勒：Waanders出版社，2000），P11。

者們獲得林布蘭早期技巧的新數據，林布蘭探索新的素材使用以及繪畫程序，而此一部分可以在斯德哥爾摩的這幅肖像中看出來，他沒有直接畫在典型的白堊層與膠「底」上，林布蘭還在表面上了一層薄金箔，藝術史家克里斯多福．懷特稱之爲「極不尋常，至今沒有在其他藝術家的作品中見過」，懷特還說：「無疑地，林布蘭意欲在畫作表面下創造光輝。」（原注10）。

這自然會產生爭議，使用昂貴的金箔讓林布蘭研究計畫在其共四冊的《林布蘭畫作全集》中將斯德哥爾摩的這件作品歸爲林布蘭「圈子裡的人」所作——他的同僚及學徒——而不是他本人，他們宣稱「沒有明確的結論可以說這是林布蘭所作」（原注11）。但哈佛的林布蘭學者西摩．史利夫（Syemour Slive）質疑這項發現，他相信這幅遭竊的林布蘭是眞跡（原注12）。究竟這幅畫是林布蘭親筆完成大部分，還是握著學徒的手畫，或者只是爲同僚的作品潤色，這其間的差異會影響作品價差達上千萬美元。

這件作品有重大的歷史意義是因爲它是少數林布蘭畫在銅版上的作品（其他的包括奧地利薩爾堡的〈老婦人肖像〉以及在海牙的〈微笑的男子〉〔*Man Laughing*〕，而且它是在這位大師生涯中的重要關頭完成的。

林布蘭生前在畫布、木板以及金屬板上畫了超過五十幅的自畫像，這個驚人的總數爲歷史學家提供了林布蘭生涯的多種媒介編年史（他也有好幾幅素描和蝕刻畫自畫像），藝術史家肯尼斯．克拉克（Kenneth Clark）說：「可能除了梵谷以外，〔林布蘭〕是唯一一位將自畫像當作重要藝術表現手法的畫家，而且他絕對是唯一一位讓自畫像成爲自傳的藝術家。」克拉克也觀察到：「跟隨著他〔幾十年來〕對自己臉部的觀察，就像在閱讀偉大俄羅斯小說家的作品一樣。」(原注13)。

由於缺乏林布蘭的個人書寫紀錄（大約只有七件左右的正式商業書信），因此可以說自畫像就是他的私人日記，這位偉大藝術家興起與敗落的獨特紀錄。林布蘭有太多自畫像，它們通常以略嫌累贅的附加詞彙作區隔——「皺眉」自畫像、「穿工作服」自畫像、「戴羽毛帽與金鍊」自畫像(原注14)。林布蘭在紙上和金屬板上的自畫像也很大膽，畫自己咧嘴笑、

原注10：克里斯多福．懷特，〈林布蘭來登時期的技巧〉，出自《林布蘭創造林布蘭：來登時期的藝術與野心，一六二九—一六三一》，鐘亞倫編輯（茲窩勒：Waanders出版社，2000）。

原注11：斯地廷基金會林布蘭研究計畫，〈林布蘭畫作全集：卷I：一六二五—一六三一〉，布魯恩、哈克、李維、凡．泰爾、威特林編輯（紐約：施普林格出版社，1982），P426。林布蘭研究計畫提出畫作的狀況可能是造成他們無法判定這是林布蘭作品的原因。他們在通篇報告中不斷提到表面顏料有明顯磨損，有一些地方磨損至底下的金箔都透了出來。

原注12：庫倫．莫菲（Cullen Murphy）〈界定林布蘭：藝術史家仍致力於判斷林布蘭作品〉，《大西洋月刊》（*The Atlantic*）257（1986.5），P116。

原注13：肯尼斯．克拉克，《林布蘭概論》（*An Introduction to Rembrandt*），（紐約：哈潑出版社，1978），P11。

原注14：正如克拉克在十四頁中提到「林布蘭終其一生最大的野心是要賦予人類情感可見的形式，而這一開始所指的便是臉部表情。」（克拉克《林布蘭概論》）。

怒目而視、大笑，甚至是個街邊乞丐。學者們試著從這些和其他作品瞭解林布蘭的內心世界，他的自畫像有威嚴有邋遢、有富有有貧窮、有堅毅有崩潰，他幾乎從未以象徵博學的物品來擺設——如地球儀、書籍或科學儀器——但在捕捉臉頰或下巴上的瑕疵與皺紋、鼻子上不均勻的斑點時，他毫不留情，正如十七世紀佛羅倫斯藝術史家菲利普．巴爾迪努齊（Filippo Baldinucci）所稱的：「那張長得不好看且平凡的臉」（原注15）。看著林布蘭的自畫像就是要感受他具穿透力的凝視以及他內省的天性，懷特對這些肖像的看法是：「你在看他的同時他也在盯著你，他不會輕易地透露自己的秘密。」（原注16）。

林布蘭的自畫像透露許多他的思維模式，但並非全部；例如，雖然在林布蘭作畫的時期，荷蘭正處於八十年獨立戰爭期間，荷蘭共和國重兵防守，但林布蘭鮮少描繪自己武裝的樣子，他從未加入民兵部隊，儘管有少數早期作品顯示他穿著沒有遮蔽肩膀的鉸鍊金屬頸甲，但這可能更像是一種流行的表徵，而非表現尚武。在那幾十年間，林布蘭描繪自己是個崛起的明星、中年義大利文藝復興大師、墮落的酒館無賴，甚至是使徒聖保羅——那幅畫並非要表現虔敬或聖潔，而是充滿了林布蘭從一六六一年開始感受到的卑微，當時他破產、失寵，也遭人鄙視。他的全系列自畫像就像一趟多利安．格雷式（譯注17）的旅程，貫穿林布蘭生命的高潮與低谷、燦爛與隕落，它們就像一本深刻的自傳，也是任何作家成套的筆記本和書信，就這一點來說，每一幅肖像都是歷史瑰寶，被竊賊盜走一幅就像失去了一頁莎士比亞的原稿或達文西的日記。

＊＊＊

斯德哥爾摩的這幅自畫像前一百五十年的下落並不清楚，已知最早的主人是荷蘭的伊萊亞斯．凡．德．哈芬（Elias van der Hoeven），但他在何時獲得這件作品、來自何人已經不可考。一七六八年這幅畫從這位荷蘭人的收藏中出售，目錄上寫著「林布蘭繪製的精美頭部肖像，是他的自畫像」（原注18）。儘管位於阿姆斯特丹的林布蘭研究計畫一度質疑這幅畫的作者（他們現在已經接受了），但凡．德．馬克（J. van der Mark）在讀了那份目錄後毫不遲疑，立刻以三十五荷蘭盾買下這幅畫，五年後他以五十荷蘭盾售出（相當於今日的二千五

原注15：克里斯多福．懷特，《林布蘭》（倫敦：泰晤士與哈德遜出版社，1984）。
原注16：同上。
譯注17：王爾德小說《美少年格雷的畫像》男主角；俊美的少年格雷請畫家爲他畫了一幅肖像，爲了留住青春美貌，格雷許願讓畫像代替自己老去；隨著時間流逝，格雷的外表沒有老化的跡象，但畫像卻慢慢地老醜。爲了毀掉這張醜陋的畫像，格雷先殺了畫家，又試圖毀掉畫像，最後格雷被人發現因胸口刺傷而死，面容變得又老又醜，而裂開的畫像卻恢復年輕俊美的樣貌。
原注18：斯地廷基金會林布蘭研究計畫，《林布蘭畫作全集：卷I》。

百美元），他是這麼描述這幅畫：「林布蘭，這位藝術英雄在這件作品上描繪他自己，穿著披風、戴著一頂天鵝絨帽，在銅版上顯得生氣勃勃。」（原注19）。接下來這幅畫到了巴黎貴族手中，接著又回到荷蘭，之後到了維也納成爲私人收藏。一九五六年，這幅自畫像在斯德哥爾摩的林布蘭展中展出，之後被瑞典國家美術館永久收藏，四十四年來平平靜靜地掛在美術館裡，直到三名歹徒在十二月的寒冬裡衝進美術館奪走它（原注20）。

這三名偷走林布蘭和兩幅雷諾瓦的竊賊在搶案後帶著戰利品到哪是個謎，博物館研究主任卡瓦利－比約克曼記得一開始擔心最糟的狀況：「我們很害怕畫遺失了，我們有各種想像，也許他們在水裡弄丟了畫，我們再也見不到這些畫。」（原注21）。由於調查人員沒有任何線索，她的恐慌可想而知。沒有監視錄影機、又製造了道路事故延遲以分散注意、還有滑雪面罩以及整體的速度和效率，讓竊賊有了相當有利的開端，看來他們幹下了一樁完美犯罪，但藝術犯罪鮮少完美。

在歹徒離開美術館登上那艘橘紅色的外掛引擎快艇時，他們犯了個大錯，這足以讓調查人員緊追著他們的蹤跡；因爲過於興奮激動，他們在登上逃脫艇時沒有謹愼地放慢速度並且保持安靜，在飛奔經過防波堤邊上的小型避風港時，他們開始歡欣鼓舞地誇耀這次成功的搶劫，喧鬧聲引起了在避風港工作的一名男子注意，他看到這三名男子手腳並用地爬上船，因爲對這股騷動感到好奇，他決定開自己的機動平底船保持一段安全距離跟蹤這幾個情緒高昂的亡命之徒。歹徒在斯德哥爾摩迷宮般的運河裡疾馳，經過史凱普修曼島，丹維科斯圖爾橋下，並且越過一個海灣，最後在馬拉倫湖岸上的小漁港停泊，他們把船棄置在那裡，溜進了樹木叢生的鄉間。當悄悄的跟蹤者在停船處追上這艘船時，引擎還是溫的，他明白這是那群喧鬧的男子上岸的地方，他仍舊覺得他們的行爲很可疑，於是報警處理。

這是相當驚人的一著，調查人員很快地公佈那艘船，並且將照片發給媒體。那張照片登上瑞典全彩的最大日報Aftonbladet頭版，並且在電視上一再播放，沒多久就有人認出來了一名叫帕爾．倫馬克（Pär Lundmark）的當地人告訴警察他最近以三百美元現金把那艘船賣給一名荷蘭人，買主最關切的是這艘船在寒冷的天氣裡能否正常發動。

「我已經買了一艘新船，舊的要賣掉，這個人打來非常急切地想買下。」倫馬克說道（原注22）。買主在測試過後很滿意，買下了這艘船，並且問倫馬克是否可以借他拖車運送這

原注19：同注18。
原注20：這幅一六三〇年自畫像的出處來自斯地廷基金會林布蘭研究計畫，《林布蘭畫作全集：卷I》，P426。
原注21：卡瓦利—比約克曼的訪談，摘自《竊盜的藝術：大騙局》，BBC電視影集竊盜的藝術（2007）其中一集，Electric Sky製作公司協同失竊藝術品登錄機構（英國）製作。
原注22：帕爾．倫馬克的訪談，摘自《竊盜的藝術：大騙局》，BBC電視影集竊盜的藝術（2007）其中一集，Electric Sky製作公司協同失竊藝術品登錄機構（英國）製作。

艘船，賣家同意了，但有一個條件：買家留下手機號碼當作擔保。買主答應了。

警方相當高興倫馬克保留了收據，收據上還有買家匆匆寫下的手機號碼，不到二十四小時他們就從毫無線索到可能擁有其中一名搶匪的手機號碼，「這大概是他們犯下最大的錯誤。」波札巡官說道，「這個號碼給了我們很多可以繼續追蹤的線索，因此這是關鍵。」

警方開始調查這個號碼的通聯紀錄，發現這個號碼與在斯德哥爾摩南方活動的一幫歹徒和偷車賊有關，「這些人不是重罪犯，」波札說道，「他們犯的是像偷車、販毒等輕罪，不是主謀。」從通聯紀錄中得到一名知名罪犯的電話號碼，他專門偷的車款「就是在美術館外燃燒的那種。」波札說道。

這名偷車賊和兩名正在斯德哥爾摩十英里外最低警戒監獄服刑的囚犯有聯繫——一個是瑞典人史帝芬．諾爾斯特隆（Stefan Nordstrom），一個是俄國人亞歷山大．佩托夫（Alexander Petrov）——儘管案發當時兩人都在服刑，看似是完美的不在場證明。但諾爾斯特隆和佩托夫正巧都是監獄允許在週末休假的「低度危險囚犯」，和佩托夫不同的是，諾爾斯特隆最後一次休假後沒有歸營（就在搶案之前不久），並且依舊下落不明。

搜查諾爾斯特隆的牢房發現了先前藝術搶案的新聞簡報，其中有些是講述一起一九九三年的斯德哥爾摩竊案，那是少數採用類似好萊塢式大膽行動的搶案之一，這起案件的竊賊在戒備疏鬆的瑞典現代藝術博物館屋頂挖了一個人形大小的洞，以繩子垂降到展示廳，搶走了六幅畢卡索以及兩件喬治・布拉克（Georges Braque）（譯注23）的作品。保險公司估計這些失竊作品價值高達五千二百萬美元，盜賊從他們進入的地方離開，甚至還在牆上留下腳印（原注24）。

警方也發現諾爾斯特隆曾拜訪過斯德哥爾摩的拍賣行（原注25）。由於那幅林布蘭價值四千萬美元，兩幅雷諾瓦也有一千五百萬美元的價值，諾爾斯特隆和佩托夫成了瑞典史上最大搶案的頭號嫌疑犯。瑞典官員並非沒有注意到他們是在獄中策畫搶案，並且利用休假期間犯案，「這眞的很丟臉。」司法部長湯瑪斯・波斯特隆（Thomas Bodstrom）承認道。

十二月二十八日，搶案過後一週，佩托夫的律師聯絡警察並且表示願意擔任中間人取回畫作，調查人員和律師見面，他拿出像人質般的雷諾瓦畫作照片，放在近日報紙旁，律師說根據他的專業誓詞，他不能透露竊賊的名字。

然而，基於調查有著大幅的優勢，所有參與歸還行動的人都不願意支付贖金。「我們的任務不是處理失竊藝術品，我們的立場是我們不和罪犯談判，」警長列夫・傑尼維斯特

譯注23：一八八二—一九六三年，法國立體主義畫家與雕塑家。

原注24：這起竊案有點類似一九五五年的法國黑色電影《警匪大決戰》（*Rififi*），不同的是電影講的是珠寶竊案。

原注25：安德斯・費倫紐斯（Anders Fellenius）訪談，摘自《竊盜的藝術：大騙局》，BBC電視影集竊盜的藝術（2007）其中一集，Electric Sky製作公司協同失竊藝術品登錄機構（英國）製作。

（Leif Jennekvist）聲稱，「我們一毛錢都不會付。只要有人願意付贖金，這種藝術犯罪就會一直存在。」（原注26）。

警方派遣一支小組在佩托夫下次離開監獄和律師碰面時監視他，他們看見他和失蹤的諾爾斯特隆一起出現在律師辦公室外。當這兩人分開時，拿著袋子的諾爾斯特隆遭到逮捕，警方在他的袋子裡發現更多失竊雷諾瓦畫作的拍立得照片。

這群俐落地犯下搶案的搶匪和共謀，在後續行動上卻非常笨拙、不謹慎也缺乏訓練，警方在諾爾斯特隆的拍立得照片上採到佩托夫的指紋而逮捕他。在該犯罪集團常出入的地下室找到的一本備忘筆記本詳細紀錄了犯罪細節，大部分的共犯——大約有十多人——都被圍捕了，儘管警方從來沒確定是哪三個人衝進美術館，但他們確定逮捕了這幫人及其首領。佩托夫被判了八年，諾爾斯特隆六年，其他人則獲判較輕的刑期，好笑的是他們也被判處必須支付美術館四百五十萬美元的賠償金。

儘管在訴訟上取得勝利，最主要的問題卻沒有解決——那些畫在哪理？博物館高層一定很擔心這些藝術品變得更深入地下而難以企及，否則這幫人一定會拿出來換取寬大的處理。他們既焦慮又困惑，忙於加強美術館的保安以及應付反控，沒有意識到就要有重大突破了。

就在審判過後幾個月，關於這些藝術品的消息開始在瑞典黑社會流傳（原注27），波札表示警方接到線報，雷諾瓦的〈對話〉準備出售，他們部署一名探員安排買畫事宜，可能拿回畫作並逮捕更多竊賊。

一名臥底警探滲透到犯罪集團，很快地就安排和「賣家」在斯德哥爾摩的一家咖啡館見面，這名臥底安排這場會面的藉口是他有個買家正等著買〈對話〉，但必須確認是眞跡；當歹徒拿著雷諾瓦在咖啡館現身時，臥底吃了一驚，不過眞畫是放在盒子裡並且拿到廁所展示給這名臥底看，在裝模作樣地用放大鏡檢視過後，探員告訴他們：「我們有個買主，他會買下這幅畫。」（原注28）。嫌犯們很滿意地離開咖啡館，不過沒走幾條街就連人帶畫被捕，警方隨即掃蕩集團的餘黨——包括波里斯柯．斯托夫的兒子亞歷山大．「沙夏」．林德葛蘭，以及巴哈．喀德罕和他的三名兄弟。他們沒有找到其他失竊畫作，而且只有一名瑞典嫌犯進了監牢，其他人因爲主張警方使用誘捕行動而被釋放。至今還沒有關於林布蘭〈自畫像〉的耳語流出。

原注26：茱莉安．伊榭伍德（Julian Isherwood），〈瑞典不會支付藝術贖金：價值四千五百萬美元的林布蘭與兩幅雷諾瓦在搶案中被劫〉，《每日電訊報》，2001.1.2, 3。

原注27：瑞典仍被視爲低犯罪率的國家，但長達十年的時間俄羅斯人、保加利亞人、塞爾維亞人以及其他前蘇聯集團的人口流入，情勢已經有所改變，現在這裡已有國際犯罪組織網路滲入，看上了瑞典對罪犯所抱持的傳統自滿的心態。

原注28：出自《竊盜的藝術：大騙局》。

＊＊＊

約莫四年半之後，在距離四分之一個地球遠的地方，聯邦調查局組織犯罪小組正調查一個在洛杉磯地區活動的保加利亞犯罪集團，調查局的重點是毒品，但卻發現了藝術品。

根據竊聽得來的情報，雷諾瓦的〈巴黎青年〉在當地保加利亞毒販的手中，其中一名保加利亞人是在一九九〇年代末從瑞典非法入境美國（原注29）。二〇〇五年三月聯邦調查局得知這些保加利亞人想把〈巴黎青年〉運出洛杉磯，這使得調查變得急迫。調查局獲得良機，竊聽對話的探員攔截到一通集團大老波里斯柯．斯托夫的電話，他們聽到他不只談到雷諾瓦，還有林布蘭，他們監視他的屋子，看到他把一包〈巴黎青年〉畫作大小的袋子放進卡車，探員立即現身，結果發現那袋東西是他的乾洗衣物，但柯斯托夫還是因爲販毒的指控被捕；經過幾小時的訊問，他理解到竊聽得來對他不利的證據之廣泛，再加上他六十六歲了，很有可能會死在牢裡（原注30），於是招供了。

柯斯托夫急著想和警方達成協議，他說雷諾瓦畫作是從瑞典走私過來給他的，他立刻領著當局找到〈巴黎青年〉——藏在當地一家當舖的地下室。聯邦調查局探員強納森．莫瑟（Jonathan Mosser）表示：「就它過去四年半都靠在這牆上來說，這幅畫的狀況良好，其實它是被裝在畫袋裡，外面還包著幾條毛巾和零售商店的購物袋。」(原注31)。

在聯邦調查局將焦點轉向林布蘭時，柯斯托夫的協助更有價值；柯斯托夫想方設法要得到寬大處理，這個魁梧的保加利亞人說他在瑞典有個聯絡人知道林布蘭作品的下落，這個人不是別人，正是四年前因美術館竊案被捕但沒有入獄的亞歷山大·「沙夏」·林德葛蘭，現在仍住在瑞典，是柯斯托夫的兒子。

就在聯邦調查局在洛杉磯對柯斯托夫施壓的同時，他的兒子也承受了來自兩名同夥——巴哈和迪雅·喀德罕——要求廉價脫手林布蘭的壓力。柯斯托夫毫不遲疑地同意牽連自己的兒子入罪以逃過牢獄之災，調查局要求瑞典警方監視林德葛蘭和喀德罕兄弟，並且竊聽林德葛蘭和在美國的父親聯絡的電話(原注32)。聯邦調查局確信這三個人是當眞想要賣掉這幅林布蘭，便派出他們最靠得住的藝術竊案終結者——特別探員羅伯特·威特曼。

威特曼的生涯相當傳奇，他是聯邦調查局藝術犯罪小組的幕後推手，多年來成功假扮不

原注29：羅伯特·威特曼、約翰·席夫曼，《追緝國家寶藏：FBI首席藝術犯罪探員臥底破案實錄》（紐約：皇冠出版社，2010），P226-7。
原注30：同注29，P222。
原注31：強納森·莫瑟（Jonathan Mosser）的訪談，出自《竊盜的藝術：大騙局》。
原注32：出自《竊盜的藝術：大騙局》。

義的藝術專家，典型的做法就是冒充組織犯罪的買主，帶有部分學者性格、部分勇於冒險的精神，威特曼在巴黎、費城、里約熱內盧、邁阿密和馬德里都曾設下陷阱，尋獲竇加、羅丹、哥雅以及達利的作品，以及上百件國內外的瑰寶和傳家寶，他尋回的物品總價值高達二億美元。

威特曼在這些輝煌戰績中的假名叫什麼呢？正是鮑伯·克雷。

＊＊＊

就這樣，二〇〇五年九月鮑伯·克雷來到丹麥哥本哈根和波里斯柯·斯托夫的兒子沙夏·林德葛蘭見面，為了讓林德葛蘭相信他是認真的，克雷出示二十五萬美元（聯邦調查局提供並且做上記號），而柯斯托夫就在一旁，當他兒子吞下克雷的誘餌時表示讚許。這些錢足夠說服林德葛蘭和他在瑞典的伊拉克同夥相信已經有買主上鉤了，喀德罕兄弟同意帶著林布蘭作品到哥本哈根，與林德葛蘭、柯斯托夫以及克雷完成這筆交易。

這招狡猾的跨國策略是誘使伊拉克人進入圈套的必要步驟：柯斯托夫告訴他們他是瑞典的通緝犯——這是事實——因此最近只能來到丹麥，這種亡命之徒的身分使得伊拉克人對他更為敬重，因此當柯斯托夫提議他們都到距離斯德哥爾摩五小時火車車程的哥本哈根和克雷會合時，這個建議聽起來很可信，於是喀德罕兄弟出發了，而兩國的警察尾隨在後，儘管他們帶了一個可能裝有林布蘭畫作的袋子，但警察沒有發動逮捕——擁有贓物還不足以指控他們——警方希望在交易時逮人。

任何具有跨政府合作或不同執法單位共同行動經驗的人都知道爭奪勢力範圍有多可怕，犯罪調查的紀錄上充斥著因為不同機構間溝通及合作破裂導致嫌犯未受應有的制裁便逃脫的事例，有鑑於此，情感上受了傷的瑞典警方在這次誘捕行動中表現出令人讚賞的冷靜，他們密切地注意〈自畫像〉的歸還行動，但完全信任丹麥當局和聯邦調查局臥底的一名探員，讓他們放手去做。

九月十五日傍晚，克雷和柯斯托夫在斯堪迪克旅館的大廳等待三名目標人物，當他們抵達時，克雷大概說明了交易會怎麼進行，他的現金在一個房間裡，但交易在另一個房間——一個裝有錄音錄影設備的房間——巴哈．喀德罕跟著克雷和柯斯托夫進到放錢的房間，他貪婪且小心地數著錢，「就是在這個時候我知道我會抓到他，」威特曼回憶道，「喀德罕流露出那種多數罪犯自認可以全身而退、計畫就要成功時的神情。」（原注33）。

克雷指示喀德罕去取林布蘭作品並拿到那間裝有竊聽設備的房間，「拿來給我，我會檢

原注33：同注29，P231。

查、辨認眞假，如果一切沒問題，我們就交易。」克雷這麼告訴他（原注34）。

喀德罕滿意地離開房間，表面上是要去向等在大廳拿著袋子的兄弟和林德葛蘭取畫，但這三個人卻突然離開旅館，讓警方大吃一驚，所有的準備和辛苦工作看似付諸流水了。難道他們的僞裝被識破了？一名威特曼的臥底同僚打手機給他，討論這令人沮喪的情勢變化。

原來喀德罕和他的同謀也有自己的策略，他們帶著的袋子是個誘餌，意圖引出過於心急的警察，現在他們看到二十五萬美元的現金便心滿意足，並且相信這起交易是眞的，於是去取眞正的袋子。之後喀德罕回到克雷裝有監視設備的交易房間，拿著那個後來證實很難打開的袋子敲了門，克雷掛掉電話前去應門，攝影機開始轉動，喀德罕帶著失蹤的林布蘭走了進來。

克雷仔細檢查那幅畫，其實只是做做樣子，他馬上知道那是眞品，根據他所知道的那幅畫背面的特徵——三張瑞典美術館的標籤和好幾個深槽孔，克雷立刻看到這些特徵。

接著鮑伯·克雷正式變身成鮑伯·威特曼，在丹麥特種部隊待命之下，威特曼說出了讓他們展開突擊的暗號：「太好了，我們成交。」接著他走進房間的浴室，將那幅有框的銅版自畫像護在胸前，萬一開火的話，他準備低身以浴缸做掩護，但沒有發生槍戰，特種部隊迅速地攻克被嚇傻的嫌犯，他們不費吹灰之力就逮捕了巴哈·喀德罕和他的兄弟以及被出賣的林德葛蘭。

被問及這次成功誘捕的感想，威特曼這麼說：「一名藝術調查員終於找到他追蹤已久的作品，這種感受無可比擬，這是那種『我發現了！』的時刻，我用我的小孩出生的時刻來比擬，這是種飄飄然的感覺，你的腳碰不著地，但差別在於，和小孩出生相比，這只持續了一會兒，但小孩會持續多年，這就是當我終於用雙手將那幅一六三〇年林布蘭〈自畫像〉抱在胸前時的感受。」(原注35)。

這幅畫迅速歸還國家美術館，當時他們正要舉辦一場名爲「荷蘭黃金時代：林布蘭、哈爾斯（Frans Hals）以及同時期的畫家」的展覽，有了這個誘捕行動故事並尋獲了全球矚目的作品，收藏部門主管托斯登．甘納森（Torsten Gunnarson）終於在五年來的折磨中看到一絲光明。

「這場展覽已經吸引了很多目光，但我們更高興失落的環節可以歸位，」甘納森說道，「這時機眞是令人難以置信。」(原注36)。不過，憤世嫉俗的人也許會懷疑竊案能否提高美術館的國際知名度。

原注34：出自《竊盜的藝術：大騙局》。
原注35：作者訪問羅伯特．威特曼。
原注36：法新社，〈失竊林布蘭重現瑞典，嫌犯拘留〉，2005.9.22。

當展覽開幕時，林布蘭得到了〈蒙娜麗莎〉的待遇——被擺在玻璃櫥窗之後，還有特別指派的警衛守在一旁。「現在作品找回來了，我們要讓大家知道我們有很好的保全，而且特別照顧它。」保安主管簡·伯肯洪（Jan Birkenhorn）說道。

但他同時也說：「我不認爲你能在武裝搶案中保護自己，如果對方用槍威脅，你也只能站到一邊去。」（原注37）。

後記

喀德罕兄弟和亞歷山大·林德葛蘭因爲收受贓物被定罪，但他們的判決在瑞典上訴法院中逆轉，上訴法院裁定他們是被美國和瑞典警方「誘導」入罪，他們現在仍住在瑞典。

羅伯特·威特曼已經從聯邦調查局退休，和人共同執筆將他的輝煌事蹟寫成書《追緝國家寶藏：FBI首席藝術犯罪探員臥底破案實錄》（*Priceless: How I Went Undercover to Rescue the World's Stolen Treasures*），他的合著作家是記者約翰·席夫曼（John Shiffman）。

歷經二〇〇〇年的突襲和二〇〇四年挪威奧斯陸孟克美術館武裝攻擊後（這次竊案中被盜走了〈吶喊〉和其他作品），瑞典政府已經加強藝術保安。二〇〇四年年底當加拿大收藏家出售林布蘭一六三五年的作品〈研讀中的敏娜娃〉時，保安措施包括持槍警衛、防彈玻璃以及二十四小時攝影機監視。林布蘭的作品很少出售，而這件描繪智慧女神的作品要價四千二百萬美元。

這使得林布蘭故居博物館館長鮑伯・凡・德・布格特博士（Bob van den Boogert）評論道：「想買林布蘭的人應該把握機會，林布蘭作品如果進了博物館就再也出不來了。」（原注38）。

不幸的是，許多竊賊仍抱持挑戰的野心。

原注37：同注36。

原注38：凱倫・瑪提斯（Karen Mattias），〈歷史畫作在嚴格保安中標上歷史性的價格，林布蘭作品要價四千六百萬美元〉，美聯社，2005.9.25。

第八章 這不是林布蘭

時機就是一切，對生命、藝術以及藝術犯罪都很重要。林布蘭生於荷蘭黃金時代——一段短暫且活躍的時期——當時的荷蘭，尤其是阿姆斯特丹是世界經濟、科學及文化的匯集地，十七世紀荷蘭創立了世上第一個證券交易所、跨國公司以及中央銀行體系，他們是船運、貿易以及殖民的一股巨大勢力，全球勢力範圍遠超過英、法，在公海的力量和對手西班牙勢均力敵，有了水利、風力發電以及泥炭能源等革新，加上大型鋸木機的發明，他們領先全球航行到亞洲、印度和非洲，並且帶回全世界的貨品。沿著阿姆斯特丹的碼頭走一趟就像環遊世界，自由的非洲人、受迫害的歐洲猶太人及新教徒，夾雜著法蘭德斯碼頭工人，還有來自有權有勢、利潤豐厚的荷蘭東印度公司內喀爾文教派的高級官員和高層職員；倉庫裡堆滿了胡椒、肉豆蔻、絲綢、鹽、冰、珍奇的木頭、啤酒桶、菸草、麥芽酒，以及來自剛果、日本、印尼和南北美洲的花卉，就算看到一、兩頭馬戲團的大象在那裡漫步也不稀奇（林布蘭就畫過好幾幅），荷蘭盾是全球通用的貨幣，就在無懼的荷蘭探險家試圖將足跡踏至中國、北極圈時，歐洲工人急切地移民到這片擁抱外國旅客、提供無比宗教包容的土地，思想家如笛卡兒和斯賓諾莎（Spinoza）（譯注1）都曾住在荷蘭，他們對微生物學家雷文霍克（Anton van Leeuwenhoek）（譯注2）的開創性成就以及工程師萊赫瓦特（Jan Leeghwater）（譯注3）開拓土地感到驚奇。荷蘭有世上最早的書籍出版商，以小冊子評論時事以及辦報也很常見，任何有精力和野心的人都能在這個堪稱當代曼哈頓的地方找到康樂之道，甚至成功致富。深植於美國憲法及其他偉大民主文獻的平等主義是在黃金時代的土壤中滋長的，而林布蘭就是這個國際化年代的敏銳觀察家，要是他生在一個更箝制的君主政體或宗教體系之中，很難想像他的作品和生命會如此多采多姿、發光發亮又有趣，他發展事業的時機是給後世的一項禮物。

就平凡一點的層面來說，時機對於成功地犯下林布蘭竊案也相當關鍵。竊賊傾向在假日或假日前後犯案，那時候的保安措施看來較鬆，物主及監督管理者也有較多事情要分心，執法人員知道這一點，所以假日巡邏通常較爲吃緊，而報案和警報系統的反應也較遲緩，需要二十四小時保全的博物館特別容易受到打擊。

一個明顯的例子就是一九九〇年三月十八日的伊莎貝拉史都華加納博物館竊案，竊賊們在凌晨一點二十四分進入館內，雖然在時間上聖派區克節（St. Patrick's Day）（譯注4）已經結束了，但整個城市還有許多喝酒狂歡的慶祝活動。合理推測這起搶案是計畫在波士頓警力吃緊的夜晚進行，此外，竊賊使用的手法——僞裝成「處理騷動」的警察——在一個充滿狂歡

譯注1：一六三二—一六七七年，十七世紀荷蘭的哲學家。
譯注2：一六三二—一七二三年，改良顯微鏡，被尊稱爲微生物之父。
譯注3：一五七五—一六五〇年，荷蘭水利工程師，利用風車將許多湖泊抽乾，爲國家增加許多土地。
譯注4：紀念愛爾蘭的主保聖人，聖博德主教（約三八五—四六一年）的節日，在每年三月十七日舉行。

派對的夜晚也很有效。

儘管加納竊賊的策略很成功，但最受藝術竊賊青睞的節日——特別是林布蘭竊賊——是耶誕節，一九七三年辛辛那提塔夫特博物館兩幅林布蘭遭竊、二〇〇〇年的斯德哥爾摩〈自畫像〉以及一九六六年不幸的「外帶林布蘭」第一次在達利奇美術館被盜，都發生在耶誕節前後一個星期內，而一九七八年的耶誕夜，竊賊進入舊金山迪揚紀念博物館（M. H. de Young Memorial Museum），目標鎖定林布蘭，他們的時機證實無懈可擊。

* * *

關於迪揚竊案的許多面向——包括最重要的犯人身分——在三十多年後仍是個謎，沒有人知道有多少竊賊進入博物館，或是確切的犯案時間。根據那晚的保安巡邏，調查人員只能說竊案發生在午夜和黎明之間；直到清晨，一名警衛在巡視荷蘭廳時看到地上的碎玻璃才發現這起犯罪，當他抬頭時看到天窗上有個大洞，接下來他發現荷蘭廳牆上的四幅畫不見了（原注5），分別是林布蘭的〈拉比肖像〉（*Portrait of a Rabbi*, 1657）以及荷蘭畫家凡·德·尼爾（Eglon van der Neer）的〈河流夜景〉（*River Scene at Night*）、小凡維爾德（Willem van de Velde）的〈海港〉（*Harbor Scene*）以及德·羅姆（Anthonie de Lorme）的〈鹿特丹聖羅倫斯教堂內景〉（*Interior of St. Lawrence Church in Rotterdam*）。

迪揚的建築並非以保安爲重點，這個建築的特點就是展示林布蘭畫作的房間上方有天窗（這和外帶林布蘭的所在地倫敦達利奇美術館很類似），迪揚的竊賊從博物館外牆爬到屋頂，調查人員推測竊賊用繩梯攀爬這棟建築，一到達屋頂，他們就解除警報並且通過天窗到達荷蘭廳，拿走了四幅畫作並且墊著古董荷蘭櫥櫃爬回屋頂（原注6）。詭異的是竊賊從牆上取下五幅畫，卻留下一幅林布蘭的〈約里斯德考勒里〉（Joris de Caullerie, 1632）肖像，這幅畫被發現躺在荷蘭廳的地板上，專家估計〈約里斯德考勒里〉肖像價值超過一百萬美元，至少和〈拉比肖像〉一樣值錢。

根據被拿走的畫像尺寸和大小，以及把這些畫運上天窗所需的工程，調查人員推測至少有兩名竊賊進到博物館，除此之外，沒有找到任何實際的線索。

迪揚在博物館圈裡並不算易受攻擊的目標，它最近才贏得受歡迎的圖坦卡門法老巡迴展，部分原因正是它有健全的保安措施，不過有個引人注目的插曲，四個月前，一九七八年八月一名持槍搶匪強行進入博物館，制伏一名博物館警衛並且試圖偷走〈拉比肖像〉，但被前來的第二名警衛制止（原注7）。在耶誕節竊案過後，博物館當局斥資一百二十萬美元徹底

原注5：帕內・古普特（Prunay Gupte），〈四幅畫作包括一幅林布蘭舊金山遭竊〉，《紐約時報》，1978.12.25。

原注6、7：同上。

檢修保全系統以迎接圖坦卡門法老展（原注8）。

即使這個成功的耶誕節〈拉比肖像〉竊案標示著在短時間內這幅三十一英寸乘二十五又二分之一英寸的林布蘭畫作被竊賊相中兩次，但仍沒有浮現確切的證據。迪揚的館長伊安·懷特（Ian White）告訴媒體這起竊案「可能是內賊所爲」，他還說「他們知道有天窗，也知道位置在哪」（原注9）。竊賊不需要機密文件就可以知道天窗就在荷蘭廳上方，也可以知道拆毀夠多的玻璃就能潛入博物館。但竊賊也知道天窗上有警報器，並且知道警報器如何運作，沒有這些資訊，他們便無法輕易地解除警報。儘管竊案發生時有警衛在館內，但他們的行動並未觸動館內的監視系統，此外，竊賊們似乎也知道警衛在閉館期間的行動，他們潛入時警衛正好不在荷蘭廳附近巡視，如果在那附近的話，就會聽到玻璃碎裂、五幅畫從牆上取下、兩幅畫從畫框移除、在地板上移動厚重的荷蘭木頭櫃以利逃脫，以及將畫作運上破裂天窗的困難行動。警方也認爲這是一起監守自盜的案件。

運用內部消息在藝術竊案中很常見，曾和聯邦調查局藝術犯罪小組合作的前聯邦助理檢察官羅伯特·高德曼（Robert Goldman）表示，百分之八十的藝術竊案都有內神通外鬼（原注10）。有內賊裡應外合是竊案成功的關鍵因素，儘管任何人都可以藉由反覆參觀某一家博物館謀畫出理論上可行的犯罪行動及逃脫方式，但知道博物館警報系統的具體細節及警衛的例行程序則可以成爲改變局勢的關鍵。此外，儘管竊賊可以很直接地判斷在美術館開館期間有多少警衛駐守在入口，但也需要內應告知館方採取何種程序或科技來防止日間的「突襲」竊案，警衛是否佩槍？是否配備可以立即通知警方的緊急按鈕？畫作在牆上固定得多緊？移動一幅畫是否會觸動無聲或有聲的警鈴？有沒有其他的路線逃脫，例如法律規定的太平梯？

除了這些明顯的問題，還有潛在的不確定性，計畫夜間潛入的竊賊可以從一些資料得到幫助，例如警衛在夜間巡視的時程、他們聯絡緊急處理部門的方法、夜間值勤的人數以及博物館在閉館後准許通行的規定（送比薩應該是不可能）。儘管竊賊和警衛串通看來是理想的狀況，但也未必一定如此，歹徒也知道一旦保全系統受到破壞，第一個會被盤問的就是警衛，共謀的內應要能虛張聲勢和非常冷靜才能擺脫所有的嫌疑，如果他在訊問中招供或者和罪犯之間的關係被發現，竊賊很快就有被捕的風險。更好的內線消息其實是來自口風不緊或酒後的員工，他們忍不住想告訴朋友、熟人或酒伴關於保全的細節或弱點，這種關係是調查人員幾乎追蹤不到的，而且也很令人惱火，因爲暗示竊案有內線消息的線索迫使調查人員必

原注8：雷．迪爾賈多（Ray Delgado），〈七八年失竊畫作重現〉，《舊金山觀察家報》，1999.11.1。

原注9：帕內．古普特，〈四幅畫作包括一幅林布蘭在舊金山遭竊〉。

原注10：克雷爾．摩根（Clare Morgan），〈一百四十萬美元騎兵肖像竊案可能是內賊所爲〉，《澳洲時代報》，2007.6.15。可見於http://www.theage.com.au/news/national/14m-cavalier-art-theft-probably-an-inside-job/2007/06/14/1181414466910.html。

須將焦點和人力放在與謀畫竊案無關的離職和現任員工身上。

＊＊＊

帶走〈拉比肖像〉的竊賊一定覺得自己是行家，因爲他們成功逃脫而且沒有留下線索。迪揚失竊的作品登上國際刑警組織的全球「十二大追緝藝術品」的名單中，然而警方卻連搶匪的邊都還摸不著。但這些竊賊卻不知道成了失竊林布蘭的主人會有什麼麻煩。首先，他們顯然認爲〈拉比肖像〉和另一幅偷竊作品（〈鹿特丹聖羅倫斯教堂內景〉）在整理過後可以賣得更好的價錢，但他們不是受過訓練的維護專家，事實證明他們的行爲傷害了這兩幅畫作（原注11）。迪揚館長林恩・歐爾（Lynn Orr）後來表示在〈拉比肖像〉上發現「乳白色的長方形污點」（原注12），這樣的損害當然會減損畫作價值（畫作維護與修復是世上要求最嚴格的工作之一）。但〈拉比肖像〉因罪犯傷害導致的貶值還不及學者研究所造成的影響；在竊案發生前十年，林布蘭學者霍斯特・格爾森（Horst Gerson）就質疑這件作品的作者歸屬，他談到〈拉比肖像〉：「我不確定這是林布蘭眞跡。」（原注13）。迪揚竊賊拿走這幅畫時，至少在一般外行人眼裡還認爲是眞跡，但對這件作品的懷疑也開始蔓延。

很難說迪揚搶匪到底知不知道外界對這幅目前號稱林布蘭作品的質疑正在蔓延，但從歷史經驗來說，他們不太可能知道。儘管他們善於搬走畫作，對於銷贓獲利卻不太在行，此外基於無知，他們在行搶時通常略過較值錢的作品。這些搶匪拿走〈拉比肖像〉時，他們拿走的是一幅出自名家之手的貴重作品——或至少在案發當晚是這樣——但若和他們留下的林布蘭〈約里斯德考勒里〉肖像相比，無論是藝術美感或價值都相形失色。但也不能過分苛責他們，學者們對於作者歸屬的持續討論——就算是大師之作——通常不會登上媒體版面，必須持續留意較冷門及專業的藝術史出版品以及學術研討會才會對〈拉比肖像〉的眞正市場價值有概念。今日這個功課變得較簡單，這要歸功於像法蘭克．桑史塔（Frank J. Seinstra）這類的資料編目人員。法蘭克是電腦工程師，也是阿姆斯特丹大學理學院的研究人員，他的線上林布蘭作品目錄被譽爲是這類編目中最完整且思慮最縝密的線上資源，他把和林布蘭相關的七百四十二件作品分爲三類：第一類油畫，「普遍被認爲」是眞跡的作品（總數二百五十三件）；第二類油畫，「有爭議或疑慮」的作品（總數一百一十九）；第三類油畫，「普遍被否定」或已證實爲其他藝術家的作品（總數三百七十）。今日林布蘭竊賊可以輕易地熟悉那

原注11：雷．迪爾賈多，〈七八年失竊畫作重現〉。

原注12：雪倫．佛萊榭（Sharon Flescher），〈三幅被竊畫作二十一年後重返迪揚博物館〉，《IFRA期刊》（1999/2000冬），P8。

原注13：同上。

些正統的作品。

＊＊＊

〈拉比肖像〉是一幅顏色陰暗的畫布油畫，據信是林布蘭在一六五七年所作，畫上憂鬱的主角留著棕色的長鬍鬚、鬢角、上半腮幫刮得很乾淨，戴了一頂絨布紅帽，這頂帽子和主人翁脖子上沈甸甸的金鍊讓這幅陰鬱的作品有了一線生氣和希望，拉比像畫至軀幹，他的頭和身體稍微轉向觀眾的右邊，而他的身分——和偷畫賊一樣依舊成謎。

林布蘭生涯中畫了很多猶太人以及猶太人的日常生活。阿姆斯特丹吸引了許多在歐洲其他地方遭受迫害的猶太人，在林布蘭時期，這個十二萬人口的城市有一萬五千個猶太人，而林布蘭就住在猶太人口密集區，他的鄰居之一是葡萄牙猶太人。一般的觀念都認爲荷蘭是個嚴厲的喀爾文教派聯邦政府，但事實上荷蘭比早期北美英國殖民地更包容多元宗教，許多十七世紀傑出的荷蘭畫家都在猶太人的主題上獲得靈感，從聖經到世俗題材，中世紀及文藝復興時期將猶太人描繪成魔鬼或荒唐可笑的諷刺畫，在荷蘭黃金時期的藝術作品中大體上是看不到的。林布蘭一幅備受喜愛的作品〈猶太新娘〉（*The Jewish Bride*, 1665）捕捉了新婚夫妻間溫柔親密的一刻，梵谷盛讚這幅畫，稱它是由「熱情之手」畫出的「充滿感情之作」

（原注14）。

〈拉比肖像〉畫在畫布上，外裝鍍金木製畫框掛在迪揚博物館裡，和〈約里斯德考勒里〉肖像一樣，是迪揚博物館在一九四〇年代取得的，但在三十年間，它漸漸失去名作風采。一九九九年十二月九日的會議紀錄指出，一份給現今的舊金山美術館（迪揚的主管機關）執委會的報告引述歐洲繪畫館長林恩．歐爾之言：「在竊案之前，重要的林布蘭學者就對〈拉比肖像〉是否爲林布蘭弟子所作提出質疑。」（原注15）。

二〇〇〇年，舊金山美術館主館長史帝芬．納許（Steven Nash）向媒體表示，林布蘭研究計畫在這幅畫失竊期間，以畫作的照片研究了十年，得到的結論是這幅畫很可能出自林布蘭的弟子，而畫中的主人翁是否眞的是拉比也未能確定（原注16）。

然而回到一九七八年〈拉比肖像〉遭竊之時，它是否爲林布蘭眞跡並不是個如此公開的

原注14：信件編號426（致西奧），1885.10.10/11，梵谷，《梵谷書簡全集，卷二》（*Complete Letters of Vincent van Gogh*）（紐約：Bulfinch出版社，2000）。

原注15：舊金山美術館執委會理事會會議紀錄，〈迪揚美術館一九七八年十二月二十四日失竊作品尋獲報告〉，1999.12.9。

原注16：約書亞．布蘭特（Joshua Brandt），〈失竊林布蘭非林布蘭所作，主角也許非拉比〉，Jweekly.com，2000.8.25。

問題，那年耶誕節的《紐約時報》頭條寫著「四幅畫作包括一幅林布蘭於舊金山遭竊」。儘管竊賊可能讀過美術館將這幅畫估價超過一百萬美元，但因爲館方表示這些畫全都沒有保險，他們獲利的選擇瞬間減少——沒有保險，獲得大筆贖金的可能性幾乎等於零。也許他們可以用這些畫來爲自己或同夥交易縮減刑期，就像麥爾斯．康納二世三年前在麻州所爲那樣，又或者他們可以在其他類型的黑市交易中用畫當作抵押品，這取決於搶匪和黑社會之間是否有實用的連結。但要以他們的犯罪獲得百萬美元的酬金已經不可能了，美術館只願提供五萬美元的賞金，不到畫作公開宣稱價值的百分之五（原注17）。基於這個搶案的危險性與複雜性以及進行交易的風險，竊賊不太可能爲這區區賞金所動，因此他們袖手旁觀，坐擁畫作幾十年，讓迪揚大爲窘困。

＊＊＊

迪揚美術館是以麥克．哈利．迪．揚（Michael Harry de Young, 1849-1925）命名，他是個傑出的新聞媒體經營者，也是藝術贊助人，巧合的是他的家族是荷蘭—猶太後裔，和林布蘭一樣，他的家裡也充滿了來自世界各地的珍奇異寶。迪．揚出生在對「獲得珍奇事物充滿渴望」的年代（原注18），他小時候就開始收集塡充絕種鳥類，之後迪．揚成爲中國木雕、哥倫布時代前的頭骨以及其他珍奇物品收藏家，在他無法繼續收藏後，他想把它們捐給舊金山公園委員會卻遭拒，後來他以二十六美元賣掉收藏，他在日後談到這段故事：「我從未忘記過這次買賣以及它帶給我的傷痛，當時我覺得我的小小寶藏被扔掉了。」（原注19）。到了一八九四年，此時的迪．揚已經是富裕且有影響力的編輯，並且擁有《每日要聞記事報》（*Daily Dramatic Chronicle*）（《舊金山記事報》的前身），也是舊金山冬至博覽會（長達五個月的西岸版世界博覽會）的重要推手；博覽會賺了不少錢，他也終於獲得公園委員會主席的同意，迪．揚以七萬五千美元開始建造他的博物館。一八九五年三月二十三日，他將博物館呈現在大眾眼前，「前提是博物館會以紀念博物館的名稱保留在金門公園內，在每個工作天免費對外開放」（原注20）。紀念博物館在一九〇六年那場摧毀舊金山的大地震及火災中嚴重損毀，因爲這場浩劫，以及收藏品日漸增多，迪．揚在一九一七年提供經費蓋新的邊廳。

原注17：雷．迪爾賈多，〈七八年失竊畫作重現〉。
原注18：麥克．哈利．迪．揚，〈失望造就金門公園內的博物館〉，《加州生活》（*California Living*），再版於「舊金山的虛擬博物館」，可見於http://www.sfmuseum.org/hist10/mhdeyoung.html
原注19、20：同上。

迪・揚身為企業家與民間領袖的一生還有其他著名事件，除了創立《每日要聞記事報》和博物館之外，他也擔任美聯社董事長達二十年，還曾因為暗殺事件幾乎喪命，兇手是加勒比海糖業鉅子的兒子阿道夫・斯普瑞克斯（Adolph Spreckels）。斯普瑞克斯因為對《每日要聞記事報》上的一篇負面文章不滿，等在迪・揚的辦公室外，在迪・揚走進時對他開了兩槍，迪・揚身受重傷但挺了過來（原注21）。在接下來的謀殺未遂審判中，陪審團接受斯普瑞克斯以精神疾病為由抗辯，他獲判無罪（原注22）。但命運奇妙的轉折，斯普瑞克斯日後將加州榮譽軍人紀念堂捐給舊金山市，今日這棟建築和迪・揚博物館一起併入舊金山美術館。

迪・揚一九二五年過世（他比斯普瑞克斯多活一年）後一年，他原本的建築被宣告是危險建築，而正式命名為迪揚紀念博物館的第三邊廳在一九三一年興建，自此之後，迪揚博物館默默地度過了半個世紀，慢慢地從秘魯和非洲添購人類學收藏、早期美洲裝飾藝術品以及歐洲油畫，例如〈拉比肖像〉。漫步走進八十年前的這座博物館，你可以看到阿茲特克的箭和面具、治安維持會成員的掛繩、保存在罐子裡的兩頭蛇、大理石雕像、塡充金絲雀、早期加州風景畫、南北戰爭時的帳篷釘以及鼴鼠皮，有一段時間迪揚紀念博物館被稱為「城市的閣樓」。

之後到了一九七八年，迪揚紀念博物館獲得了一次大肆宣傳的機會，約翰・洛克斐勒家族送給迪揚紀念博物館一百四十件油畫、素描以及雕像，這批上百萬的禮物看來吸引了某些竊賊的注意，在那一年潛入博物館。

另一次不幸事件在「林布蘭」被偷之後的十一年降臨迪揚紀念博物館；一九八九年十月，加州發生洛馬普雷塔（Loma Prieta）地震，儘管迪揚紀念博物館和加州榮譽軍人紀念堂在強震中都只受到些微損傷，但博物館還是有四件大理石雕像作品嚴重受損，地震也損及建築物結構，迫使館方建造新的建築。今日重建的迪揚紀念博物館是幢閃閃發光的建築，由瑞士赫爾佐格與德梅隆（Herzog & de Meuron）公司設計，新博物館於二〇〇〇年開幕一年後，該公司獲得普立茲克建築獎，不過在一九九九年，迪揚紀念博物館還是背上了長期未破搶案的污點。

＊＊＊

一九九九年十一月二日，紐約威廉道爾畫廊（William Doyle Galleries）正舉辦受歡迎的

原注21：〈麥克．迪．揚遭槍擊〉，《紐約時報》，1894.11.20。

原注22：艾倫．麥克葛拉漢（Ellen Mc Garrahan），〈失去色彩〉，《舊金山週報》，1995.10.4，可見於http://www.sfweekly.com/1995-10-04/news/color-it-gone/2/

「免預約星期四」活動，在這一天，一般民眾不用預約就可以和館內專家見面，免費為民眾手上的藝術品估價。免預約星期四是道爾畫廊受歡迎的活動，也許是在公共電視的熱門鑑寶節目《古董巡展秀》看到那些珍貴的發現而受影響，民眾的參與相當踴躍，畫廊員工估計已經有多達一百人參加。就在這個星期四，一名不起眼的男子戴著假髮拿了一個條板箱進入畫廊，在道爾員工不知情的狀況下，留下箱子離開了，沒有人注意到這個箱子。直到畫廊接到一通匿名電話，指引那天值勤的專家亞倫．佛塞爾（Alan Fausel）去找那個箱子。畫廊的副總裁路易斯．韋伯（Louis Webre）和員工認為既然他們不知道內容物為何，就應該先通知執法人員，以免裡面有危險物品，沒多久，紐約市警局和聯邦調查局人員都來到現場，他們打開箱子，佛塞爾認出裡面的三幅畫作就是迪揚紀念博物館失蹤的畫作，只是少了小凡維爾德的〈海港〉，由於沒有人看清楚拿箱子的人的長相，調查人員再度陷入困境（原注23）。

與多數尋獲藝術品的案例一樣，執法人員對此消息隱而不宣，聯邦調查局需要檢驗箱子和藝術品並且採取機密步驟，這些作品也要送回舊金山讓博物館專家評估，這個耽擱引起最不可能的消息來源——搶案的幕後黑手——質疑道爾的職業道德。一九九九年十一月五日，一名自稱「卡爾．勒．方」（Carl La Fung）（原注24）的男子致電國際藝術研究基金會（International Foundation for Art Research, IFAR），說就是他把箱子留在道爾畫廊，勒．方說他從犯案的歹徒手上取得畫作，並且將三幅畫以這種方式放回去以免被捕或遭到起訴，他要求和基金會的執行董事雪倫・佛萊榭（Sharon Flescher）在紐約的布萊恩公園見面，因爲訝異於竟然沒有在媒體上看到畫作歸還的消息，勒・方希望佛萊榭知道畫作已經送達了，他也指責道爾畫廊推託隱瞞。佛萊榭收到了這個訊息，也建議勒・方聯絡位於倫敦的失竊藝術品登錄機構，該組織擁有失竊藝術品資料庫，也提供想保護藝術品收藏的收藏家登錄服務，勒・方照做了。因此基金會和失竊藝術品登錄機構都聯絡早已知情的聯邦調查局。

十一月十一日，藝術品歸還的消息登上全球媒體，勒・方很高興所有的罪行由他終結，他再度致電基金會並且告訴佛萊榭「我想現在沒事了」，他還說他相信自己做了「對的事」。儘管致電者的身分從未確認，但他確實熟悉藝術圈的門路，他決定最先聯絡國際藝術研究基金會顯示他做了點功課。和失竊藝術品登錄機構不同，基金會是個研究起源出處的非營利組織，也是第一個提供關於失竊藝術品重要、即時的訊息給廣大群眾的組織，基金會相對較小資源也有限，但過去三十年來對於傳播藝術竊盜的問題以及協助藝術品歸還可以說比

原注23：尋回畫作的故事摘自許多資料來源，包括強納森・克瑞爾（Jonathan Curiel）、史黛西・芬茲〈尋獲舊金山藝術珍寶〉，《舊金山記事報》，1999.11.11；〈三幅被竊畫作二十一年後重返迪揚博物館〉，《ＩＦＲＡ期刊》（1999/2000冬），以及二〇一〇年十月二十日ＩＦＲＡ執行董事雪倫・佛萊榭和作者（安東尼・阿莫爾）的訪談。

原注24：推測是假名的「卡爾・勒・方」是ＩＦＡＲ工作人員在電話上能做的最好的猜測。

其他較大的組織貢獻更多。基金會這個組織並不是家喻戶曉，因此很難說「卡爾．勒．方」只是單純運氣好選中這個小卻可信賴的組織。

這不是基金會第一次協助當局尋回失竊藝術品，該組織位於紐約，「很多藝術品會在此現身。」基金會前董事如此表示。該組織在東西兩岸都曾協助過聯邦調查局和警方，在一個案例中，聯邦調查局要求基金會就一名教授以不到一萬美元買下的林布蘭、魯本斯、夏卡爾、梵谷、雷諾瓦和竇加的作品提出一份非正式評估，基金會的人員沒多久就找出所有作品的問題，並且判定這些作品並非眞跡。基金會通常能快速地給予調查人員專業意見，讓藝術仿冒或辨認錯誤的案件得以結案（原注25）。

迪揚紀念博物館失竊藝術品回歸自然讓博物館和整個藝術圈都相當振奮，「藝術市場上充斥太多藝術竊盜的故事，我們很高興能幫上忙。」道爾畫廊的路易斯．韋伯說道（原注26）。史丹佛大學藝術史學系系主任汪達．柯恩（Wanda Corn）也表示：「我認爲能拿回畫作眞是太棒了，這代表有人感到罪惡感或是急於想擺脫這些贓物。」（原注27）。而那些還等著失竊作品歸還的博物館，例如波士頓的史都華迦納博物館或蒙特婁美術館（在一九七二年損失了上百萬的藝術品和珠寶，包括一幅林布蘭）都受到鼓舞，失蹤已久的作品終究會回家。「這起事件應該能夠激勵那些希望藝術品回家的人，包括迦納的所有人以及這些年來投入這起案件的人。」前聯邦助理檢察官布雷恩．歐康納（Brien O'Connor）這麼說道，他在一九九二年到二〇〇〇年五月間負責調查迦納竊案。

＊＊＊

畫作抵達迪揚紀念博物館時，發言人告訴媒體：「看到畫作回來，我們非常興奮，也心存感激。」(原注28)。舊金山美術館負責人哈利．派克（Harry Parker）看到畫作歸還鬆了一口氣，因爲這結束了博物館史上的「尷尬」事件(原注29)，「我們很高興畫回來了，」他說，「但也不全然沈浸在狂喜的氣氛中。」(原注30)；畫作歸還時，〈拉比肖像〉幾乎已經認定不是林布蘭的作品——媒體也很清楚地報導這件事，《舊金山觀察家報》在主要新聞稿中將〈拉比肖像〉描述爲「原本被認爲林布蘭的眞跡但現在有所疑慮」(原注31)。博物館高

原注25：麥克．溫瑞普（Michael Winerip），〈名作追追追〉，《紐約時報雜誌》，1989.11.12。
原注26：史黛西．芬茲〈尋獲舊金山藝術珍寶〉。
原注27：史黛西．芬茲，丹．李維（Dan Levy），〈竊賊空有傑作難以脫手〉，《舊金山記事報》，1999.11.12。
原注28：洽克．史哥奇利亞（Chuck Squatriglia），〈失竊畫作重返迪揚〉，《舊金山記事報》，2000.2.10。
原注29：迪爾賈多，〈七八年失竊畫作重現〉。
原注30：史黛西．芬茲，〈尋獲舊金山藝術珍寶〉。
原注31：迪爾賈多，〈七八年失竊畫作重現〉。

層並沒有就這點爭辯，派克表示：「這幅林布蘭也許並未如宣傳一般，這也許不是本世紀重大的藝術品歸還事件。」（原注32）。儘管道爾畫廊的副總裁很快地提到拉比肖像「還是很珍貴」（原注33），但派克貶抑了它的價值，他說這幅畫「現在的價值低於它在失竊時所估計的一百萬美元」（原注34）。而迪揚紀念博物館眞正的林布蘭作品〈約里斯德考勒里〉肖像現在身價已達二千五百萬至三千萬美元（原注35）。

爲了確定拉比畫作的眞僞，館長計畫以所有派得上用場的現代科技檢驗，但已經可以從一些徵兆看出質疑；迪揚紀念博物館開始稱這幅畫爲〈戴紅帽與金鍊子的男子肖像〉（*Portrait of a Man with a Red Cap*），博物館歐洲藝術館館長林恩．歐爾也直言不諱，她提到林布蘭的弟子如霍法爾．弗林克（Govaert Flinck）、佛迪南．包爾（Ferdinand Bol）、威廉．朵斯特（Willem Drost）等人的畫作都是受敬重的藝術作品，而〈戴紅帽與金鍊子的男子肖像〉「可能只是出自次要的畫家之手」（原注36），她舉出這幅畫缺乏「色調的敏銳度、人格特色以及空間建構」（原注37）。這件作品兩度讓博物館難堪——一九七〇年代末的竊案讓博物館的保安受到質疑，而錯誤的作者歸屬則代表這幅一度被視爲館內珍寶的作品如今其重要性只來自遭竊以及被誤爲林布蘭之作。舊金山美術館副董事暨主館長納許委婉地表示：「這幅畫的價值每下愈況」（原注38）。林布蘭專家蓋瑞．史瓦茲，也是《林布蘭的世界：他的生活、藝術、作品》（*Rembrandt's Universe: His Life, His Art, His Work*, Gary Schwartz）

〈泰晤士與哈德遜出版社，二〇〇六〉一書的作者表示：「我個人的看法是，博物館在一九七九年附和林布蘭的媒體宣傳誤導大眾，沒有發佈新聞稿提及學者對作者歸屬的疑慮。」

雖然博物館最關注的是失竊作品歸還，但沒有人被逮捕或起訴還是令人相當難堪，在這起案件中，偷走四幅畫並且讓畫消失在大眾眼前超過二十年的歹徒沒有受到任何懲罰就全身而退，而且其中一幅還下落不明，並且凡・德・尼爾（Van der Neer）的木板油畫〈河流夜景〉歸還時斷成三片、〈戴紅帽與金鍊子的男子肖像〉和德・羅姆（De Lorme）的〈鹿特丹聖羅倫斯教堂內景〉都有嚴重的「清洗損害」（原注39），正如舊金山美術館負責人哈利・派克所說：「這是令人難過的事，這些畫沒有好好受到照料。」（原注40）。〈戴紅帽與金鍊

原注32：同注31。
原注33：史黛西・芬茲，〈尋獲舊金山藝術珍寶〉。
原注34：迪爾貫多，〈七八年失竊畫作重現〉。
原注35：史黛西・芬茲，〈尋獲舊金山藝術珍寶〉。
原注36：大衛・波內提（David Bonetti），〈尋回畫作展出〉，《舊金山觀察家報》，2000.2.11。
原注37：〈三幅被竊畫作二十一年後重返迪揚博物館〉，《IFRA期刊》，（1999/2000冬）。
原注38：布蘭特（Brandt），〈失竊林布蘭非林布蘭所作，主角也許也非拉比〉。
原注39：迪爾貫多，〈七八年失竊畫作重現〉。
原注40：史黛西・芬茲，〈尋獲舊金山藝術珍寶〉。

子的男子肖像〉除了有方形的污漬外，畫也開始和襯底脫離，也許是因爲保存的環境不佳所致，畫作背後發霉顯示它被擺在濕度劇烈變化的環境裡（原注41）。此外，竊賊如何搬運這些藝術品也不得而知，搬運藝術品——尤其是具有上百年歷史的無價畫作——是件嚴格的事務，今日基本上只會基於以下三個理由移動林布蘭畫作：一、爲特殊展覽出借給另一個機構。二、移至他處的研究室維護。三、拍賣或交易完成時。

＊＊＊

業界移動林布蘭油畫的標準程序（蝕刻畫和素描的處理方式不同），第一步是很謹愼地帶著白手套將畫作從牆上或展示區移下，維護人員把畫放進特製的箱子裡，這個箱子能緊密地閉合，如果畫作要移到他處，會由合格的藝術品運送公司執行，因爲這類工作很專業，要求也很嚴格，少有公司提供這類服務。就林布蘭的案例而言，會有一名押送人員和專業保全全程跟隨，在出發之前，畫作送往的目的地就會做好保安措施並且淨空，而裝有藝術品的箱子一上卡車便會牢牢地綁緊，搬運公司的車輛（載有藝術品、搬運工、押送員或保安人員）後面會跟著載有簽約武裝警衛的「追逐車」，這些車輛和箱子可能會裝有全球定位系統。如果藝術品採取空運，押送員會通過機場安檢和海關監督整個運送過程，藝術品全程都會有人陪同，並且在抵達時得到同樣周全的照料。如果有人以為藝術竊賊也會採取同樣謹慎的措施那就錯了，遭竊的林布蘭被丟進後車廂，被放在戶外零下氣溫的穀倉、棚屋裡，用塑膠購物袋裝著搬運，藏在床底下。

為了要處理〈拉比肖像〉明顯變得晦暗的損害，迪揚決定採取創新的方法，就在他們致力於採取所有必要維護措施來恢復畫作原貌時（這個過程需耗時一年），美術館做出一個大膽的決定，他們策動一個展覽，讓畫作以回歸時的狀況呈現在大眾眼前，二〇〇〇年二月十二日，這些畫放在聯邦調查局發現它們時的箱子裡展出，甚至連當初竊賊用來逃離博物館的厚重荷蘭櫥櫃也陳列展出。派克表示，這個展覽是個「絕佳的機會教育，讓大眾知道古老名畫缺乏妥善保護的下場，當大家看到這些畫的現況，也許會瞭解博物館對於民眾碰觸畫作和溫度、濕度嚴格控制的原因，以及我們為何想蓋新館以更佳妥善地保存藝術品」（原注42）。歐爾館長進一步表示，這個展覽「顯示博物館是個運轉的機構，除了展覽之外，還有許多活動進行著」（原注43）。面對藝術竊案如此泰然自若的狀況相當少見，儘管大眾通常覺得藝術

原注41：大衛．波內提，〈尋回畫作展出〉。
原注42：同上。
原注43：〈三幅被竊畫作二十一年後重返迪揚博物館〉，《IFRA期刊》（1999/2000冬）。

竊案的故事和藝術本身一樣吸引人，但少有博物館會誇耀這種事，館方也將尋回的〈拉比肖像〉和館藏的林布蘭眞跡〈約里斯德考勒里〉肖像擺在一起，「這樣大家就可以看出來爲什麼會懷疑它不是眞的林布蘭。」

迪揚紀念博物館事件進一步證實，無論是眞假林布蘭，到手比脫手容易，尤其是畫作如果因爲不良對待而情況惡化的話。至於〈戴紅帽與金鍊子的男子肖像〉，現在則被存放於阿道夫·斯普瑞克斯的榮譽軍人博物館內，這一幅被除名的林布蘭可以說很適合作爲麥克·哈利·迪·揚送給他的暗殺者最後的禮物。

第九章

林布蘭遭竊的蝕刻畫

喬芝亞．克利斯蒂（Georgia Christy）手邊出了個問題，二〇一〇年一月十五日，一名她只知道叫福萊迪（Freddy）的同行打電話來抱怨——兩年前，他從喬芝亞和她先生修（Hugh）手上買了林布蘭的蝕刻畫〈浪子回頭〉（*The Return of the Prodigal Son*, 1636），現在有新的線索讓他懷疑這是件贓物。

克利斯蒂又叫做莫妮卡．納提（Monica Natti），她說她很吃驚，她告訴客戶，就她所知，這幅蝕刻畫是合法取得的，她先生在售出前的幾個月以一輛一九三二年的雪佛蘭交換來的，福萊迪接受了她的保證，但只得到短暫的寬慰而已。

五天後，一月二十日，福萊迪再度致電克利斯蒂告知更明確的訊息，那幅蝕刻畫絕對是贓物，跟他買畫的收藏家要他退還五千美元的款項。

福萊迪聽起來很擔心，不知道一旦他退錢之後該如何處理這幅偷來的蝕刻畫，「我該怎麼做呢？」福萊迪問道。

「道德上來說應該退回〔它合法的主人手上〕。」根據聯邦起訴紀錄，這是克利斯蒂最初的回答，但她之後的指示不但不太道德甚至違法，政府指控道：據了解她敦促福萊迪轉售這幅林布蘭，並且警告他：「我們從未有過這段對話。」

克利斯蒂掉進了聯邦調查局藝術犯罪小組設下的陷阱，事實上福萊迪就是調查局的線民，試著要讓克利斯蒂說出犯罪的證據，聯邦政府據此指控喬芝亞．克利斯蒂和她的丈夫傑瑞、「修」．克利斯蒂（又叫尼克．納提〔Nick Natti〕）自始至終都知道這幅林布蘭蝕刻畫是贓物，他們說這幅〈浪子回頭〉是二〇〇七年十一月二十四日在華盛頓州史曼米須（Sammamish）市的一處民宅偷來的，竊賊成功逃脫，保險公司也給付了二萬美元的賠償金。但失去這件藝術品的確是個沈重的打擊，西北小城鎮的居民少有人能以擁有一幅林布蘭真跡自豪。

在二〇一〇年五月的訴狀中，聯邦調查局特別探員衛斯理．佛洛伊德（Wesley C. Floyd）指控：二〇〇八年一月，喬芝亞．克利斯蒂在修．克利斯蒂的要求下，載著她早知道是從史曼米須市偷來的蝕刻畫，從華盛頓州的花崗岩丘（Granite Falls）來到福萊迪位於俄勒岡州波特蘭外的處所，並取了五千元的貨款。她的麻煩是，她被指控的罪名在今日是嚴重的罪行——跨州非法交易贓物——而她的先生也被逮捕並起訴。

儘管還沒有人知道到底是誰從民宅裡偷了那幅畫，但政府也在訴狀中指出，修．克利斯蒂是前科犯，在警局的前科檔案中有十項重罪，許多是在華盛頓州犯下的民宅竊盜案，聯邦調查局也提到，二〇〇七年他在門羅（Monroe）的華盛頓州立監獄和一名聲名狼藉的叫柯特．李德克（Kurt Lidtke）的地方藝術竊賊、騙子同一牢房。李德克也在二〇一〇年的訴狀中被指控「經營」付費給像克利斯蒂這樣的盜賊去民宅偷特定的藝術品。

「我可以說：『嘿，去幫我偷那幅畫。』然後他們就會動手。」訴狀中指稱李德克是這麼告訴一名臥底探員。李德克要不和那位竊賊分享戰利品，要不就是自己賣掉贓物，然後分給竊賊佣金。李德克知道哪裡有最好的藝術品可以偷，因為他在西雅圖曾是一名受人信賴的畫廊老闆——在他向客戶詐騙了四十萬美元並且坐牢四十個月以前（原注1）。

* * *

鑑於一幅林布蘭油畫動輒攸關上百萬美元，克利斯蒂和李德克這類藝術竊盜嫌犯涉足林布蘭較次要的版畫和蝕刻畫領域，看來似乎是高風險、低報酬且浪費時間的行為，但如果目標正確，這會是個有利可圖的領域。柯特．李德克因為詐欺過了好幾年上流社會的生活，其他許多三流的藝術經銷商、見不得光的中間人以及低劣的騙子，則在低階的藝術竊盜市場裡兜售、交易掙一點錢，他們一再流傳的那個誘人的名字就是「林布蘭」。

藝術圈購買、尋找、展示以及廣泛地收藏林布蘭版畫，我們可以在博物館、圖書館看到這些版畫，也可以在私人畫廊、透過經銷商或拍賣會購買，有些要價數十萬美元，有些則低於幾千美元，但由於這些作品該如何估價仍莫衷一是，因此一些三流騙子或投機古董經銷商便利用大眾的懵懂賺了一筆。「最終所有林布蘭蝕刻畫的印刷品都能推定日期，」《林布蘭蝕刻畫大全》（*The Complete Etchings of Rembrandt: Reproduced in the Original Size*）（多佛，一九九四）的編輯及歷史學家蓋瑞·史瓦茲（Gary D. Schwartz）表示，「判斷價值的主要指標爲：印刷品質、畫紙的裁邊、保存狀況，以及該畫無庸置疑可追溯到十七世紀。」

今日對於以林布蘭原始蝕刻的金屬板印製出來的新版畫疑慮較小，因爲紙和墨都不是出自他的年代，原版的所有人有權印製複本，並且會親自出售或透過網路販售，這也是原版爲何如此搶手的原因。買家必須知道他們並不是買了一幅「眞正的」林布蘭版畫，只是他很久以前蝕刻作品的現代印製品。林布蘭死後，大約有一百五十幅原版流入市面，許多原版的新主人印製並且出售印製品。艾瑞克·辛德汀博士在他的著作《蝕刻家林布蘭：製作與銷售的應用》（*Rembrandt as an Etcher: The Practice of Production and Distribution*, Erik Hinterding）中進一步提出證據，林布蘭部分的銅版在他生前就已經轉手，因此可能在他生前就被其他人拿來印製蝕刻畫（原注2），讓我們更無從得知由他的年代傳下來的蝕刻畫是否眞的由林布蘭本人施印（辛酸諷刺的是，判斷一幅版畫可能是由林布蘭施印而非之後的擁有者，最好的指標之一就是原始金屬板已經遺失）。許多厚顏的版畫經銷商會說服買家較新的版畫價值很高，但事實正好相反。一些擁有原版的人定期往來海上，在郵輪上當場印製並出售林布蘭蝕

原注1：麥克·卡特（Mike Carter），〈竊賊藝術經銷商面對新指控〉，《西雅圖時報》，2010.5.12.A1。

原注2：艾瑞克·辛德汀，《蝕刻家林布蘭：製作與銷售的應用》（亞特蘭大，GA: Sound & Vision, 2006）。

刻畫，買家會認爲他們買了很有價値的藝術品——畢竟這是林布蘭創作的原版——花五千到一萬美元買下「熱騰騰」的版畫。但對鑑賞家來說，這類的版畫價値一百到二百美元，他們寧願擁有超過三百五十年歷史的印製品。

林布蘭如此備受推崇的原因之一是，他不只專精於油畫和素描，也善於蝕刻藝術，義大利畫家喬瓦尼（Guercino, 1591-1666）寫道：「我看過他的一些印製作品，它們非常地美，蝕刻的品味和手法都很高雅……我確實認爲他是傑出的藝術大師。」（原注3）。大師創作的蝕刻畫數目，幾十年來一直爭論不休，一七五一年法國畫商傑爾桑（Edme- Francois. Gersaint）彙編的林布蘭蝕刻畫目錄是最早的系統分類，當中提到的數字是三百四十一件，半世紀後，亞當．巴奇（Adam Bartsch）編輯了一份更新的目錄，裡面提到的數字則是三百七十五件，然而今日藝術史家同意約有二百九十件爲林布蘭眞跡，而這些作品創作的時期幾乎都是從一六二八年開始到一六六一年嘎然而止（原注4）。値得注意但毫不令人意外的是，即使是他在二十二歲時創作的最早期作品，都顯示出他對這種創作手法有獨特的天分。林布蘭以蝕刻家身分創作的作品和他的繪畫創作不大相同，因爲主題和興趣更廣泛，除了聖經故事場景、人物肖像與自畫像、歷史故事之外，他的蝕刻畫也描繪風景、靜態生活、動物和許多來自日常生活中隨意且令人意想不到的觀察。

林布蘭創作蝕刻畫的手法稱爲「直刻法」（譯注5），他被譽爲是這種手法的先鋒。直刻法使用特殊的針刻畫而非「雕刻刀」，這些針在刻畫時會形成所謂的粗糙孔緣，在用來印製版畫的金屬板上會產生較豐富的壓印效果，林布蘭蝕刻畫學者霍姆．畢佛斯寫道他「用針就像用畫筆一樣，這使得他成爲第一位讓這種藝術手法產生最大美學效果的藝術家。」（原注6）。

蝕刻畫的性質影響了它們的整體流通性，因爲蝕刻畫是在原版沾上油墨施印到紙上，藝術家可以複印多個相同（或至少近乎相同）的原始圖像，例如，林布蘭在一六三四年蝕刻了他的自畫像，他印製了多個版本，其中一個版本在伊莎貝拉史都華加納博物館遭竊兩次，最近的一次是在一九九〇年，該博物館這些年來盡力讓這幅畫的照片持續曝光以協助尋回這件珍貴作品。眼尖的藝術愛好者在參觀其他美術館時（例如位於德州大學奧斯丁校區的美術館），會看到和加納那幅失竊蝕刻畫幾近相同的作品，這兩幅畫幾乎相同，但線條仍有細微

原注3：霍姆．畢佛斯（Holm Bevers），〈蝕刻家林布蘭〉，出自《林布蘭：大師與他的畫室，素描與蝕刻畫》（*Rembrandt: The Master and His Workshop, Drawings and Etchings*），莎莉．薩維森（Sally Salvesen）編輯（紐哈芬：耶魯大學出版社，1991），P160。

原注4：同上。

譯注5：直接在版面上刻畫圖像。

原注6：同注3。

差異，這是從原版施印到紙上的過程中所造成的。蝕刻版印製版畫的技術包括藝術家在原版上油墨的技巧，每次施印都會產生細微的差異，這些差異多半要經過仔細檢視才看得出來。因此儘管加納接獲許多通報，但都是和失竊作品類似的蝕刻畫，眞正畫作的搜尋工作仍在進行中。

另一個例子是林布蘭的蝕刻畫〈出版商克雷蒙特榮格〉（*The Print-Dealer Clement de Jonghe*），這件蝕刻畫在一六五一年完成，描繪這位商人以四分之三坐姿面對觀眾，他戴著寬邊帽身穿披風，左手明顯帶著手套——這是貴族的象徵——林布蘭製作了六幅不同但非常類似的版本。一九四六年其中一幅〈出版商克雷蒙特榮格〉蝕刻畫在盜賊突擊靠近紐約公園大道的亞瑟哈洛藝廊（Arthor H. Harlow & Company）時被偷走，其他寶貴的林布蘭蝕刻畫，包括〈秤金者的田野〉（*The Gold Weigher's Field*）、〈門前的乞丐〉（*Beggars at the Door of a House*）以及〈簡西維亞斯〉（*Jean Silvius*）等也被偷走。竊賊們顯然是鎖定了蝕刻畫，他們放過所有油畫，但還拿走了杜勒（Durer）（譯注7）、惠斯勒、施恩告爾（Schongauer）（譯注8）、梅里翁（Meryon）（譯注9）以及佐恩（Zorn）（譯注10）的蝕刻畫。儘管竊賊們展現了獨特的品味，只鎖定蝕刻畫，但他們繞過了一些更有價值的蝕刻畫，此外他們也忽略在藝廊二樓有另外的林布蘭和杜勒的蝕刻畫展覽，調查人員認爲這有可能是因爲在展覽廳會被街上的行人看見的緣故。如果他們也洗劫了二樓，哈洛先生就只剩下一些畫作可以販售了。六十五年後，這些蝕刻畫依舊下落不明，它們可能輕易地被賣給一些不知道是贓物的新手，不過要是收藏家和專家手上有一幅來自哈洛的收藏，他們會知道的。

哈洛藝廊竊案發生八個月後，警方認為他們找到了罪犯，一九四七年七月十五日，紐約市警察逮捕了在白原大道上閒晃的布隆克斯區（紐約市最北的一區）居民丹特．佛札諾（Dante Forzano）和他的太太吉爾達（Gilda）。警方表示佛札諾拿著一袋包裹，裡面有二十六幅佐恩、米勒、杜勒等人的蝕刻畫，當然也有林布蘭。但對哈洛先生來說，很不幸的是這些蝕刻畫不是出自他的藝廊，但它們還是很有價值。在傳訊佛札諾時，他聽到警察告訴地方法官這一批畫值一萬美元、構成重大竊盜指控時嚇了一跳，儘管他是從各個藝廊偷來這些蝕刻畫，但他告訴調查人員他以為這些一件只值五或十美元。

三年後，在四十五英里外，更多的林布蘭蝕刻畫失蹤了，這次是從普林斯頓大學偷走，巧合的是，兩幅遭竊的林布蘭正是〈秤金者的田野〉和〈出版商克雷蒙特榮格〉，但並不是哈洛藝廊被偷的那兩幅。大學長久以來都是蝕刻畫竊案的目標，一九六五年，林布蘭的〈聖

譯注7：一四七一—一五二八年，德國畫家，他的作品以版畫最具影響力。
譯注8：一四四五？—一四九一年，德國畫家、銅版畫家。
譯注9：一八二一—一八六八年，法國版畫家。
譯注10：一八六〇—一九二〇年，瑞典繪畫大師，銅版蝕刻畫家。

母之死〉（*Death of the Virgin*, 1639）在維拉諾瓦大學的法爾維紀念圖書館（Falvey Memorial Library）裡被偷，這幅畫爲十二英寸乘十四英寸，很快就尋獲了，不過畫作失蹤的背後故事一直都是個秘密。

林布蘭的蝕刻畫幾乎都比油畫小，而且沒有色彩。眞正出自林布蘭之手的蝕刻畫近年來出售的價格最少五千美元，多則一百萬美元。澳洲藝廊館長、十五世紀以來的紙上作品專家約瑟夫・勒波維克（Joseph Lebovic）表示，林布蘭蝕刻畫的價差很大，取決於作品的狀況、壓印的品質、作者的眞實性，因此他告訴我們：「你可以用五百美元或五萬美元買到他的蝕刻畫。」（原注11）。僞造者早已插手分一杯羹，他們知道冒充一幅僞蝕刻畫比油畫容易多了。

一九八三年七月，一名自稱湯瑪士・克魯茲（Thomas Cruz）博士的男子造訪雪城大學的喬治艾倫斯研究圖書館（George Agents Research Library），爲一本關於林布蘭的書籍收集資料，他帶著鉛筆、筆記本以及放大鏡，外表就像個典型的學者，克魯茲出示他的紐約州駕照做爲身分證明，圖書館館員應該要注意到不對勁才對，因爲那張駕照過期了，但相反地他們准許這位迷人的研究人員接近館藏。館員記得克魯茲博士仔細地記筆記，並且帶著手套拿所有資料，儘管戴手套在圖書館館員看來過於小心翼翼了，但這有助於讓人相信他的騙局，克魯茲博士在那年的七、八月間造訪圖書館五次。

接下來的兩個月——九月和十月——克魯茲博士選擇造訪位於渥太華的加拿大國家美術館，他在那裡遇見了版畫館館長道格拉斯・德魯克（Douglas Druick），德魯克印象中的克魯茲是個「值得尊敬、認眞的學者典型」，同樣地，克魯茲在檢視版畫和素描館時，帶了放大鏡、鉛筆和紙。

在克魯茲博士最後一次造訪渥太華的隔天，德魯克因爲自己研究計畫的需要去檢視林布蘭的蝕刻畫，「當我移動那半透明的畫紙時，我發現事有蹊蹺，那張紙看起來很暗淡，我把它拿到燈光下，果然不對。」檢視印製蝕刻畫的畫紙是判別眞僞的重要線索。林布蘭時代的手織紙和今日的機器製造的材料截然不同，後者較爲均勻，兩者的差異通常用肉眼就可以察覺。令德魯克驚恐的是，他發現克魯茲偷走了兩幅林布蘭蝕刻畫：一六五四年的〈聖母獻耶穌於聖殿〉（*Presentation in the Temple in the Dark Manner*）以及和曼哈頓與普林斯頓同樣的〈出版商克雷蒙特榮格〉。克魯茲用平庸的複製品掉包了這兩幅畫。調查人員發現克魯茲利用先前的探訪調查蝕刻畫的大小以及它們存放的方式，接著他就可以將蝕刻畫藏在筆記本裡帶走，並且夾帶了尺寸正好符合的複製品進去。

原注11：加布里拉・柯斯洛維奇（Gabriella Coslovich）、傑米・貝瑞（Jamie Berry），〈林布蘭劫匪襲擊近郊民宅〉，2003.12.12.www.theage.com.au

德魯克的發現揭穿了克魯茲的陰謀，很快地雪城大學的博物館也發現他拿走了三幅林布蘭的蝕刻畫：〈浮士德、山繆瑪拿西肖像〉（*Faust, Samuel Manasseh*）以及〈簡安東尼德凡德林登肖像〉（*Jan Antonides van der Linden*）。雪城大學的善本圖書館館員馬克．威莫（Mark Weimer）表示，這三幅蝕刻畫價值二萬五千美元，而渥太華那兩幅則各價值十萬美元，有趣的是，聯邦調查局宣佈這五幅畫的價值達五十萬美元，比擁有者的估計高出兩倍之多。

不管誰是克魯茲博士，一定都會害怕被認出來且被捕。他顯然希望他的騙局能夠久久不被揭穿。渥太華竊案發生一個月後，一個匿名男子打電話給前面提過的紐約國際藝術研究基金會（IFAR），這是一個小型但活躍的非營利組織，工作人員都是熱情的藝術專家，在這類犯罪未普遍之前，該基金會就站在藝術竊案調查的最前線，它是《失竊藝術品警報》（*Stolen Art Alert*）的幕後推手，這是早期向全球通報藝術品失竊案件的刊物，今日，基金會出版《IFAR期刊》，當中有一部分就是專門講竊盜與尋獲。這名打電話來的人聯絡上職員琳達．凱徹姆（Linda Ketchum），告訴她這兩起竊案中偷得的蝕刻畫存放在紐約中央車站，「妳知道我在說什麼吧？」他問道，她說知道，並且詢問他的名字，他無禮地答道：「現在不重要了。」（原注12）。

凱徹姆通知當局並且和他們一起到中央車站，在一三七號置物櫃發現了兩個大黃色信封，裡面放了五幅畫，全都狀況良好。

＊＊＊

用仿製的蝕刻畫來行騙已經成了林布蘭犯罪事件的慣例，而影印機則成了今日選擇的工具。二〇〇〇年，兩名麻州西部的騙子製作了加納博物館失竊林布蘭蝕刻畫的複製品，他們用不透明的白紙以及無所不在的辦公室事務機，影印了那幅蝕刻畫之後，把它浸在茶裡「做舊」，接著把它當作眞品出示給美國廣播公司新聞網，他們竟然放了一張蝕刻畫的照片，把它當人質一樣，擺在一份當日的《波士頓先鋒報》上，旁邊還有一把尺，意在「展現」這是正確的尺寸。美國廣播公司大肆報導但也抱持懷疑，但是一名來自羅德島雄心勃勃的匪徒洛克（Rocco）被這則報導吸引，愚蠢地付了二十五萬美元買下那幅假貨。爲什麼要花這麼多錢買這件作品，就算是眞的，在公開市場上也賣不了這麼多錢。羅德島的洛克確信那幅「蝕刻畫」會領著他找到加納在一九九〇年遺失的所有傑作，這樣他就可以獲得博物館的五百萬

原注12：塞斯．麥當斯（Seth Mydans），〈失竊蝕刻畫於曼哈頓尋獲：中央車站置物櫃找回五件作品〉，《紐約時報》，1983.11.7.B2。

美元賞金（在上當後不久，洛克就因爲其他藝術品交易逃漏稅遭聯邦法庭定罪）。

諷刺的是，洛克找來的中間人，不是別人正是一九七二年烏斯特博物館竊案的罪犯佛羅里安．孟戴（見第二章）。孟戴在麻州一條公路邊和這兩個騙子碰面，交換洛克的錢和那幅僞蝕刻畫，那兩個僞造者拿走了錢，孟戴則把假畫送到它易受騙的新主人手上。當《波士頓先鋒報》隨即揭露那件作品是個粗製濫造的假貨時，洛克應該會臉色發白。這個故事很有啓發性，顯示當這些輕罪犯和下層階級的人嗅到賞金味道時，會如何卑屈地讓自己迂迴介入未破的藝術竊案中。至於孟戴，他說他只是來湊湊熱鬧罷了。

林布蘭蝕刻畫的收藏家非常廣泛，那些畫作曾在畫廊、大學、倉庫、博物館及民宅遭竊。遠在一九三六年耶穌受難日當天，一名竊賊似乎用了鑰匙進入西班牙塞哥維亞省立博物館偷走林布蘭的蝕刻畫〈基督下十字架〉，在復活節之前做這樣的事實爲大不敬。

在一九七八年一次代號「捕蠅器」行動的大規模跨州贓物買賣圍捕中，意外出現了林布蘭的蝕刻畫，十五名臥底警察破獲一個橫跨麻州波士頓到德拉瓦州威明頓（Wilmington）的集團。警方在威明頓北方創立僞裝的銷贓事業，結果罪犯像蒼蠅一樣被吸引過來，竊賊們親手奉上許多贓物，逮捕登記花了兩天才完成，這個行動破獲了一千七百件贓物，價值達四十萬九千美元，包括一輛凱迪拉克Seville和一台推土機，除此之外還有一系列的林布蘭蝕刻畫。

偷盜林布蘭蝕刻畫一直是件活躍的犯罪副業。二〇〇七年五月，一對中年夫婦走進位於芝加哥「奇跡大道」（Miracle Mile）（譯注13）上的席里哥斯藝廊（Hilligoss Gallery），他們直接走進作品豐富的預展廳，這名金髮女子和她矮壯的男伴對準目標林布蘭的〈人類的墮落〉（*Fall of Man*, 1638），那是一幅九英寸乘六英寸的裝框蝕刻畫。一名席里哥斯的員工談及這對夫妻，「他們直接走進預展廳，沒有徘徊，沒有東張西望。」（原注14），員工記得在之前的活動見過他們。從他們行動之敏捷顯示經過縝密計畫，他們進入不到三分鐘就偷走了價值六萬美元的蝕刻畫，那是畫廊主人湯姆·席里哥斯（Tom Hilligoss）的朋友託售的作品。

〈人類的墮落〉是件獨特的作品，林布蘭在畫中佈滿了驚人的細節，包括一隻在背景裡的大象，要用放大鏡才能仔細探究，芝加哥藝術協會的版畫與素描館館長蘇珊娜·麥克萊（Suzanna Fold MCullagh）形容這幅畫「在它的年代是件令人震驚的作品」，因爲它並未以媚俗的手法描摹亞當和夏娃。

席里哥斯稱之爲「高品質的傑作」，還說「不難爲這幅畫找到買主」，席里哥斯的第二個聲明和一般珍貴畫作的擁有者典型會說的言論大相逕庭，通常作品很知名這點會是博物館

譯注13：密西根大道上介於芝加哥河和橡樹街的這段街區，是熱門的購物街。

原注14：美聯社，〈十七世紀林布蘭蝕刻畫在芝加哥藝廊遭竊〉，2007.5.21。

或藝廊的高層用來解釋它不能廉售的主要理由，但席里哥斯很坦率，因爲每一幅蝕刻畫都有好幾個版本的正品印製品，因此一幅偷來的版畫有可能在合法市場上成功脫手。〈人類的墮落〉至今行蹤不明。

民宅也面臨林布蘭蝕刻畫竊盜之災。二〇〇三年十二月在澳洲東南部的小鎮蒙特利莎（Mount Eliza），盜賊進入一戶擁有兩福林布蘭蝕刻畫的人家，那是這家人七代相傳的傳家寶。竊賊可能是因爲那個月初有一幅林布蘭蝕刻畫賣了七千澳幣而興起犯案動機，兩幅失竊的畫作分別是自畫像以及林布蘭母親的肖像，十多年前保了七十萬美元，現在仍下落不明。

未破案的蒙特利莎竊案是個悲劇，但部分林布蘭蝕刻畫竊案卻以滑稽笨拙而出名；二〇〇六年詹姆士·丹罕（James Otis Denham）侵入芭芭拉·朵妮（Barbara Dorney）位於奧克拉荷馬州斷箭城的家中，朵妮先前曾僱用丹罕到家裡做些雜工，丹罕帶走了一幅林布蘭在一六三二年蝕刻的作品〈病人復甦〉（*The Raising of Lazarus*）及其所有權文件。林布蘭學者都同意〈病人復甦〉是很重要的作品，也是眞跡，它的尺寸爲十四英寸乘十英寸，是林布蘭最大的蝕刻畫。這件作品描繪病人拉撒路在旁人的驚異之中從墳墓裡掙扎爬起，這是一幅吸引人也充滿動作的場景，畫中旁觀者目瞪口呆地看著赤著腳、以背面呈現的耶穌戲劇性地舉起左手下令讓俯臥且枯槁的拉撒路重生。

丹罕的表現說明了他是個無能的藝術竊賊，在一個會讓人聯想到柯恩兄弟（Coen

Brothers）電影的場景裡，他在斷箭城的一家燒烤啤酒吧遇到一名藝術收藏家，他一邊吃著漢堡一邊讓她看那幅作品以及所有權文件，所幸這位收藏家夠精明也有所顧忌，她要求持有文件並聯絡了文件上的持有者朵妮，朵妮這才知道她價值六千美元的蝕刻畫失竊了。這名收藏家同時也通知警方，並同意參與這場小小的圈套——她在電話上告訴丹罕她準備以一千五百美元買下這幅林布蘭。警方在丹罕前往她家時逮捕了他，畫作就在他手上。斷箭城警局的警官馬丁很滿意他們尋回林布蘭的招數，「我們要在局內成立藝術小組了。」他打趣地說道。朵妮稱這位高尚（同時也匿名）的收藏家爲「來自天堂的天使」，她給丹罕的評語可就沒這麼熱情：「至少他很笨，我才能拿回畫作。」朵妮獲得這幅蝕刻畫的過程也很不尋常，她是在一艘客輪上的暗標拍賣贏得的，在對一件她沒看到的東西出價三千二百美元之後，她得知得標物是一幅驗證過的林布蘭時簡直欣喜若狂，「這是我行程中最精采的事。」她這麼告訴媒體。當然在郵輪上販售的林布蘭都經過嚴格的審查。

儘管斷箭城事件離奇得讓人消氣，但少有林布蘭犯罪事件能和古怪的加州圓石灘（Pebble Beach）安吉羅．阿瑪迪歐（Amgelo Amadio）和羅夫．肯諾（Ralph Kennaugh）博士案相比。這兩人自稱是藝術收藏家，一開始告訴當局，二〇〇九年九月二十五日他們位於蒙特雷郡的租屋被闖空門，在他們估計的二千七百萬美元失竊藝術品中包括兩幅林布蘭蝕刻畫，〈聖傑若米祈禱〉（*St. Jerome Praying*）以及〈小便中的女子〉（*Woman Making*

Water），後者以其小心翼翼描繪的主題聞名全球，（他們也宣稱掉了米羅〔Miro〕（譯注15）、波拉克〔Pollock〕（譯注16）、雷諾瓦和其他畫家的作品。）這些失竊藝術品的價值讓這起案件成爲美國史上最大的民宅失竊案之一，如果——眞的有竊案發生的話。在最初的報導後不久，調查人員發現這兩人的說詞有問題。

首先，出處有問題——也就是這兩個人眞的擁有這些傑出作品的證明——阿瑪迪歐和肯諾告訴媒體與警方，他們的所有權文件也全部一併被偷了，這在如此大型的竊案中是很少見的本事。其次，在案發整整四天後，他們告訴警方在屋內發現一張勒索字條，警方對這項說詞抱持嘲弄的懷疑態度，因爲他們一開始就已經「非常仔細地」（原注17）搜查過屋子尋找證據，更糟的是，警方後來宣佈這兩人不再配合調查，所有的怪事加總起來讓蒙特雷警長辦公室的總指揮麥克·理查（Mike Richards）發表以下的聲明：「阿瑪迪歐先生的證詞不實而且前後矛盾……我們信以爲眞積極查案，但事實是現在看來這是一場惡作劇。」

在這場「惡作劇」中林布蘭的名字再度被提及，攫取了癡迷大眾的想像力。

譯注15：一八九三—一九八三年，西班牙超現實主義畫家。

譯注16：一九一二—一九五六年，美國抽象表現主義畫家。

原注17：戴米安·布瓦（Demian Bulwa），〈藝術竊案疑點重重，調查人員：兩名男子聲稱圓石灘家中發生八千萬竊案〉，《舊金山記事報》，2009.10.7，B1。

後記

我們對林布蘭的虧欠

在本書中討論的多數竊案中，這些無價偉大的林布蘭作品最終都被尋獲，回到欣慰的主人等待的牆上，這是我們的幸運。和金錢、珠寶、汽車或其他珍藏品竊案不同的是，偷走藝術大師的作品實為和全人類作對的罪行。當一件林布蘭（或其他名作）失蹤了，我們就失去了親眼看見它、感受它給予我們敬畏和喜悅的機會，伊莎貝拉史都華加納博物館執行董事安・霍利（Anne Hawley）下了一個很棒的結論，她把偷竊名作比喻成遺失了一首貝多芬交響曲、一齣莎士比亞戲劇或一首路易斯・阿姆斯壯（Louis Armstrong）的爵士錄音。看到這些美好的事物從公眾領域被奪走，再也無法供人欣賞是一大悲劇。

遺憾的是，這種難以想像的事一再發生，藝術竊案在世界各地依舊以驚人的比例發生，我們在美洲、亞洲及中東看到古董遭劫，看到博物館、畫廊及私人住宅的藝術竊案災害持續不斷，幾十年前失竊的重要作品依然下落不明或者被遺忘，其中包括太多的林布蘭作品，他可以算是藝術界中最知名的藝術家。

最值得注意的失蹤林布蘭是〈加利利海風暴〉，二十多年前在惡名遠播的加納博物館竊案中被竊賊拿走。這幅畫有其獨特的重要性，林布蘭畢生的作品中包含了許多肖像、風景畫以及歷史和宗教畫作，〈加利利海風暴〉是唯一一幅已知的林布蘭海景畫，這幅畫畫於一六三三年，描繪耶穌被害怕小船翻覆的門徒們喚醒的那一刻，在祂周遭的人都看似不知所措時，林布蘭精采地描繪出祂的沈著，這也可以為那些必須應付博物館竊案危機的人上一堂課。〈加利利海風暴〉不是在那個沈痛的波士頓夜晚中唯一被偷走的林布蘭作品，另一幅也是在一六三三年完成的〈穿黑衣的女士和先生〉（*A Lady and Gentleman in Black*）和〈加利利海風暴〉一樣，都被從畫框割下帶走，另外還包括郵票大小的蝕刻畫自畫像，歹徒也帶走了林布蘭弟子霍法爾．弗林克的橡木畫板油畫〈有石碑的風景〉（*Landscape with an Obelisk*）（一九七〇年以前，這幅畫都被誤認為是林布蘭所作），更驚悚的是歹徒原本打算拿走博物館的第四幅也是最後一幅林布蘭，那是他在一六二九年的木畫板自畫像。基於只有歹徒自己知道的理由，他們留下了這件精美的作品，警方和館方人員發現這幅畫靠在一個櫥櫃邊，畫板背面朝外，也許竊賊認為橡木畫板太重了，也許他們只是單純忘了帶走，也許他們是典型的林布蘭竊賊——不知道自己手上有些什麼。無論如何，這是我們的幸運，這幅自畫像是林布蘭最棒的作品之一，至今仍掛在加納博物館雄偉的荷蘭廳裡，讓遊客可以一睹這位偉大藝術家的年輕臉龐。

〈加利利海風暴〉與〈穿黑衣的女士和先生〉都是大型且莊嚴的畫作，它們的空缺啓發了藝術界對失竊傑作最適切且感人的致敬活動，原本承載畫作的華麗鍍金畫框現在空空地掛在畫作原本的位置上。儘管有些人將這兩個畫框視爲一種哀悼，但加納博物館卻認爲這兩個畫框爲畫作保留了位置，他們相信畫作一定會回來。空畫框提醒我們必須堅定地面對危害文化財產的罪行。

加納對於藝術品將會尋獲的信仰不是基於盲目的樂觀或一廂情願的想法，藝術竊盜專家、前聯邦調查局探員羅伯特．威特曼（見第七章）曾說過：藝術品不是很快尋獲的話，通常就得等到一個世代過去。藝術竊盜數據顯示，儘管整體而言失竊藝術品尋獲的比例很低，但傑作尋回的比例卻很高，有些人估計將近百分之八十，無論比例如何，不要太過專注於數據，因爲每件竊案都不同，最後取得失竊林布蘭的人也難以預料。

加納博物館的失竊林布蘭相當引人矚目，尋找它們的工作也絕不會懈怠，但那些較少獲得公眾關注的案件，也需要重新投入心力去調查。一九七二年，三名戴頭巾的男子在清晨一點半左右潛入蒙特婁美術館，從修繕中的天窗降落，武裝男子迅速地制伏三名警衛，他們也對天花板開槍，讓被俘的警衛知道他們是玩眞的，他們總共偷走了十八幅畫作，最顯著的是林布蘭一幅名爲〈農舍〉（*The Farm*）的木畫板油畫（也稱爲〈農舍風光〉），這是一六五四年完成的作品，另外也帶走了布勒哲爾（Brueghel）（譯注1）、庫爾貝（Courbet）（譯注2）、杜米埃（Daumier）（譯注3）、德拉克羅瓦（Delacroix）（譯注4）、根茲巴羅、米勒及柯洛（Corot）（譯注5），以及十七、十八、十九世紀的珠寶（原注6），這些侵入者原本似乎準備再多拿十八幅畫，但因爲一個側門被打開警報大響，才放棄這些畫作。那些被丟下的作品包括艾爾葛雷柯（El Greco）（譯注7）、畢卡索、丁托烈托以及林布蘭。

加拿大媒體將這起竊盜案比作一九六六年的電影《土京盜寶記》（*Topkapi*），電影中竊賊們破壞了警報器偷珠寶（原注8）。故障的警報器是調查的重點，他們判定是博物館工人在警報器上蓋了一層塑膠干擾訊號，但放置塑膠究竟是疏忽還是刻意一直沒有查明，但不排除有內賊是竊盜集團同夥的可能性（原注9）。蒙特婁美術館在一九六四年也曾遭劫，當時林布蘭的素描〈雅各之死〉在大白天被從牆上拿走，至今未尋獲。

蒙特婁美術館遭受嚴重掠奪至今已近四十年，但尋找失竊藝術品幾乎沒有進展，在這麼長的時間裡沒有專業人員以銳利的眼光並且帶上手套檢視，這對畫作的壽命是一大威脅。知名的畫作維護人員吉安佛朗柯．波戈本（Gianfranco Pocobene）表示他最大的恐懼就是，當畫作落入不會珍惜的人手裡對作品造成的傷害，儘管畫布撕裂或顏料剝落可以修補，但已不是原始的作品，「最終，」他說，「我們擁有的作品會比以前少，因此我們對這位藝術家創意的欣賞和瞭解也減少了。」（原注10）。

聯邦調查局的國家失竊藝術檔案庫中列了十一件林布蘭的失蹤作品，包括〈浪子回頭〉（*The Return of the Prodigal Son*）、〈崇拜兒時的基督〉（*Tht Adoration of Christ Child*）、〈聖母與群眾〉（*The Holy Virgin and the People*）、〈藝術家的母親坐在桌邊〉（*The Artist's Mother Seated at the Table*）、〈金匠畫像〉（*The Goldsmith*）、〈下十字架〉（*The Descent from the Cross*），以及〈穿金邊斗篷的女孩〉（原注11）。國際刑警組織也有失竊藝品的線

譯注1：一五二五—一五六九年，荷蘭畫家。

譯注2：一八一九—一八七七年，法國寫實主義畫家。

譯注3：一八〇八—一八七九年，法國寫實主義畫家及漫畫家。

譯注4：一七九八—一八六三年，法國浪漫主義畫家。

譯注5：一七九六—一八七五年，法國著名的巴比松派畫家，也被譽爲十九世紀最出色的抒情風景畫家。

原注6：〈蒙特婁美術館遭劫，盜走二百萬美元藝術品〉，《紐約時報》，1972.9.5.1。

譯注7：一五四一—一六一四年，西班牙畫家。

原注8：〈蒙特婁二百萬美元藝術竊案，土京盜寶記眞實上演〉，《每日新聞》，1972.9.5。

原注9：凱塞琳・賽金（Catherine Sezgin）以一九七二年蒙特婁美術館爲題的碩士論文，爲此事件提供珍貴敘述。

原注10：安東尼・阿莫爾採訪吉安佛朗柯・波戈本，2010.11.8波士頓。

原注11：聯邦調查局國家失竊藝術檔案庫，可見於http://www.fbi.gov/about-us/investigate/vc_majorthefts/arttheft/arttheft/@@search-artcrimes?getCrimeCategory=&maker=rembrandt&AdditionalCatalogedData=&TitleAndDescription=&period=&form.submitted=1&form.button.search=Search（2010.11.8連結上線）；凱塞琳・賽金，〈天窗搶案：未破的一九七二年蒙特婁美術館竊案〉，碩士論文，藝術犯罪研究協會，阿米莉亞，翁布里亞，二〇〇九。

上檔案庫（限會員），他們的清單中也包含了好幾幅林布蘭：〈戰場〉（*Battle Scene*）、〈吹肥皀泡的小孩〉（*Children with a Soap Bubble*）、〈猶大和士兵抵達花園〉（*Judas and Soldiers Arriving in the Garden*）、〈林布蘭父親肖像〉（*Portrait of Rembrandt's Father*）、〈林布蘭母親肖像〉（*Portrait of Rembrandt's Mother*）、〈農舍風光〉，以及其他兩幅名稱皆爲〈老者畫像〉（*Portrait of an Old Man*）的作品。國際刑警組織也列了一幅素描〈三名行走的男子〉（*Three Men Walking*），以及十一幅蝕刻畫，再加上其他我們不知道的失蹤作品，這在藝術圈形成全球危機。

林布蘭留給世人約二千件作品，這是給後代的禮物，儘管有太多作品遺失，但他的多數作品仍安全且受到適當照顧。林布蘭傾注他的心和靈魂到作品裡，努力地雕琢每個細節，並且將藝術置於生命之上，他清楚地知道他把自己的精華交給後世子孫。做爲暫時的保管者，我們有責任確保他的作品繼續傳承下去，而且只能傳給不會造成傷害的人。我們希望這本書能讓人們充分理解藝術竊盜之愚蠢，這是一種讓我們付出龐大代價卻沒有回報的罪行，也希望能啓發某些人站出來，提供這些無可取代且無與倫比的珍寶的下落。

標靶林布蘭作品：已知與有記載的林布蘭竊案清單

下列清單是作者以原始研究、新聞報導、學術期刊和執法機關資料庫編輯而成，清單列出上個世紀登記有案的林布蘭油畫、蝕刻畫和素描竊案，這也是這類統計的首次，儘管並不完整，因爲竊案通常不會公開，但爲數八十多件的案例顯示這個現象普遍的程度令人擔憂。在執法機關資料庫中出現的竊案會以星號作記（這份清單不包括納粹在二戰期間掠奪的作品，在某些案例中，失竊作品並非林布蘭眞跡）。

〈基督醫治病人〉（油畫）
1920年在紐約一倉庫內遭竊

〈戴紅色無沿便帽的男子〉（油畫）
1921年在漢堡韋伯畫廊遭竊

〈監獄裡的聖保羅〉（油畫）
1922年在司徒加政府美術館遭竊

〈耶穌像〉（油畫）
1927年在莫斯科美術館遭竊
〈老者畫像〉（油畫）
1929年在羅馬馬西莫宮遭竊
〈改革者〉（油畫）
1930年在倫敦卡爾頓藝廊遭竊
〈達文西〉（油畫）
1930年在倫敦卡爾頓藝廊遭竊
〈老乞丐〉（油畫）
1930年在倫敦卡爾頓藝廊遭竊
〈耶利米哀悼耶路撒冷的陷落〉（油畫）
1933在斯德哥爾摩藝術收藏家赫曼・拉許家中遭竊
〈下十字架〉（蝕刻畫）

1936年在塞哥維亞省立博物館遺竊

〈抱著小孩的婦女〉（素描）

1937年在麻州劍橋福格美術館遺竊

〈小孩玩摩擦鼓輪〉（素描）

1937年在麻州劍橋福格美術館遺竊

〈戴毛帽的老人〉（油畫）

1938年在紐約喬治・考布罕家中遺竊

一開始被認爲是〈梳妝檯前的薩斯琪亞〉油畫，但可能是〈拔士巴〉

1938年在英國肯特契罕城堡遺竊

〈沈思中的哲學家〉（未簽名的油畫）*

1938年在布魯塞爾皇家美術館遺竊

〈克雷蒙特榮格〉（蝕刻畫）*

1946年在紐約亞瑟哈洛藝廊遺竊

〈秤金者的田野〉（蝕刻畫）*
1946年在紐約亞瑟哈洛藝廊遺竊
〈門前的乞丐〉（蝕刻畫）
1946年在紐約亞瑟哈洛藝廊遺竊
〈簡西維亞斯〉（蝕刻畫）
1946年在紐約亞瑟哈洛藝廊遺竊
〈浮士德〉（蝕刻畫）
1946年在紐約亞瑟哈洛藝廊遺竊
〈秤金者的田野〉（蝕刻畫）*
1949年在普林斯頓美術館遺竊
〈出版商克雷蒙特榮格肖像〉（蝕刻畫）
1949年在普林斯頓大學美術館遺竊
〈抱著小狗的女子〉（油畫）

1959年在多倫多美術館遭竊

〈拿著手絹的女子〉（油畫）
1959年在多倫多美術館遭竊

〈基督頭像習作〉（油畫）
1959年在西柏林達勒姆博物館遭竊

〈不明林布蘭畫作〉
1962年在德國羅敦家中遭竊

〈雅各之死〉（素描）
1964年在蒙特婁美術館遭竊

〈聖母之死〉（蝕刻畫）
1965年在費城維拉諾瓦大學佛爾維紀念圖書館遭竊

〈雅各三世肖像〉（油畫）
1966, 1973, 1981, 1983年在倫敦達利奇美術館遭竊

〈提多肖像〉（油畫）
1966年在倫敦達利奇美術館遭竊

〈窗邊的女孩〉（油畫）
1966年在倫敦達利奇美術館遭竊

〈不明林布蘭素描〉
1966年在法國貝桑松美術館遭竊

〈林布蘭母親肖像〉（木板油畫）
1968年在日內瓦藝術歷史博物館遭竊

〈年輕男子畫像〉（油畫）
1968年在紐約洛契斯特的伊斯特曼故居遭竊

〈不明林布蘭油畫〉
1969年在英國朴次茅斯的昆布蘭博物館藝術展被盜

〈不明林布蘭油畫〉（有爭議）

1971年在南斯拉夫札格拉布一畫廊遭竊

〈拉比肖像〉（油畫）

1971年自法國貝雲一博物館遭竊

〈自畫像〉（油畫）*

1971年在義大利米蘭遭竊

〈聖家庭逃往埃及〉（油畫）

1972年在法國土爾美術館遭竊

〈農舍風光〉（油畫）*

1972年在蒙特婁美術館遭竊

〈聖巴薩蘿繆肖像〉（油畫）*

1972年在麻州烏斯特博物館遭竊

〈老婦人畫像〉（油畫）

1972年在俄亥俄州辛辛那提塔夫特博物館遭竊

〈靠在窗台上的男人〉（油畫；已尋獲且已認定非林布蘭作品）

1972年在俄亥俄州辛辛那提塔夫特博物館遭竊

〈伊莉莎白凡萊因肖像〉（後來稱爲〈年輕女子肖像〉）

1975年在波士頓藝術博物館遭竊

〈自畫像〉（油畫）

1976年在法國普羅旺斯艾克斯市格瑞涅美術館遭竊

〈女子肖像〉（油畫）*

1978年在麻州科黑瑟亞瑟·赫靈頓家中遭竊

〈拉比肖像〉（油畫，後來除名）

1978年在舊金山迪揚博物館遭竊

〈薩斯琪亞與榮巴托斯〉（兩面素描）*

1979年在阿姆斯特丹林布蘭故居遭竊

〈戰場〉（油畫）*

1980年在法國歐丹拉霍克遭竊

〈猶大和士兵抵達花園〉（木板油畫）＊

1982年在比利時布魯塞爾遭竊

〈不明林布蘭油畫〉

1982年在挪威奧斯陸一家畫廊遭竊

〈金匠畫像〉（蝕刻畫）＊

1983年在加拿大昆布蘭遭竊

〈坐在桌邊的老婦人〉（蝕刻畫）＊

1983年在加拿大昆布蘭遭竊

〈天使來到托比亞斯面前〉＊

1983年在義大利羅馬遭竊

〈浮士德〉（蝕刻畫）＊

1983年在雪城大學喬治艾倫斯研究圖書館遭竊

〈瑪拿西本以色列肖像〉（蝕刻畫；又稱〈山繆瑪拿西肖像〉）*
1983年在雪城大學喬治艾倫斯研究圖書館遭竊
〈克雷蒙特榮格〉（蝕刻畫）*
1983年在渥太華加拿大國家美術館遭竊
〈聖母獻耶穌於聖殿〉（蝕刻畫）
1983年在渥太華加拿大國家美術館遭竊
〈馬廄裡的割禮〉（蝕刻畫）*
1989年在奧地利維也納遭竊
〈耶穌下十字架〉（蝕刻畫）*
1989年在奧地利維也納遭竊
〈浪子回頭〉（蝕刻畫）*
1989年在奧地利維也納遭竊
〈聖傑若米下跪祈禱〉（蝕刻畫）*

1989年在奧地利維也納遭竊

〈路旁尖角小屋風光〉（蝕刻畫）*

1989年在奧地利維也納遭竊

〈加利利海風暴〉（油畫）*

1990年在波士頓伊莎貝拉史都華加納博物館遭竊

〈穿黑衣的女士和先生〉（油畫）*

1990年在波士頓伊莎貝拉史都華加納博物館遭竊

〈自畫像〉（1634）（蝕刻畫）*

1970和1990年在波士頓伊莎貝拉史都華加納博物館遭竊

〈老者畫像〉（蝕刻畫）*

1990年於加拿大溫哥華遭竊

〈船景〉（蝕刻畫）*

1991年於瑞士伯恩遭竊

〈三名向右行走的男子〉（紙上草圖）＊
1992年在荷蘭阿姆斯特丹遭竊

〈閹人受洗〉（蝕刻畫）＊
1996年於巴黎遭竊

〈女子肖像〉（油畫）
1999年在丹麥尼瓦市尼瓦圖像畫廊遭竊

〈吹肥皂泡的小孩〉（油畫）＊
1999年在法國塔吉良遭竊

〈自畫像〉（1630）（銅版油畫）＊
2000年在斯德哥爾摩國家美術館遭竊

〈老者畫像〉（油畫）＊
2002年在西班牙托雷莫里諾斯遭竊

〈林布蘭父親肖像〉（油畫；被認爲是贗品）＊

2006年在塞爾維亞諾維沙德遭竊

〈病人復甦〉（蝕刻畫）*

2006年在奧克拉荷馬斷箭城遭竊

〈浪子回頭〉（蝕刻畫）*

2007年自華盛頓州史曼米須市民宅遭竊

〈亞當與夏娃〉（蝕刻畫）*

2007年自芝加哥席里哥斯藝廊遭竊

〈崇拜兒時的基督〉（蝕刻畫）*

遭竊（聯邦調查局未提供時間地點）

〈老者畫像〉（油畫）*

遭竊（聯邦調查局未提供時間地點）

〈年輕女子肖像〉（油畫）*

遭竊（聯邦調查局未提供時間地點）

謝忱

我要向許多在我寫這本書之時支持我的人表達誠摯謝意，這本書在我人生中艱困的時刻完成。首先要感謝艾琳娜．普沙克，有她的支持、耐心、鼓勵以及每天提醒我寫稿，才讓這本書得以問世；感謝烏斯特博物館的工作人員，特別是館長詹姆士．韋路、黛博拉．艾福倫以及法蘭希斯佩頓，烏斯特一章中的多數細節來自維護員波吉特史特拉侯，我欠她一個大人情。與佛羅里安．孟戴的訪談不只深具啓發性，更是那一章的起點。辛辛那提警局副中隊長史帝芬．克雷默（退休）以及湯馬士．奧伯史密特（退休）提供我們許多關於塔夫特博物館搶案的調查細節，他們兩人現在都在大辛辛那提地區警察歷史協會博物館服務，你可以上網支持這個警察博物館（www.gcphs.com）。接下來依序感謝契罕城堡的麥克．彼得鼎力相助，以及維拉諾瓦大學的麥克．佛伊特。我也要感謝藝術犯罪研究協會的諾亞．夏尼、馬克．杜尼、凱塞琳．賽金以及德瑞克．芬奇恩，國際藝術研究基金會（www.ifar.org）的雪倫佛．萊榭以及其他熱心人士，還有失竊藝術品登錄機構。感謝聯邦調查局的傑夫．凱利以及麻州聯邦檢察官辦公室的羅伯．費雪在「GTTF」上的努力。感謝朱瑞克．「洛基」．洛克金斯基信任我，給予我他最珍貴的工作和人生建議，謝謝你。感謝羅伯特．威特曼，他的協助「非常珍貴」，我也很感激德瑞克．費雪、瑞奇．麥基諾和彼得．克羅利聽我傾訴，還有我的家人和朋友們，特別是我姊姊羅莉，感謝我們的經紀人夏琳．馬丁，以及耐心的編輯團隊：盧巴．歐斯塔薛維奇、蘿拉．蘭卡斯特、唐納．雪瑞以及丹尼爾．塞德爾，當然還要感謝我的合著作者湯姆．麥施博格，他是個文字藝術家。

最後，要感謝伊莎貝拉史都華加納博物館的人員，特別是鼓舞人心的執行董事安．霍利、董事芭芭拉．霍斯泰特及史帝芬．基德爾、營運長彼得．布萊恩、修護人員吉安佛朗柯．波戈本、瓦倫泰．塔蘭德、荷莉．薩盟、莎娜．麥肯納、珍妮佛．迪普里吉歐、寶拉．萊昂．格林、約瑟夫．薩拉佛、凱薩琳．阿姆斯壯—萊頓、羅伯．采勒及愛莉卡．魯安，特別感謝安瑪莉．希利，她傑出的研究技巧及藝術天分在這個企畫上幫了很大的忙，還有納塔莉．威廉斯，她是本活百科也是值得信賴的校對者，還教我「達利奇」的正確發音。

安東尼．亞莫爾

我呼應安東尼所有的「感謝」，特別是我們忠誠的經紀人夏琳以及前面提及的所有帕格蕾芙麥克米蘭出版社人員。我還要對以下名單致上最誠摯的謝意，有他們這本書才會誕生：

我耐心又聰慧的太太芭芭拉．派提森、好友羅倫斯．艾德曼，他們都是傑出的編輯；林布蘭專家蓋瑞．史瓦茲精確的引導，多次拯救了我們；卡爾．侯斯利、喬治．華靈頓以及辛辛那提記者亞倫．懷特；麥爾斯．康納二世、佛羅里安．孟戴、律師馬丁．利普、多托利以及許多希望匿名的老手，他們都來自麻州；感謝尚恩．凱利、麥爾．梅洛伊、珍妮佛．席明頓及貝斯．泰特爾珍貴的意見；維瓦特．波吉斯、安妮．馬歇博格和亞歷山大．拉克．葛羅斯的協助與安慰；還有爲自己的藝術而受累的安東尼．亞莫爾——失而復得的藝術。

湯姆．麥施博格

節錄參考書目

Bailey, Anthony. *Rembrandt's House: Exploring the World of the Great Master*. Boston: Houghton Mifflin, 1978.

"The Big Sting." Episode from the BBC television series *The Art of the Heist* (2007). Produced by Electric Sky Productions in association with The Art Loss Register (UK).

Blankert, Albert. *Rembrandt: A Genius and His Impact*. Zwolle: Waanders, 2006.

Bomford, David. *Art in the Making: Rembrandt*. New Haven: Yale University Press, 2006.

Brown, Christopher Leslie, Jan Kelch, and Pieter van Thiel. *Rembrandt: The Master and His Workshop*. New Haven: Yale University Press, 1991.

Burnham, Bonnie. *Art Theft: Its Scope, Its Impact, and Its Control*. New York, International Foundation for Art Research, 1978.

Charney, Noah, ed. *Art and Crime: Exploring the Dark Side of the Art World*. Santa Barbara: Praeger, 2009.

Chong, Alan, ed. *Rembrandt Creates Rembrandt: Art and Ambition in Leiden, 1629–1631*. Zwolle: Waanders, 2000.

Chong, Alan, and Michael Zell, eds. *Rethinking Rembrandt*. Zwolle: Wannders, 2002.

Clark, Kenneth. *An Introduction to Rembrandt*. London: John Murray/ Readers Union, 1978.

Connor Jr., Myles J., with Jenny Siler. *The Art of the Heist: Confessions of a Master Thief, Rock and Roller, and Prodigal Son*. New York: HarperCollins, 2009.

Crenshaw, Paul. *Rembrandt's Bankruptcy: The Artist, His Patrons and the Art Market in Seventeenth-Century Netherlands*. Cambridge: Cambridge University Press, 2006.

Esterow, Milton. *The Art Stealers*. New York: Macmillan, 1966.

Houpt, Simon. *Museum of the Missing: A History of Art Theft*. New York: Sterling, 2006.

Kloss, William. *The Dutch Masters*. Washington: Smithsonian Associates, 2006.

McLeave, Hugh. *Rogues in the Gallery: The Modern Plague of Art Thefts*. Raleigh: Boson Books, 2009.

Mee Jr., Charles L. *Rembrandt's Portrait: A Biography*. New York: Simon & Schuster, 1988.

Middlemas, Keith. *The Double Market: Art Theft and Art Thieves*. Toronto: Saxon House, 1975.

Miles, Margaret M. *Art as Plunder: The Ancient Origins of the Debate about Cultural Property*. Cambridge: Cambridge University Press, 2008.

Pescio, Claudio. *Rembrandt*. Minneapolis: The Oliver Press Inc., 2008.

Schama, Simon. *Rembrandt's Eyes*. New York: Alfred A. Knopf, 2001.

Schwartz, Gary. *The Rembrandt Book*. New York: Abrams, 2006.

———. *Rembrandt: His Life, His Paintings*. Amsterdam: Viking, 1985.

Shorto, Russell. *The Island at the Center of the World*. New York: Vintage, 2005.

Stichting Foundation Rembrandt Research Project. *A Corpus of Rembrandt Paintings: Volume I: 1625–1631*. Edited by E. van de Wetering, J. Bruyn, B. Haak, S. H. Levie, and P. J. J. van Thiel. New York: Springer, 1982.

———. *A Corpus of Rembrandt Paintings: Volume II: 1631–1634*. Edited by J. Bruyn, B. Haak, S. H. Levie, and P. J. J. van Thiel. New York: Springer, 1986.

———. *A Corpus of Rembrandt Paintings: Volume III: 1635–1642*. Edited by E. van de Wetering, J. Bruyn, B. Haak, S. H. Levie, and P. J. J. van Thiel. New York: Springer, 1990.

———. *A Corpus of Rembrandt Paintings: Volume IV: Self Portraits*. Edited by E. Van de Wetering. New York: Springer, 2005.

Van Loon, Hendrik Willem. *R. v. R.: The Life and Times of Rembrandt van Rijn*. New York: Garden City Publishing Co., 1930.

White, Christopher. *Rembrandt*. London: Thames and Hudson, 1984.

Wittman, Robert K., with John Shiffman. *Priceless: How I Went Undercover to Rescue the World's Stolen Treasures*. New York: Crown Publishers, 2010.

Zell, Michael. *Reframing Rembrandt: Jews and the Christian Image in Seventeenth-Century Amsterdam*. Berkeley: University of California Press, 2002.

Zumthor, Paul. *Daily Life in Rembrandt's Holland*. New York: Macmillan, 1963.

國家圖書館出版品預行編目資料

先生，林布蘭又不見了—惡名昭彰的藝術品偷竊事件
／安東尼．亞莫爾（Anthony M. Amore），湯姆．
麥施博格（Tom Mashberg）著. 紀迺良譯. -- 初版.
-- 臺北市：麥田出版：家庭傳媒城邦分公司發行,
2012.05
面； 公分
譯自：Stealing Rembrandts: the untold stories of
notorious art heists

ISBN 978-986-173-761-4（平裝）

1. 林布蘭（Rembrandt Harmenszoon van Ri jn.,
1606-1669） 2. 藝術品 3. 偷竊

585.45　　101005645

先生，林布蘭又不見了
——惡名昭彰的藝術品偷竊事件

作　　者　安東尼．亞莫爾&湯姆．麥施博格
譯　　者　紀迺良
責任編輯　簡敏麗
封面設計　陳威伸
編輯總監　劉麗真
總 經 理　陳逸瑛
發 行 人　凃玉雲

出　　版　麥田出版
104台北市中山區民生東路二段141號5樓
電話：(02)2500-7696　傳真：(02)2500-1966
發　　行　英屬蓋曼群島商家庭傳媒股份有限公司城邦分公司
104台北市中山區民生東路二段141號2樓
客服服務專線：(886)2-2500-7718；2500-7719
24小時傳真專線：(886)2-2500-1990；2500-1991
服務時間：週一至週五上午09:00~12:00；下午13:00~17:00
劃撥帳號：19863813；戶名：書虫股份有限公司
讀者服務信箱：service@readingclub.com.tw
網　　站　城邦讀書花園www.cite.com.tw
麥田部落格　blog.pixnet.net/ryefield
香港發行所　城邦（香港）出版集團有限公司
香港灣仔駱克道193號東超商業中心1樓
電話：(852)2508-6231　傳真：(852)2578-9337
E-mail：hkcite@biznetvigator.com
馬新發行所　城邦（馬新）出版集團【Cite (M) Sdn. Bhd】
41, Jalan Radin Anum, Bandar Baru Sri Petaling,
57000 Kuala Lumpur, Malaysia
電話：(603)9057-8822　傳真：(603)9057-6622
email: cite@cite.come.my

排　　版　浩瀚電腦排版股份有限公司
製版印刷　中原造像股份有限公司
初版一刷　2012年5月

城邦讀書花園
www.cite.com.tw

ISBN 978-986-173-761-4
定價：NT$350元　特價：HK$117